中山大學學術叢書

BANQUAN ZHIDUZHONG DE
GONGGONG LIYI YANJIU

版权制度中的公共利益研究

韦景竹◎著

中山大学出版社
·广州·

图书在版编目（CIP）数据

版权制度中的公共利益研究/韦景竹．—广州：中山大学出版社，2011.3

ISBN 978-7-306-03766-4

Ⅰ．版… Ⅱ．韦… Ⅲ．版权—研究 Ⅳ．D913.04

中国版本图书馆 CIP 数据核字（2010）第 202493 号

出 版 人：祁 军
策划编辑：王俊辉
责任编辑：赵 婷
封面设计：曾 斌
责任校对：曾育林
责任技编：何雅涛
出版发行：中山大学出版社
电 话：编辑部 020-84111996，84113349，84111997，84110779
发行部 020-84111998，84111981，84111160
地 址：广州市新港西路 135 号
邮 编：510275 传 真：020-84036565
网 址：http：//www.zsup.com.cn
E-mail：zdcbs@mail.sysu.edu.cn
印 刷 者：广州中大印刷有限公司
规 格：880mm×1230mm 1/32 10.5 印张 293 千字
版次印次：2011 年 3 月第 1 版 2011 年 3 月第 1 次印刷
印 数：1~1500 册 定 价：32.00 元

目 录

引言 ………………………………………………………………… (1)

第一章 公共利益与版权公共利益的界定 ……………………… (27)

第一节 公共利益 ………………………………………………… (27)
第二节 公共利益与相关概念的区别 …………………………… (39)
第三节 版权公共利益的内涵 …………………………………… (44)

第二章 版权公共利益的基础 ………………………………… (69)

第一节 版权公共利益的理论基础 ……………………………… (70)
第二节 版权公共利益的法律基础——宪法基础 ……………… (93)
第三节 版权公共利益的经济社会基础 ……………………… (100)

第三章 版权制度变革对公共利益的影响 ……………………… (109)

第一节 版权制度的变革 ……………………………………… (109)
第二节 版权制度变革对公共利益的影响 …………………… (120)
第三节 对版权制度中公共利益的维护 ……………………… (152)

第四章 对我国著作权法中公共利益的评价及立法建议 …… (190)

第一节 国际版权条约对公共利益的维护 …………………… (190)
第二节 公共利益在我国现行著作权法中的体现 ………… (196)
第三节 我国现行著作权法对公共利益维护的不足 ……… (214)
第四节 维护版权公共利益的立法建议 ……………………… (223)

第五章　我国著作权司法过程中对公共利益的维护 …………（248）
第一节　法官的公共利益意识 ……………………………（250）
第二节　版权公共利益在我国司法实践中的维护 …………（255）
第三节　著作权侵权诉讼中是否确立公共利益抗辩还需深入研究 …………………………………………（273）
第四节　宪法诉讼是版权公共利益的根本保证 …………（278）
第六章　维护版权公共利益的成本与收益分析 …………（285）
第一节　法律成本—收益分析的一般原理和方法 …………（285）
第二节　维护版权公共利益的成本 ………………………（291）
第三节　维护版权公共利益的收益 ………………………（306）
结束语 ………………………………………………………（315）
参考文献 ……………………………………………………（317）
后记 …………………………………………………………（330）

引言

“公共利益”是近几年知识产权研究中的一个常用词汇，但由于“公共利益”的高度抽象性，版权公共利益的研究曾被指责为版权研究中的一个假命题。事实上，公共利益具有非常丰富的内涵，它是任何一部法律都追求的目标，但由于各法律侧重调整的社会法律关系的不同，决定了每部法律具有不同的公共利益内容。公共利益贯串于版权法的整个纵向发展史，世界上第一部版权法英国《安娜法令》中就已经开始体现公共利益，公共利益还体现在包括版权法之内的横向的各具体知识产权立法中。

个人利益和公共利益是对立和统一的关系，个人利益是公共利益的基础，公共利益的最终目标就是为了个人利益的实现，这是个人利益和公共利益相协调和一致的地方。个人利益和公共利益的冲突根源在于个人所追求的利益目标的不同，为了实现社会中大多数人的利益，就需要个人利益作出一定的让步。在版权制度的利益格局中，主要包括创作者的利益、传播者的利益和使用者的利益，版权公共利益是这三者的综合体，是创作者、传播者和使用者都可以享受的利益。但在具体情况下，为了实现公共利益，就要对版权进行限制。

一、研究背景和意义

目前，版权制度正处于变革之中。这种变革的诱因有两个：一是发达国家新的版权主张，二是信息技术对版权法的影响。前者促使了国际版权保护向一体化和高标准化发展，而后者也推动版权法给予版权人新的权利，使他们可以控制作品在新的技术环境下的传播和使用，网络的全球化特性也要求国际版权保护制度的协调。总之，国际版权制度正在朝着一体化和强化的方向发展。

从政治经济学的角度来说，目前的国际版权制度是资本主义扩张的结果。在资本主义发展的不同时期，其扩张有不同的表现形式。在资本原始积累时期和自由资本主义时期，资本主义国家分别采取了军事手段和“自由贸易”的形式。“二战”以后，民族解放运动高涨，摧毁了帝国主义的殖民体系。奉行殖民主义政策的国家，转而采取间接的、比较隐蔽的形式——文化殖民主义，凭借其在国际社会中的经济、政治主导地位，强行推销自己的文化制品和价值观念。文化殖民主义采取的重要手段就是文化输出，文化输出的主要形式是承载着思想、价值观的图书、影视作品、软件等的信息产品的输出。从这一点，我们不难理解发达资本主义国家为何力主信息产品的自由贸易。版权法是规范信息产品生产、交易的主要法律形式，所以，在世界贸易组织的谈判过程中，以美国为首的发达国家坚持将知识产权与贸易进行关联，制定信息产品国际知识产权保护的统一标准，以实现信息产品的自由贸易，通过版权贸易逆差达到向其他国家进行文化输出和文化渗透的目的。

发达国家新的版权主张不仅是对其他国家和地区进行文化殖民的要求，还是其经济发展的战略要求。20 世纪 90 年代以来，借助信息技术的推动，西方发达国家开始由工业化阶段迈向信息化阶段，经济增长中的技术、知识含量增加，信息技术广泛应用于传统产业的革新和改造，产业结构迅速升级，以信息技术产业为主的高技术产业在产业结构中占据主导地位。西方发达国家将能源消耗性的、劳动密集性的、污染程度严重的产业逐渐转移到发展中国家和经济最不发达国家，而在国内调整产业结构，发展高附加值、无污染的高科技产业。版权产业因其知识密集性、高附加值等特点，在发达国家受到了较高的重视，已经成为发达国家的重要产业，为发达国家的 GDP 和出口贸易作出了巨大贡献。美国是版权大国，20世纪80年代以来，美国的版权产业获得了巨大的发展，该国逐渐成为世界上最大的版权产品出口国。美国国际知识产权联盟（International Intellectual Property Alliance，IIPA）2009年7月发布的《美国经济中的知识产权产业》报告①称，调查发现：目前版权产业仍是美国经济最重要的推动力，是美国GDP的重要来源，也为就业作出了巨大贡献。2007年，美国核心版权产业的增加值达到8891亿美元，相当于美国GDP的6.44%；而该年整个版权产业的增加值为1.5万亿美元，相当于美国GDP的11.05%。从2004年到2007年，版权产业的增长率是美国经济增长率的两倍。2006—2007年，版权产业对美国经济增长的贡献率达43.06%。美国的核心版权产业供养了560万员工，而整个版权产业雇佣了大约1170万名员工，这些员工的收入比美国员工平均收入高30%。版权产业继续为美国扩张海外市场作贡献，该报告显示，2006年美国核心版权产业产品在海外的净销售收入为1160亿美元，2007年达到1260亿。版权产业的出口额已经远远超过飞机、汽车、农产品、食品和药品等其他产业。② 发达国家凭借其在版权产业上的优势，要求其他国家和地区对来自该国的版权产品进行保护，主张在全世界范围内建立起统一的版权保护标准。为了使本国的知识产权产业可以在全球得到有效保护，西方发达国家在世界贸易组织乌拉圭回

① 美国国际知识产权联盟（IIPA）是美国国内以生产和经销受版权保护商品为主的美国工商业者组成的非政府团体，成立于1984年，代表美国版权产业的利益。由代表美国版权贸易的六大贸易协会组成，分别是美国出版商协会、商业软件联盟、娱乐软件协会、独立影视联盟、美国电影协会和美国唱片协会。IIPA是知识产权保护制度的坚决捍卫者，对包括中国在内的世界上90多个国家的知识产权立法、执行、盗版等情况进行调查，并向美国政府提交报告。IIPA从1990年11月开始，连续发表关于美国版权产业对美国经济贡献的报告，目前已经发表到了第12份。报告详细叙述包括电影、电视、家庭录像、商用软件、娱乐软件、图书、音乐和唱片在内的版权产业在经济上对美国国内生产总值、就业和贸易所作的贡献。

② Copyright Industries in the U. S. Economy：The 2003－2007 Report. [2009－07－20]. [2009－10－07]. http://www.iipa.com/copyright_us_economy.html.

合谈判中主导制定了《与贸易有关的知识产权协议》（以下简称“TRIPS”），将版权、邻接权、专利、商标、商业秘密等知识产权的客体全部纳入该协议，而且规定了详细的争端解决机制以保证该协议的实施效力。世界贸易组织（以下简称“WTO”）成员国的广泛性使该协议最终成为国际版权和邻接权保护事实上的标准。

中美之间一直存在知识产权争端，美国长期以来不满意我国的知识产权保护水平，随着我国加入 WTO 以及 WTO 争端解决机制的确立，美国又有了一条向我国知识产权保护施加压力的途径。2007 年 4 月 9 日，美国贸易代表苏珊·施瓦布在华盛顿宣布，就中国的知识产权保护问题和出版物市场准入问题，将分别向 WTO 提出两起申诉。这是 2001 年中国加入世界贸易组织以后，美国第一次针对中国知识产权问题向 WTO 提起诉讼，美方此次对中国保护知识产权的申诉中，仍主要认为我国对知识产权保护不力，对盗版、假冒商品的批发商和零售商的惩罚力度不够，海关措施不利于美国版权产品的保护，并要求我国进一步扩大刑事责任追究的范围，加大对美国产品在我国市场中的知识产权保护。美国的另外一起申诉，则是针对中国对外国音像制品、图书以及其他媒介产品过于严格的限制，希望我国能够进一步开放出版物市场。2009 年 3 月 20 日，世界贸易组织争端解决机构会议审议通过了中美知识产权 WTO 争端案专家组报告，驳回了美国此次申诉的绝大部分主张。关于刑事门槛，专家组裁定美国没能证明中国有关刑事门槛的规定不符合 WTO《与贸易有关的知识产权协定》。在海关措施方面，专家组裁定中国的海关措施甚至高于《与贸易有关的知识产权协定》所规定的义务。① 在出版物市场准入方面，2009 年 8 月，WTO 相关专家组公布的裁决报告支持了美方的大部分

① 商务部：中美知识产权 WTO 争端案专家组报告驳回了美方的绝大部分主张. [2009 - 03 - 20]. [2009 - 10 - 07]. http://news.xinhuanet.com/newscenter/2009 - 03/20/content_11044077.htm.

诉求，我国随即对该裁决结果提出了上诉。[①]

伴随着国际版权保护一体化趋势的是对版权保护的强化。事实上，发达国家的版权政策以及国际版权制度的制定，都受到了国内、国际版权产业界的游说影响，并非综合各方利益整体诉求的结果。在西方发达国家版权产业的游说下，这些国家不断推动对国际版权保护的强化，将版权政策作为外交目标和策略，为本国的作品和版权产业寻求更高水平的版权保护。这种高水平的保护，并没有因为 TRIPS 的签订而终止，即使在 TRIPS 协议达成之后，美国仍然利用其“特别 301 条款”[②] 及双边措施，迫使其他国家加强对美国版权产品的保护。

信息技术对版权制度的影响，应该说是关于技术与版权制度发展互动关系的一个比较传统的问题，但是，信息网络技术从诞生之时就具有不同于以往任何技术的鲜明特性，信息网络技术使侵权更具有隐蔽性，侵权成本更低且侵权结果的影响范围更大。在这种情况下，版权人要求加强对其作品的版权保护，使其能够控制作品在信息网络中的传播和使用。版权法为了回应信息技术的冲击，扩展了新的保护客体，增加了新的权利内容。为了使版权人和版权相关权人更好地控制其作品的传播和使用，版权法将技术措施纳入版权权利范围，除非法律有例外规定，否则任何人未经许可都不能越过版权人和版权相关权人采取的技术措施，大大加强了版权人的权利。信息网络全球化的特点也在一定程度上促使国际版权保护的合作与协调，推动了国际版权保护一体化的进程。

---

① 中方就“世贸”组织美中出版物市场准入争端案裁决提出上诉. [2009－09－22]. [2009－10－07]. http://news.xinhuanet.com/world/2009－09/22/content_12098351.htm.

② 美国的“特别 301 条款”专门针对那些美国认为对其知识产权没有提供充分有效保护的国家和地区。美国贸易代表办公室（USTR）每年发布“特别 301 评估报告”，全面评价与美国有贸易关系的国家的知识产权保护情况，并视其存在问题的程度，分别列入“重点国家”、“重点观察国家”、“一般观察国家”，以及“306 条款监督国家”。该条款在本质上是美国政府针对损害美国贸易利益和商业利益的外国政府的知识产权行为、政策和做法进行调查、报复和制裁的手段。

我国的《著作权法》带有明显的引进和迫于西方国家压力的痕迹。我国近代第一部《著作权法》被认为是在西方帝国主义压力下产生的。1990年《著作权法》是中美知识产权磋商的结果。20世纪90年代，美国为了维护自己的经济利益，积极推动关税与贸易总协定乌拉圭回合谈判，力主缔结一个与贸易有关的知识产权公约。1994年，以美国为主的发达国家通过各种手段，迫使不发达国家接受了他们提出的条件，《与贸易有关的知识产权协议》就此诞生。我国加入世界贸易组织以后，为了履行加入WTO时的承诺，和TRIPS的要求保持一致，于2001年修订了《著作权法》，使我国的《著作权法》达到了国际保护标准。所以，追溯我国著作权法的渊源，可以看出明显的引进的痕迹，无形中忽略了本国的经济社会状况，抬高了保护标准。

我国的文化建设可以分为几个阶段，第一个阶段是1949年到1960年；第二个阶段是“文化大革命”的十年；第三个阶段以党的十一届三中全会为标志，中国进入中国特色社会主义事业发展的新历史时期，自此中国文艺创作日益繁荣，公共文化服务体系基本形成，文化市场和文化产业蓬勃发展，对外文化交流不断扩大，被认为“现在是中国文化发展在历史上最好的时期之一”①。

但不容忽视的是，我国是一个发展中国家，同时也是一个版权输入大国。根据国家版权局的统计数据，我国引进的图书、期刊、音像制品、电影等的数量远远大于输出的数量。据各地版权局统计汇总，2004年，全国各出版社共引进图书版权10040项，全国通过出版社输出图书版权仅有1314项，贸易逆差达8726项，而且呈逐年上升的趋势。②

---

① 蔡武：新中国文化建设60年发展成就显著.［2009－09－14］. 中国新闻网. http:/www. chinanews. com. cn/cul/news/2009/09－14/1865772. shtml.

② 2004年全国版权工作统计情况简述.［2004－09－14］.［2009－09－14］. 国家版权局网站. http://www. ncac. gov. cn/servlet/servlet. info. StatiServlet? action = list&issue = 2004.

2005 年，我国版权引进合计 10894 项，其中图书 9382 册，期刊 749 册，录音制品 90 种，录像制品 114 种，电子出版物 155 种，软件 401 件，电视节目 3 个。版权输出合计仅 1517 项，其中图书 1434 项，期刊仅 2 项，录音制品和录像制品分别为 1 种和 2 种，电子出版物 78 件，其他出口项目如软件、电影、电视节目等出口量为零（如表 1 所示）。①

表 1　2005 年我国版权贸易总体情况

项目 类别	合计	图书	期刊	录音制品	录像制品	电子出版物	软件	电影	电视节目	其他
引进合计	10894	9382	749	90	114	155	401	0	3	0
输出合计	1517	1434	2	1	2	78	0	0	0	0

2006 年，我国版权贸易状况亦未有明显改善，版权引进总量明显增加，除期刊、录像制品、电视节目略有下降外，其他各项文化产品的引进量均有上升。该年引进合计 12386 项，其中图书 10950 册，期刊 540 册，录音制品 150 种，录像制品 108 种，电子出版物 174 种，软件 434 件，电影 29 部。版权输出较 2005 年末虽有上涨，但主要表现为图书输出的增加，为 2050 册，期刊仅输出 2 种，电子出版物 5 种，其他项目均为零（如表 2 所示）。②

---

①　2005 年全国版权贸易总体情况. 国家版权局网站. [2009 - 10 - 02]. http: //www.ncac.gov.cn/GalaxyPortal/inner/bqj/include/detail.jsp? articleid = 9553&boardpid = 1986&boardid = 11501010111610&flag = 1.

②　2006 年全国版权贸易总体情况. 国家版权局网站. [2009 - 10 - 02]. http: //www.ncac.gov.cn/GalaxyPortal/inner/bqj/include/detail.jsp?articleid = 9553&boardpid = 1986&boardid = 11501010111610&flag = 1.

表 2　2006 年我国版权贸易总体情况

项目 类别	合计	图书	期刊	录音制品	录像制品	电子出版物	软件	电影	电视节目	其他
引进合计	12386	10950	540	150	108	174	434	29	1	0
输出合计	2057	2050	2	0	0	5	0	0	0	0

2007 年，我国对外版权贸易总体情况有些微变化，与 2006 年相比，引进总量下降至 11101 项，除录音制品外，其他如图书、录像制品、电子出版物、软件、电影、电视节目的引进量均有所下降；而版权输出总量增加至 2593 项，除电子出版物输出减少 4 种外，图书、录音制品、电视节目的输出量有所增加（如表 3 所示）。①

表 3　2007 年我国版权贸易总体情况

项目 类别	合计	图书	录音制品	录像制品	电子出版物	软件	电影	电视节目	其他
引进合计	11101	10255	270	106	130	337	1	0	2
输出合计	2593	2571	0	19	1	0	0	2	0

2008 年，我国引进的出版物版权数量大幅上涨，达 16969 种，其中图书 15776 种，录音制品 251 种，录像制品 153 种，电子出版物 117 种，软件 362 种，电视节目 2 种，其他 308 种。而在版权输出方面，2008 年，我国共输出出版物版权 2455 种，比 2007 年下降了 138 种。其中图书 2440 种，录音制品 8 种，录像制品 3 种，电子出版物 1 种，软件 3 种。②

① 2007 年全国版权贸易总体情况．国家版权局网站．［2009 - 10 - 02］．http://www.ncac.gov.cn/GalaxyPortal/inner/bqj/include/detail.jsp? articleid = 14724&boardpid = 2353&boardid = 11501010111610&flag = 1.

② 2008 年，我国新闻出版业基本情况．［2009 - 07 - 16］．［2009 - 10 - 02］．http://www.gapp.gov.cn/cms/html/21/464/200907/465083.html.

另外，我国的图书馆等信息服务机构用于购买国外电子学术数据库的花费占投入经费总额的比例越来越大。据中国高等教育文献保障系统（China Academic Library & Information System，CALIS）统计，2003 年，我国高校图书馆购买国外数据库的经费已经超过 2 亿元，约占高校图书馆年购书经费的 20%，在一些图书馆，这一比例达至 1/3。① 到 2007 年 5 月，CALIS 集团购买国外数据库的费用约为 3 亿元，高校系统购买电子资源和捆绑纸本期刊的总费用约 4. 21 亿元。②据教育部高等学校图书情报工作指导委员会统计，截至 2008 年 12 月 5 日，全国 521 所高等学校图书馆 2007 年全年文献资源购置费用为 17 亿多元，480 所图书馆电子资源采购费用为 3. 9 亿元，平均每馆 82 万元，我国高等学校电子资源采购费用已经占到文献资源购置总费用的 23%，③ 而其中多数经费购买了国外数据库。尽管每年都要花费巨额经费购买国外数据库，我国信息服务机构还面临着外国数据库不断涨价的问题。国外文献价格每年都有 5%～10% 的自然增长率，据中国图书进出口总公司统计，2007 年，美国期刊平均涨价 8. 64%、英国期刊平均涨价 8. 08%、德国期刊平均涨价 7. 60%、法国期刊平均涨价 5. 15%；荷兰期刊平均涨价 9. 73%，自然科学期刊的涨价幅度更甚。④ 根据世界头号出版集团励德 · 爱思唯尔（Reed Elsevier）2008 年的征订方案，爱思唯尔未来 3 年在华年均提价 15%，是至今 4 次调价中最高的一次。我国科研工作者长期以来已经形成对国外文献的依赖，外刊及国外数据库大幅度的涨价，威胁到了信息服务机构

---

① 高等学校图书馆数字资源计量研究.［2009 - 09 - 10］. http://www. calis. edu. cn/huiyiziliao/calistx/zl/lxm. ppt#256,1.

② 杨毅. CALIS 组团引进电子资源的发展和评估.［2009 - 09 - 10］. http://202. 115. 54. 30/calis/main8. aspx.

③ 2007 年普通高等学校图书馆主要统计数据.［2009 - 09 - 10］. http://162. 105. 140. 111/tugongwei/info/index. asp? strCode = evaluate_33.

④ 王衍. 浙江省公共科技文献资源建设与发展思考.［2009 - 10 - 07］. http://www. istiz. org. cn/index. php? option = com_content&view = article&id = 48:2009 - 04 - 21 - 08 - 42 - 18&catid = 32:resource-production&Itemid = 47.

对科研工作的文献保障。①

这些都表明我国目前仍然处于版权引进多于版权输出的状况。我国仍处于版权输入国位置，抬高知识产权保护标准，受利最大的是西方发达国家的版权产业界，不仅不利于我国版权产业的发展和竞争，还会导致买来的版权产品不能得到充分利用，最终损害了国家利益和社会公共利益。版权保护的日益强化，以及我国属于信息输入国的现状，凸显了我们对版权制度中的公共利益进行研究的必要。在弄清版权制度中的公共利益范围和版权的强化对公共利益的不利影响之后，探讨如何在我国立法中完善公共利益的保护机制，以及如何在司法实践中对违反公共利益的权利行使进行限制，对于作为发展中国家的我国是有意义的。

信息技术对版权制度的影响在于它催生了新的版权保护客体、新的传播方式和使用方式，使版权保护的具体原则和规则发生了变化。同时，由于它的特性使侵权更加容易，也影响了版权制度中的利益格局，使版权人的利益和社会公众利益处于对抗状态。为了防止网络侵权，版权人强烈呼吁高强度地保护版权，要求版权法的发展能够有效保证对创作者和传播者的投入回报和维持他们创作、传播作品的热情。目前，国际版权保护倾向于强化版权人的权利，但解决版权人和社会公众的利益冲突，远非简单地强化版权人的权利那么简单。版权法的终极目标应该是推动科学文化事业的发展，使人们可以充分参与和享有社会进步带来的好处。从公共利益角度考察版权制度，使处于变革时期的版权制度，可以保证版权人的权利不会任意扩张，促使版权法一直沿着促进社会公共利益的目标发展，从而扶正版权法的发展方向。

① 张国. 国际出版巨鳄大幅提价，部分高校面临学术断粮. [2008 - 06 - 04]. [2009 - 09 - 10]. 中国青年报. http://zqb. cyol. com/content/2008 - 06/04/content_2210581. htm.

二、本领域的研究进展

从世界上第一部版权法至今，版权法已经经历了三百年的发展，从工业时代一直走到今天的信息时代。20 世纪 90 年代以来，信息技术革命使信息网络技术蓬勃发展，深刻影响了人们的生产方式、生活方式，也对版权法产生了前所未有的冲击，“促使版权法进行新的调”。进入新世纪，信息技术继续快速向前发展，同时世界经济格局发生了大的变动，各国纷纷对国内的版权制度进行审视和反思，学者们也对国际版权制度的发展及趋势作出了评价和预测。

版权界的学者们普遍认为，从政治经济学的角度来说，目前的国际版权制度是资本主义扩张的结果，世界贸易组织主持签署的、象征全球知识产权保护走向一体化的《与贸易有关的知识产权协议》被认为是资本主义权力的延伸和剥削的工具，而非创造、创业和研发资本投资的产物。在《知识产权和全球资本主义：TRIPS 协议的政治经济学》一书中，该书作者得出了这样的结论：TRIPS 协议对发展中国家和穷人是不利的，因为该协议强迫他们为进口的包含知识产权的产品支付高价，从而损害了他们的利益。[①] 这种观点得到了其他学者的赞同，认为目前发达国家正在野心勃勃地向国外拓展自己国内的知识产权法。[②] 原先那些版权、专利和商标等抽象的甚至是思想的产物现在都变成引起全球关注的事物，甚至变成了一种流行文化，而 TRIPS

① Walter I. Choice. Intellectual Property Rights and Global Capitalism: the Political Economy of the TRIPS Agreement. *Middletown*, 2005, 42 (6): 1070.

② Michael L. Doane. TRIPS and International Intellectual Property Protection in an Age of Advancing Technology. *The American University Journal International Law & Policy*, 1994 (9): 465 - 497.

使这种新的经济帝国主义获得了合法性。[①] 也有学者在考察了国际版权制度的发展历史后，认为目前知识产权的国际化发展趋势以及TRIPS的出现并不是偶然的，而只是历史的再现，如今发生的很多事情与一百多年前《伯尔尼公约》等知识产权公约签署时发生的事情有非常多的类似之处。[②] WTO的成员国必须遵守TRIPS的约束，这样一来，TRIPS在很大程度上降低了成员国制定国内政策的自主性。这个特点同样体现在19世纪末20世纪初各国开始接受知识产权政策一体化时的情况。与当时的国家一样，当代国家已经越来越不能抵制实行知识产权高水平保护的压力。但在知识产权向国际扩展的同时，新的组织也像以前的那些组织一样开始发动抵制这种扩展的运动。[③]

美国在促使版权保护国际化中的作用引起了很多学者的关注，有学者经过分析认为，因为TIRPS的签署对发展中国家是不利的，所以从理论上讲，发展中国家应该不会赞成更不会签署这样的协议。但是，经过全面分析，该学者认为发展中国家加入TRIPS是有多方面原因的：一方面是为了换取一些发达国家给予的贸易优惠，另一方面也是因为他们承受了美国施加的很多压力。[④] 美国在开始将TRIPS纳入乌拉圭谈判时，已经在实施“特别301条款”。TRIPS允许由于对知识产权的侵犯而进行制裁，其实就是美国在“特别301条款”中

---

① Michael L. Doane. TRIPS and International Intellectual Property Protection in an Age of Advancing Technology. *the American University Journal International Law & Policy*, 1994 (9): 465-497. Davis M. H. & Dana N. Legitimacy, Globally: The Incoherence of Free Trade Practice, Global Economics and Their Governing Principles of Political Economy. *University of Missouri-Kansas City Law Review*, 2001 (69): 733-734.

② William C. Welburn. Information Feudalism: Who Owns the Knowledge Economy? *College & Research Libraries*, 2004, 65 (3): 263-264.

③ Michael L. Doane. TRIPS and International Intellectual Property Protection in an Age of Advancing Technology. *the American University Journal International Law & Policy*, 1994 (9): 465-497.

④ Peter Drahos. BITS and BIPS: Bilateralism in Intellectual Property. *Journal of World Intellectual Property Law*, 2002 (4): 791-808.

的做法的翻版。[①] 另一个可以解释发展中国家接受 TRIPS 的原因是，该协议包含有强制许可和平行进口条款。[②] 而南半球的国家很快就认识到了技术转移和商业规则是为了发达国家及其国内公司的利益，他们需要重新定义这些交易后的规则。[③] 而且，有学者认为，美国推动签订 TRIPS 不但会损害发展中国家的利益，最终也会为自己带来不利的后果。首先，知识产权不再是一国主权之内的事情，TRIPS 属于国际法范围，这样美国就失去了制定知识产权政策的权利；其次，TRIPS 与美国国内长期以来的知识产权传统以及美国宪法规定的知识产权要增加人们的福利宗旨是不相符的。两个因素的综合使美国的知识产权立法不能符合人们的利益，从而必将遭到人们的反对。[④]

国内学者也充分认识到了 TRIPS 是经济大国强权的体现以及发展中国家妥协的结果。[⑤] TRIPS 的生效和实施扩大了知识产权国际保护的范围，提高了知识产权保护的国际标准，完善了具体的保护措施。一方面，WTO 与世界知识产权组织（以下简称“WIPO”）签订了合作协议，全面加强知识产权国际保护；另一方面，WIPO 继续致力于完善和提高知识产权的国际保护水平，而 WTO 则注重全面落实 TRIPS。[⑥]

进入 21 世纪，各国纷纷对知识产权制度进行反思，提出对国际

---

① Richard V. Adkisson. Globalising Intellectual Property Rights: The TRIPS Agreement. *Journal of Economic Issues*, 2003, 37 (3): 836.

② Marc-André Gagnon. TRIPS and Pharmaceuticals: Inquiry into the Foundations of the International Political Economy of Intellectual Property Rights. http: //www. er. uqam. ca/nobel/ceim/gricpdf/Pharmaceuticals. pdf, oct. 2002.

③ Peter Drahos. Power and Ideas: North-South Politics of Intellectual Property and Antitrust. *Australian Journal of Political Science*, 1998, 33 (3): 489.

④ Donald P. Harris. TRIPS' Rebound: An Historical Analysis of how the TRIPS Agreement Can Ricochet Back Against the United States. *Northwestern Journal of International Law & Business*, 2004 (25): 99 - 164.

⑤ 袁泉. WTO 知识产权法. 北京：中国商务出版社，2004：3.

⑥ 万鄂湘. 国际知识产权法. 武汉：湖北人民出版社，2001：19 - 20.

知识产权制度发展的看法，并从国家高度制定本国的知识产权战略。2002 年 9 月，知识产权制度建立最早的英国发布了由该国知识产权委员会[①]撰写的《知识产权与发展政策整合报告》（*Integrating Intellectual Property Rights and Development Policy*）[②] 该报告主要针对发展中国家，其基本立场是知识产权制度应在世界范围内推进发展中国家的社会发展与技术进步。该报告对发展中国家知识产权保护的一系列问题作了广泛探讨，特别对有关发展中国家公共利益领域的知识产权问题给出了原则建议。该报告在第五章阐述了国际版权制度应给予发展中国家灵活的空间，以及发展中国家本身应采取的维护公共利益的措施。如，在发展中国家实行国际版权保护标准必须要使该标准能够得到正确地理解，提高知识产品的可获得性是发展中国家的一种持续和大量的需求，应认识到这些产品对发展中国家社会和经济发展的至关重要性；为了改善对版权作品的获取，并达到它们的教育及知识传播的目标，就应该在版权法的框架内采取促进竞争的措施；应该允许发展中国家在其本国的版权法里维持或者采用对教育、科研、图书馆使用的广泛的例外。这些措施和建议原则上得到了英国政府的承认和同意。[③] 对社会公众从互联网上获取信息，限制或排除了版权例外条款的合同效力以及技术措施等问题上，该委员会的观点是，应该赋予发展中国家中可以从互联网上获得信息的用户以“合理使用”权，例如，为教育和科研的目的以合理的数量制作和销售电子来源的印刷

---

① 该委员会由英国政府于 2001 年 5 月专门设立，以兑现英国政府关于国际发展的第二份白皮书 *Eliminating World Poverty*：*Making Globalisation Work for the Poor*（December 2000）（《消除世界贫困：使全球化帮助穷人》）内的一项承诺。负责对知识产权与发展政策之间互动的复杂问题进行探讨。

② 报告中文全文可以参考英国知识产权委员会网站：http：//www. iprcommission. org/graphic/Chinese _Intro. htm，该报告共分八章：知识产权与发展；医疗；农业和遗传资源；传统知识和地理标志；版权、软件和互联网；专利改革；制度能力；国际架构。

③ 参见英国政府对英国知识产权委员会的报告《知识产权与发展政策整合报告》第五章的回应。http：//www. iprcommission. org/Translations/ DFID _Response _Chinese _FINAL. pdf。

品，并且在评论和批评时使用合理的摘录。尽管数字信息和软件的供应商试图通过关于数字资料销售的合同条款来限制“合理使用”权，但是有关合同条款可作为无效处理。当供应商试图通过技术手段进行同样的限制时，在这种情况下化解技术保护手段的措施不应该视为违法。发展中国家在加入《世界知识产权组织版权条约》之前应该进行非常认真的考虑，其他国家不应仿效美国和欧盟推行与美国《数字千年版权法案》（DMCA）或者欧盟数据库指令一样的法规。在在线图书杂志和软件的定价问题上，委员会建议出版商审查他们的定价政策，以有助于减少未经授权的复制，并促进他们的产品能够在发展中国家更容易地获取。

总之，《知识产权与发展政策整合报告》注意到了发展中国家的发展状况和要求，认识到知识产权保护要有利于促进发展中国家的经济和社会发展。该报告还深入探讨了版权的公共利益问题，对本书的撰写有较高的启示作用和参考价值。

在对版权公共利益的探讨中，加拿大的有关判例与报告也具有非常高的参考价值。2004 年加拿大最高法院在 CCH 诉 Law Society① 一案中明确提出了版权领域中“使用者权利”概念。加拿大最高法院支持了大图书馆“合理使用”的主张，并明确指出：允许使用版权作品是“使用者的权利”：“合理使用例外，与版权法中其他例外一样，是使用者的一项权利。为保持版权人和使用者之间利益的适当平衡，对它的解释不应是限制性的。”为使“使用者的权利”生效，最高法院还明确指出，“合理使用”应当作宽泛的解释。有学者指出，这个判决表明加拿大法律中一个重要的原则发生了变化，在这个判决之前，加拿大法院一般认为“合理使用”和其他例外是对版权侵权的有限免责，而不属于使用者的权利。认为通过引入“使用者权利”

① ［2004］S. C. C. 13，该案中，原告是一些法律出版商，被告是一家法律图书馆，原告诉被告为馆外用户提供的复制服务违反了版权法的规定，构成对原告版权的侵犯。该案上诉到加拿大的最高法院，以原告败诉告终。

概念和对“合理使用”作宽泛的解释，最高法院将强调的重点从一直占据突出地位的版权利益转换了过来。他们现在主张的是权利人和使用者双方的平等待遇，两者的利益不再有轻重之分。①

在上述CHH案判决后不久，加拿大19位著名的版权专家合著了《公共利益：加拿大版权法的未来》一书，该书集中了19位专家的智慧，对加拿大版权法的未来进行了展望。其中多位专家对“合理使用”制度和“使用者权利”进行了探讨，并认为，如果将“使用者权利”纳入加拿大版权法，很多问题的解决将变得游刃有余。也有学者对“技术措施”等对“合理使用”的影响进行了讨论。总之，在本书中，不同学者表达的共同意愿是：未来加拿大版权法的发展必须以公共利益为目标，应该对“合理使用”作出宽泛的解释，将“使用者权利”的概念和理念引入加拿大版权法。

美国加州大学伯克利分校信息学院的帕米拉·萨缪尔森（Pamela Samuelson）教授被称为知识产权公共利益的倡导者和先锋，② 她不但在加州大学伯克利分校法学院资助建立了萨缪尔森法律、技术和公共政策诊所，为与公司和政府部门产生知识产权纠纷的个人提供法律援助，还资助了一个旨在保护公民网络信息权利的信息中心。萨缪尔森教授在推动知识产权公共利益方面，除了以上的努力，更多地体现在她的学术论文和演讲中。其发表的学术论文多与公共利益相关，如《网络环境下的版权、数据和合理使用》、《信息真的愿意被许可吗?》、《全球信息市场中的信息许可：合同自由和公共政策》、《保留公共领域对科学发展的积极作用》、《版权法为何将系统和程序排除在保护范围之外》、《版权改革项目的初步构想》、《反向通知和撤销机制使受技术保护的版权作品得以合理使用》、《怎么平衡公共利益、传统的法律原则和数字

① （加）迈拉·J. 陶菲克. 国际版权法与作为“使用者权利”的合理使用. 版权公报：中文版，2005（2）.

② Professor Finds Her Legacy in Internet Law. [2001－03－02]. [2009－06－17]. http://www.nytimes.com/2001/03/02/technology/02CYBERLAW.html.

世界的现实》等。萨缪尔森教授将其努力的目的描述为："为信息社会设计一个版权政策以使其更适于生活。(designing a copyright policy for an information society in which it would be good to live.)"①

在《走向知识产权法的新政治学》("*Toward a New Politics of Intellectual Property*")一文中，萨缪尔森教授阐述了她对版权公共利益的观点。她认为版权制度其实已经影响到了大多数人的日常生活，版权法变得非常复杂，版权保护越来越强，没有人代表公众的利益，大的产业集团已经习惯于作为版权政策制定过程中的唯一游说者，版权产业的集中利益和公众的分散成本这一重要的公众选择问题通常走向立法寻租。当知识产权对发达国家的经济发展越来越重要时，立法者倾向于接受版权产业界的观点，目前的立法非常关注盗版，且越来越多的行为被定性为盗版。萨缪尔森教授提出，将版权制度中的"合理使用"看做一种权利(这与"使用者权利"的提出不谋而合)，认为美国宪法第一修正案可以作为这一权利的宪法基础，"合理使用"已经存在于版权法中，但它是一种权利而非抗辩理由的地位应该被澄清。萨缪尔森教授认为，对现有版权制度进行改革的障碍在于缺少公众的关注，很少组织代表公众的利益，公共利益是散在的、不可见的，版权产业集团与立法者和其他政策制定者的关系紧密，法院没有认识到版权产业集团对立法者和政策制定者的上述"俘虏"行为，美国的《数字千年版权法案》和欧盟的版权指令设定了先例，从而为其他国家施加了压力。版权制度不仅要为智力作品的投资和市场传播提供动力，也应促进评论及言论自由、新闻自由、民主演讲、知识创造、持续创新和娱乐，这就需要重新利用他人的作品，这就是为什么对版权进行限制如此重要。②

---

① Professor Finds Her Legacy in Internet Law. [2001-03-02]. [2009-06-17]. http://www.nytimes.com/2001/03/02/technology/02CYBERLAW.html.

② Pamela Samuelson. Toward a New Politics of Intellectual Property. *Communications of the ACM*. Vol. 44, No. 3, Mar. 2001: 98-99.

在《美国版权法改革的初步构想》（"*Preliminary Thoughts on Copyright Reform Project*"）一文中，萨缪尔森教授阐述了她关于美国版权法改革的系统观点。她认为，美国版权法是20世纪五六十年代思维的体现，版权法的改革势在必行。认为目前的版权法过于复杂，更多体现的是版权产业巨头的意志，应该着手考虑制定一个更为简洁的、更加具有综合性的以及更平衡的版权法。①

萨缪尔森教授在很多场合的演讲主题都与知识产权公共利益直接相关，如在2009年华盛顿大学公共利益法律与政策系列演讲中，萨缪尔森教授作了《知识产权法中的公共利益》（"*The Public Interest in Intellectual Property Law*"）的演讲；在从2000年开始的加州大学伯克利分校法学院举办的年度系列讲座中，她先后作了《知识产权法中的公共利益：埃尔德雷德诉阿什克罗夫特一案》（"*The Public Interest in Intellectual Property Law*：*Eldred vs. Ashcroft*"）、《技术法中的公共利益》（"*The Public Interest in Technology Law*"）、《技术法中的公共利益：诱导法案》（"*The Public Interest in Technology Law*：*The INDUCE Act*"）、《版权法和消费者保护：新任务还是新矛盾?》（"*Copyright and Consumer Protection*：*A New Role or Oxymoron*?"）等演讲，阐述了其对知识产权法、技术法中的公共利益的观点。

萨缪尔森教授关于知识产权公共利益的论述对本书而言有很多可借鉴之处。首先，在对公共利益的认识方面，萨缪尔森教授认为对现有版权制度进行改革的障碍之一是因为"公共利益"是散见的、无形的，这揭示了公共利益和知识产权公共利益的重要特征。的确如此，既然公共利益本身是不可定性的，以版权公共利益作为版权制度改革的原因之一似乎显得没有说服力。所以，本书将首先尝试探索公共利益和版权公共利益的概念和范围。其次，萨缪尔森教授在一些论文和演讲中，提及讨论公共利益的意义，从这些论文和演讲可以看

① Pamela Samuelson. Preliminary Thoughts on Copyright Reform Project. *Utah Law Review*, Vol. 2007, No. 3: 551－584.

出，她倡导公共利益的目的是对现有版权法进行改革，这似乎可以看做她提出公共利益的目标。仅仅讨论知识产权公共利益本身是没有意义的，更多地应探讨其应用价值。本书将在讨论版权公共利益的基础上，提出维护公共利益的立法和司法建议。萨缪尔森教授也清楚地认识到，酝酿和重建版权法需要花费很多时间和精力。所以，笔者认为，目前将知识产权公共利益的讨论重点和落脚点放在如何在立法和司法进程中维护公众的利益是比较现实的做法。

美国在倡导和维护知识产权公共利益方面的著名学者还有劳伦斯·莱斯格教授，莱斯格教授是美国当代著名的宪法、知识产权法教授。曾担任美国第七巡回上诉法院和联邦最高法院大法官波斯纳和安东尼的助手，曾任哈佛大学法学院教授，现任斯坦福大学法学院教授、网络与社会中心主任。莱斯格教授参加了微软反垄断案的审判，并首次提起了对美国1998年版权扩张法案的合宪性审查诉讼。目前，他的主要研究领域在网络法律，尤其重于数字时代法律应如何对信息和思想的交流进行管制。他被称为“网络法律界最具原创思想的教授”，也是网络法律最具影响力的人物，《纽约人》杂志将他称为“互联网时代最重要的知识产权思想家”，《商业周刊》在2000年、2001年连续两年将他列为“互联网最具影响力的25人”之一。①

莱斯格教授倡导网络的自由和开放性，在版权公共利益方面，他强调版权公有领域对自由创新的重要性，主张限制媒体巨头、好莱坞巨头、录音工业巨头以及有线电视运营商、软件市场霸主、互联网大公司等版权拥有者权利的不当扩张。为了信息和思想的自由交互和流通，莱斯格教授提出了“创作共用（Creative Commons，CC）”的许可模式，该许可模式是一种特别适用于网络上的数字作品如文学、美术、音乐等的版权许可机制，这一自由许可机制致力于让任何创造性作品都有机会被更多人分享和再创造，以共同促进人类的知识作品在

---

① 参见斯坦福大学法学院网站：http://www.law.stanford.edu/directory/profile/39/#affiliations_honors。

其生命周期内产生最大值。①

莱斯格教授的著作《自由文化：媒体巨头是怎样利用技术和法律抑制文化和控制创新的》（*Free Culture*：*How Big Media Uses Technology and the Law to Lock Down Culture and Control Creativity*）、《思想的未来：互联世界中共用的命运》（*The Future of Ideas*：*The Fate of the Commons in a Connected World*）、《代码和其他网络法》（*Code*, *and Other Laws of Cyberspace*）、《混合：促进艺术和商业在混合时代的繁荣》（*Remix*：*Making Art and Commerce Thrive in the Hybrid Economy*）、《版权和政治不能混作一团》（*Copyright and Politics Don't Mix*），及其学术论文《公共领域的重构》（*Re-crafting a Public Domain*）、《信息社会：自由的还是封建的?》（*An Information Society*：*Free or Feudal?*）、《让千万个 Google 腾飞》（*Let a Thousand Googles Bloom*）、《保护主义将扼杀重建!》（*Protectionism Will Kill Recovery!*）、《代码就是法律》（*The Code is Law*）、《去白宫的新路径》（*New Road to the White House*）等都反映出莱斯格教授希望网络重返其自由和开放本性，现有的版权法律是版权巨头游说的结果，已经遏制了自由创新及其重构版权法的平衡等观点。

在《自由文化：媒体巨头是怎样利用技术和法律抑制文化和控制创新的》一书中，莱斯格教授阐述了版权公有领域的历史和发展，并展示了媒体巨头们是如何利用公有领域的作品赚取利润，却同时阻碍了他人获取作品的。他强调了公有领域对创新的重要性，并论述了重建公有领域的途径。在《信息社会：自由的还是封建的?》中，莱斯格教授认为一个自由的信息社会并不意味着没有财产权和市场，而是财产权与市场必须与思想和文化的自由交流共存。

在其新作《混合：促进艺术和商业在混合时代的繁荣》中，莱斯格教授指出在网络版权的保护和作品合理使用之间正在进行版权大

① 参见创作共用网站对“创作共用”的描述和定义：http://creativecommons. org/about/。

战，而这场战争是一场不会赢的战争，因为版权保护涉及我们的下一代，如果不对目前的版权法律保护状态进行改变，我们的下一代将处于动辄侵犯版权的境地。版权制度的正外部性在网络中没有得到完全彰显，网络的自由特性本来应该但却没有能够促进版权制度正外部性的增加，对版权作品的使用进行控制并不一定为创作者带来更多的激励，所以，应该看到并重视目前正在发展的版权替代方案如 CC、自由软件、维基百科等，这些方案都在促进创新方面达到了更好的激励效果和社会效果。从这部新作中我们可以看出，莱斯格教授认为应从三个方面来改变目前版权保护不协调的现状：一是发展混合经济，也可以称为共享经济、平行经济模式，即企业或版权人在赚取利润的同时让出公众网络自由使用的空间，然后从公众的自由使用行为再获取利益回报，这样，一方面企业达到了商业目标，另一方面公共利益得到了保证。二是对目前的版权法进行改革，允许非专业非营利性的业余创新行为，构建一个版权作品的网络登记机制，明确作品版权的归属，提高版权作品的利用效率和市场交易效率。简化法律规则特别是“合理使用”规则，使版权法更易理解。版权法应更加关注作品的最终使用行为，而可以忽略复制行为，通过征税或一揽子清算方法使网络文件共享合法化。三是网络用户本身。版权企业要适应网络文化产业从控制版权的经营模式转换到共享和合作的经营模式，而作为网络用户，应习惯于与他人共享观点和思想以及要重新认识政府所制定的网络版权保护规则的不足。

以上提到的诸位国外学者的观点对维护版权公共利益、重新认识我国版权制度以及我国版权制度未来的改革无疑具有重要的借鉴意义。这是因为，目前国际知识产权保护的趋同性特点已经比较明显，国际版权公约要求成员国在国内对知识产权保护达到公约最低的标准。同时，国际贸易的全球化展开以及中国市场的开放，国外版权产业加强保护知识产权的要求必然在我国产生市场和社会影响，这种影响甚至会表现在政府制定的政策上。另外，互联网的国际互联特性以及版权产业的网络运营，国外版权产业的知识产权保护也必然对我国网络用户的行为产生影响。由国外学者和组织提出的版权替代方案如CC、自由软件、开源软件等都已经在我国广泛应用。但是，本书重在探讨我国版权制度中的公共利益，关键在于分析我国目前的版权保护制度对版权公共利益的影响以及应对策略，所以，应很明确地看到上述国外学者的观点带有明显的其所在国的经济社会特点和政治痕迹。我国作为发展中国家，经济社会的发展阶段不同于西方发达国家，所以，本书将着重分析我国版权公共利益问题的根由和所在环境。如在我国的版权产业发展方面，目前还未出现像华纳、索尼、百代等产业巨头，所以像萨缪尔森教授和莱斯格教授等提到的产业巨头对政府政策制定过程的影响还不很明显，但也应看到，随着版权产业的发展，一些产业巨头终会形成，而其对政府的游说行为也必将出现，在其他行业如房地产业这种现象已经非常明显。

在《版权例外：数字化的影响》（*Copyright Exceptions*：*The Digital Impact*）一书的说明中，作者也主张现有的版权例外制度应该被用户权利制度取代。但认为目前不宜立即将现有版权例外条款称为“用户权利”，因为，如果这样做，就丧失了对版权进行变革的有用的工具。[①] 通过这段话，作者意欲传达两个观点：一是版权法起码应该把用户权利或者说公众权利置于与版权人权利同一个高度进行保护，这是未来版权法变革的一个思想；二是如何对版权法进行变革，以用户的权利或公众的权利取代目前版权法中的例外条款。

在我国，对使用者权利的探讨开始较早，吴汉东教授在其1996年出版的《著作权合理使用制度研究》一书中对“使用者权利”进行了全面的论述，认为“合理使用”就是使用者的一项权利。后来，学者董炳和在1998年《法商研究》第三期上撰文对“使用者权利”作出了评价，肯定了区分“合理使用”是版权的一项例外还是使用者的权利具有非常重要的意义；但他不同意吴教授的观点，主张

① Robert Burrell & Allison Coleman. *Copyright Exceptions*: *The Digital Impact*. Lodon: Cambridge University Press, 2005: 2.

“合理使用”并不是使用者的一项民事权利，而是著作权的一种限制。

在版权公共利益这一课题的探讨中，版权侵权案件中是否能够以公共利益抗辩不侵权，也是比较重要的一个研究点。目前对这一问题的研究主要集中在是否应该确立该抗辩以及该侵权抗辩的适用范围和适用条件上。对于第一个问题，即是否应在版权侵权案件中确立一般性的公共利益抗辩问题，从目前的研究成果来看，存在两种截然相反的观点。反对者提出了该抗辩有违反宪法的可能、版权法已经为公共利益提供了足够的保护等意见；而支持者则认为，公共利益抗辩具有合法性、必要性、适当性和可行性。

对版权公共利益这一命题做了整体性研究的，目前主要有英国爱丁堡大学知识产权与技术法律研究中心的研究人员吉利安·戴维斯（Gillian Davies）博士撰写的、由 Sweet & Maxwell 出版社于 1994 年出版的《版权与公共利益》（*Copyright and the Public Interest*）一书，后因信息社会和信息技术的发展对版权法产生了新的影响，于 2002 年再版。该书从公共利益的角度讨论了版权法在精神和经济方面的功能，为国际版权制度改革和一体化问题提供了思路。该书首先阐明了版权法在西欧的起源，并评述了公共利益概念在英国、美国、法国和德国版权法历史发展中的体现；其次，探讨了版权和公共政策的关系，包括其他制度对版权法的替代和国内法及国际公约对一国国内版权公共利益的影响和限制；最后，讨论了数字技术对版权法的影响，同时对网络版权保护的框架和版权法的未来作了预测。

在我国学者冯晓青及其他研究人员合著的《知识产权法热点问题研究》一书的第一章中，也对知识产权法与公共利益进行了论述，分别阐述了知识产权法中公共利益的内涵、著作权法与公共利益、专利法与公共利益、商标法与公共利益、商业秘密法与公共利益以及知识产权法与促进竞争、反垄断的公共利益之间的关系。该书作者认为，知识产权法之所以与公共利益之间存在十分密切的关系，是因为知识产权保护的客体——知识产品具有私人产品和公共产品的双重属性，以及以知识产权保护为核心的知识产权制度在社会生活中具有越来越重要的地位，越来越多地涉及对公共利益的维护和保障。[①] 该书作者认为知识产权法主要具有以下三方面的公共利益内涵：首先，知识产权法具有重要的公共利益目标；其次，鉴于公共利益的确保在知识产权法中的重要性，知识产权法需要确保公共利益的实现；最后，实现公共利益是确立知识产权专有性的重要理由。在“著作权法与公共利益”部分的论述中，该书作者首先考察了版权法历史发展中的公共利益，接着对版权公共利益在美国立法、司法和管理实践中的体现作了述评，并从不同视角对版权公共利益进行了总结。从版权法增进民主目标的角度，该书作者指出：“著作权法公共利益目标的实现关注信息自由、教育利益和知识的扩散与效用等方面，而这些利益涉及自由与民主社会的本质问题。”[②] 从著作权法的激励理论角度，该书作者认为，著作权法的目的是通过激励可能产生创造性作品的最广泛的生产和传播而促进知识和学习。从效用理论角度，该书作者强调，著作权法的最后目的是为了公共福利，促进学习和文化的增进。

三、本书的研究范围与主要观点

虽然本书在多处强调版权公共利益与版权人及版权相关权人的个人利益的辨证关系，主张以辨证的眼光看待和研究两者关系，不能单方面强调一方的重要性。但本书主要的研究范围在于版权公共利益的内容、版权制度变革和信息技术发展对版权公共利益的影响，以及如何对其进行完善和维护。

---

① 冯晓青，杨利华，等．知识产权法热点问题研究．北京：中国人民公安大学出版社，2004：109.

② 冯晓青，杨利华，等．知识产权法热点问题研究．北京：中国人民公安大学出版社，2004：28.

在版权制度的利益格局中，主要利益方是创作者、传播者和使用者，伴随着技术和经济社会的发展，各利益方所指主体也发生着变化，如传播者，在版权制度发展初期，仅限于图书出版商，而后来，广播组织、电视台、录音制作者、录像制作者、网络服务商等都加入了作品传播者的队伍，而创作者也从自然人作者，扩展到了法人或组织。随着社会继续向前发展，利益参与者将会更多。这些利益方的利益追求有一致的地方，但也存在冲突。它们的利益最终统一在版权的最终目标，即促进科学文化事业的发展和社会的进步上。当然，这些利益要求在更多的时候是相互冲突的，这时，版权法就应对各利益范围进行界定，使其协调发展，以最大限度地实现公共利益。目前，版权和版权相关权呈现扩张趋势，这其中有技术发展的自然原因，每当一项新技术（尤其是复制技术）诞生时，因为作品的传播手段和使用手段的变化，版权法就要扩充版权及其相关权的范围，以规范新的技术环境下作品的传播和使用。但版权法的扩张有时也掺合了人为的原因，尤其当版权成为追求经济利益的资本时，版权资源的控制者就要求进行版权扩张，而这种扩张往往会对版权中的公共利益造成损害；另外，当版权人或版权相关权人不当行使权利时，也会侵害公共利益。信息技术的发展和信息社会的来临，促使版权法进行再一次的调整和扩充。同时，信息社会中，西方发达国家包括版权产业在内的知识产权产业得到了很快发展，成为其国内的支柱产业。这些国家凭借其知识产权优势，要求对知识产权实行全球一体化和强化保护，而这种保护趋势对包括我国在内的发展中国家是不利的。

本书希望在以下三个方面做深入研究：

（1）对版权公共利益的内容和范围及其理论基础、法律基础和经济社会基础进行系统的阐述。

（2）对我国《著作权法》中的公共利益保障机制进行概括和阐述，并提出在著作权立法和司法实践中保障公共利益的具体建议。

（3）对维护版权公共利益的成本、收益进行分析，提出对版权进行限制的经济合理性标准。

为了达到本书的研究目标，本书在写作过程中，运用了文献法、实践调研法、比较方法、案例分析方法等方法。

文献法是指搜集、鉴别、整理文献，并通过对文献的研究形成对事实的科学认识的方法。这种方法虽然是一种古老的科学研究方法，却富有十分强大的生命力，对现状的研究及对他人研究成果的继承和借鉴无不需要运用该方法。本书对该方法的具体运用过程是，在进行基本的命题假设后，即开始进行文献调研，在充分掌握文献资料并进行文献综述后，确定了写作思路。而后，运用文献内容分析法，掌握已有文献给出的事实资料和启示，跟踪与本论题有关的科研动态、前沿进展，了解他人已取得的成果、研究的现状等。本书的许多研究工作都是在已有文献基础上的继续，特别是在对现状的把握方面。

实践调研法也是本书研究的一个重要方法。为了准确了解版权法在版权司法实践中的贯彻、实施情况，以及法官在司法实践中对版权公共利益的把握情况，2004 年 7 月至 9 月，笔者在导师的推荐下，到武汉市中级人民法院知识产权审判庭进行了为期两个多月的调研，接触了大量的版权纠纷案例，充分掌握了法官在版权司法实践中对版权公共利益进行维护的思路。

比较方法也是贯串于本书写作过程的另一个重要方法。该方法运用于版权法的历史与现实之间的纵向对比，及各国版权法的横向比较，从而考察版权公共利益的发展过程和在各国的不同处境。

案例分析方法在本书多处都被运用到，特别是在第五章对“版权公共利益在我国司法实践中的维护”的论述过程中，为了总结版权司法实践中法官维护公共利益的各种方法，笔者选用了不同的版权纠纷案例进行证明和阐述。

服务于本书的写作目的，本书运用了法学、经济学、政治经济学的研究视角和方法。

第一章　公共利益与版权公共利益的界定

第一节　公 共 利 益

对版权制度中的公共利益进行探讨，不可避免地要对“公共利益”一词进行一些了解和描述，弄清楚要讨论的问题是什么，有什么样的特征，以帮助我们进一步讨论版权制度中的公共利益。

一、利益与公共利益

人的需要被认为是形成利益的自然基础，因此，利益被等同为人的需要，或能够满足人的需要的对象，或需要被满足的可能性。[①] 一定形式的需要虽然与特定的利益相对应，但需要本身却不是利益，人的物质需要和精神需要只有在社会关系中才能形成利益，社会关系是构成利益的社会基础；需要是作为需求主体的人对需求对象的需要和满足，是对需求对象的依赖；而利益则体现了人对需求对象的一种分配关系。人们只有处在一定的经济社会关系中，才可能进行社会实践活动，实现需要主体向利益主体的转变。不同社会关系中需要主体之间的社会差别，产生了对需要对象的分配关系、分配差别和分配矛

① 汪辉勇．公共利益：公共管理研究的逻辑起点．行政论坛，2003（7）：15－17.

盾，从而产生了利益上的差别与矛盾。在任何一个具体的社会形态中，人的需要在一定的社会关系中就表现为利益。所以，“所谓利益，就是一定的客观需要对象在满足主体需要时，在需要主体之间进行分配时所形成的一定性质的社会关系的形式。”①

利益是人的行动的唯一动力。② 马克思主义利益理论也认为，追求利益是人类一切社会活动的动因。马克思写道：“人们奋斗所争取的一切，都同他们的利益有关。”③

按照不同的分类标准对利益进行划分，可以看到利益本身是一个庞大的体系。如按照利益的主体差别来划分，可以分为个人利益、群体利益、社会整体利益；按照利益的实现时间，可以划分为长远利益和眼前利益；按照利益的客观内容，可以划分为物质利益和精神利益；按照利益的一般和个别关系，可以划分为个别利益、特殊利益、共同利益、一般利益。④

公共利益作为利益的一种，深刻影响着人类的行为。思想家们不断地思考着公共利益问题，但发现将它作为一个概念进行界定却不容易。中外许多学者认为，“公共利益”这一概念最特别之处就在于其不确定性，是典型的不确定法律概念。⑤ 我国台湾学者陈锐雄指出：“何谓公共利益，因非常抽象，可能人言人殊。”⑥爱沙尼亚法学者卡得瑞恩·艾克尼恩（Kadriann Ikkonen）写道：“因为公共利益的高度抽象性和不确定性，即使最优秀的法学家也不太情愿考察其性质，对公共利益作出绝对准确的概念是不可能的。人们必须承认这个事实，即公

---

① 王伟光．利益论．北京：人民出版社，2001：74.

② （德）霍尔巴赫．自然的体系（上卷）．北京：商务印书馆，1999：260.

③ 马克思恩格斯全集（第1卷）．北京：人民出版社，1972：82.

④ 王伟光．利益论．北京：人民出版社，2001：75.

⑤ 陈新民．德国公法学基础理论（上）．济南：山东人民出版社，2001：182．赵丽．浅论公共利益的属性．中共山西省委党校学报，2005（2）：64－65．范进学．定义“公共利益”的方法论及概念诠释．法学论坛，2005（1）：15－19.

⑥ 陈锐雄．民法总则新论．台北：三民书局，1982：913.

共利益仍然是一个不确定的法律概念。"[①] 更何况，对一个事物或现象下定义本身就是一件非常危险的事情，因为根据现代哲学和解释学，定义的可靠性是非常有限的。马克思·雷丁对此曾悲观地说："我们中的那些怀有谦虚之心的人已经放弃了给法律下定义的尝试。"[②]

即便如此，由于公共利益在立法、法学和其他学科的理论建设及现实实践中的重要性，很多学者甘愿冒这一"大不韪"去给公共利益下一个定义或提供一些判断的标准。笔者认为，有必要考察一下这些学者的观点，以便更加准确地理解版权制度中的公共利益。

在我国，有关公共利益的讨论主要围绕概念界定与具体内容展开。有学者将"公共利益"进行拆分，将"公共"和"利益"分别定义，以作为理解公共利益含义的方法，认为"公共"是相对于个别而言的，根据《词源》的解释，公共，谓公众共同也。定义"公共"，首先要确定一个范围。这个范围不限于地域性质，也可以是职业的、身份的、宗教信仰的，甚至是年龄的、性别的，关键是要将人与人区分开，不能只笼统地讲是"不确定的"。而所谓"利益"，从哲学的角度来看，表现为某个特定的（精神或者物质）客体对主体具有意义，并且为主体自己或者其他评价者直接认为、合理地假定或者承认对有关主体的存在有价值（有用、必要、值得追求）。通过对"公共"和"利益"的分析，该作者得出公共利益的概念，认为"公共利益是针对某一共同体内的少数人而言的，客体对该共同体内的大多数人有意义。共同体的规模大到整个国家、社会，小到某一个集体。"但是公共利益的复杂性使该学者在给出这个定义后，就马上补充说，由于共同体内部组成的不确定性，所以该定义仍然没有完全解决问题。但是他也认为，研究公共利益的关键并不在于共同体的不确定性，而在于谁主张公共利益；同时，他认为，由于价值本身的争议

① Kadriann Ikkonen. Public Interest as an Undeterminable Legal Concept. *Juridica Abstract*, 2005 (3).

② 转引自龙卫球. 民法总论. 2版. 北京：中国法制出版社，2002：1.

性，增加了确定什么是“公共利益”的困难，反倒不如将“公共利益”视为一个实证化的概念，即只要符合为共同体中的大多数人有益即确定为公共利益，至于这种公共利益是否具有价值上的优越性，则只有通过具体的价值衡量才能得出结论。①

学者孙笑侠认为，社会利益（根据全文，该学者所指的社会利益即公共利益）“是公众对社会文明状态的一种渴望和需要，其内容也不是像人们所说的那样抽象得不可捉摸”，他认为公共利益的内容包括：公共秩序的和平与安全；经济秩序的健康、安全及效率化；社会资源与机会的合理保存与利用；社会弱者利益的保障；公共道德的维护以及人类朝文明方向发展的条件（如公共教育、卫生事业的发展）；等等。②

学者徐银华认为，公共利益是与私人利益或个人利益相对的概念，是一个特定社会群体存在和发展所必需的、该社会群体中不确定的个人都可以享有的社会价值。它的核心意义在于“公共利益总是与一个社群存在和发展所必需的社会价值相关，这包括两个方面，一方面是该社群存在所必需的社会价值，如安全、秩序、领土；另一方面是该社群发展所必需的社会价值，如科学技术、产权安排。”③

民法学专家江平教授认为：“属于公共利益的情形是无法列举的，但是可以从反面来说，凡是属于商业开发、以营利为目的的，决不属于社会公共利益。”④

从方法论的个体主义出发，社会功利主义将公共利益定义的

---

① 胡锦光，王锴．论公共利益概念的界定．法学论坛，2005（1）：10－14．

② 孙笑侠．论法律与社会利益——对市场经济中公平问题的另一种思考．中国法学，1995（1）：52－60．

③ 徐银华．论公共利益的概念范围和判定标准．中国法学会行政法学研究会2004年年会会议论文，宪行天下论坛网站．http://www.cncasky.com/bbs/print.asp?TOPIC_ID=1489&FORUM_ID=32&CAT_ID=13．

④ 转引自贺大为．公共利益绝不应成为侵犯私权的挡箭牌．半月谈：内部版，2005（8）．

"公共利益为全部私人利益之总和"，被有的学者认为是为公共利益提供的最为恰当的定义。该学者认为既然公共是由个体构成的，公共利益也是个人利益的某种组合，并最终体现于个人利益。虽然该学者并不认为这样的定义是十全十美的，但认为由于它具有可操作性，所以避免了让公共利益变得包罗万象而失去意义。[①]

有学者从方法论的角度提出分析公共利益概念的方法。如美国学者亨廷顿对研究和判断公共利益提出的三种方法就经常为其他学者所引用，这三种方法是：①把公共利益等同于某些抽象的、重要的理想化的价值和规范；②把公共利益看做某个特定群体（阶级）或者多数人的利益；③把公共利益视为个人之间或群体之间竞争的结果。[②]这三种方法虽然从不同的角度对公共利益进行探讨，但有学者不同意上述的方法，认为享延顿的三种观点都不能揭示公共利益的基本内容，并提出分析公共利益的四个层面：第一个层面是共同体的生产力发展，认为生产力发展是最基础的公共利益，因为对其的破坏必将导致大多数人的利益受到损害，而生产力的停滞也会使社会中的利益竞争成为一种零和博弈式的竞争；第二个层面是公共利益是每个社会成员都有可能受益的公共物品；第三个层面是每个社会成员正当权利和自由的保障；第四个层面是合理化的公共制度，包括政治、经济、文化、法律等方面的制度规范。[③] 这种概括比较全面，涵盖了不同的领域，但同时遭到了其他学者的异议，认为这种说法虽然有助于对公共利益进行类型化分析，但在出现公共利益的具体争议时，不易确定具体的判断标准。[④]

加拿大政策研究中心提出从五个方面去理解公共利益：①从过程的角度，认为公共利益来自于公平透明的决策制订程序；②按照人数

---

① 张千帆. "公共利益"是什么？——社会功利主义的定义及其宪法上的局限性. 法学论坛，2005（1）：28－31

② （美）亨廷顿. 变革社会中的政治秩序. 北京：华夏出版社，1988：25.

③ 马德普. 公共利益、政治制度化与政治文明. 教学与研究，2004（8）：73－78.

④ 韩大元. 宪法文本中"公共利益"的规范分析. 法学论坛，2005（1）：5－9.

确定，即公共利益是大多数人的观点，即公共利益是由与一个问题有关的合理多数的人的利益决定的；③从功利主义的观点出发，认为公共利益是与一个问题有关的不同利益之间的平衡与妥协；④共同利益，认为公共利益是一系列人们都享有的共同的利益，如干净的空气、水资源、国防和安全、公共安全、强劲的经济发展；⑤共同的价值观念，公共利益是一系列共同的价值观念或原则。①

也有学者用更容易理解的方式给公共利益下了定义，认为公共利益就是每一个人可以切身感受到的、可以为他带来的实实在在的好处。它不会因为保护个人而全然排斥国家，国家任务、国家原则都可以是公共利益的某一个方面；由公权利引导实现的为提供个人不愿意付出、却可以从中受益的公共货物的利益；无形的公共道德。②

除了试图给公共利益界定出一个定义或提出公共利益包含的几个层次，也有人避开为公共利益直接定义的困难，转而提出若干认定公共利益的标准。如中国人民大学莫于川教授认为在理解和运用“公共利益”这个概念时，应坚持以下六条判断标准：①合法合理性；②公共受益性；③公平补偿性；④公开参与性；⑤权力制约性；⑥权责统一性。这些标准的提出是在2004年我国《宪法》修订之后，针对修订后的《宪法》第二十条而来的，该条使用了“公共利益”一词，规定：国家为了公共利益的需要，可以依照法律规定对土地实行征收或者征用并给予补偿。土地在我国具有非常重要的地位，而以往常常出现行政机关在征收或征用土地时打着“公共利益”的旗号，实质上却作出损害人民利益的行为。为防止滥用“公共利益”，莫教授提出了上述六条判断标准，这些标准虽然主要是针对这种现象的，但对于我们认识公共利益无疑也是非常有益的。另外也有学者提出了

---

① Leslie A. P. & Judith Maxwell. Assessing the Public Interest in the 21st Century: A Framework. *Paper prepared for the External Advisory Group on Smart Regulation*, Dec. 2003.

② 张维. 公共利益与个人利益的平衡——司法的视角（硕士学位论文）. 苏州：苏州大学，2003. 4 .

类似的判断公共利益的六条标准：①公益性；②个体性；③目标性；④合理性；⑤制约性；⑥补偿性。[①]

从以上可以看出，不同领域的学者从不同的角度探讨了公共利益的概念和内涵，有的学者以“共同体”为出发点，主张公共利益是针对某一共同体内的少数人而言的，客体对该共同体内的大多数人要有意义。如徐银华认为的“一个特定社会群体存在和发展所必需的、该社会群体中不确定的个人都可以享有的社会价值”中的“特定社会群体”也包含了“共同体”的含义。但其将公共利益认定为社会价值，与亨廷顿提出的认识公共利益三种方法中的第一种方法，以及加拿大政策研究中心提出的从五个方面去理解公共利益中的第五个方面，即共同的价值观念之间不谋之合。同时，又有不少学者指出，要将“公共利益”的定义简单化、实用化，采取实证主义的做法，认为符合大多数人的利益即确定为公共利益，或者直接将公共利益认定为全部私人利益之和。

纵然国内外学者在定义公共利益的过程中，出现了一致的地方，但目前并没有一个通用的、令所有人都满意的定义。但这些努力都是有益的实践，因为每一次对事物的深入认识都是对该事物本质的靠近，而且能给其他人的认识行为提供积极的帮助和启示。

公共利益是客观存在的，有其确定的内容。它虽然被认为是十分抽象的，但却不是不可定义的。笔者认为，公共利益作为一个法律概念，应该具有确定性，公共利益就是社会中大多数人共享的正当利益。公共利益的内容也是相对确定的，包括：公共安全；公共财富；公共服务；经济、技术、文化、环境卫生等国民经济各领域的发展与秩序；公共伦理道德；社会资源与环境资源的合理保存与公平利用；社会弱者的利益保障；等等。有学者提出将合理化的公共制度作为公共利益的内容之一，笔者认为公共制度是作为公共利益的公共社会价值的维护机制，不宜包含在公共利益的范围之中。然而，尽管可以依

① 陈锐雄. 民法总则新论. 台北：三民书局，1982：913.

据目前的经济社会状况对公共利益的内容进行概括，但公共利益的内容却不是一成不变的，公共利益是一个开放的概念，它的内容随着社会的发展而不断发展。不同社会的不同发展阶段，公共利益也具有不同的内涵，它还会受到国家政策和发展目标的影响。

将公共利益定义为社会中大多数人共享的正当利益，避免了从“共同体”概念出发界定公共利益的缺陷。正如边沁所言，“共同体是个虚构体，由那些被认为可以说构成其成员的个人组成。”① 共同体是一个没有规模等条件界定的虚构体，所以它本身就是一个不确定的范围，可以是整个国家、社会，也可以是某个团体，甚至可以是几个人组成的一个组织。那么，从这个不确定的概念出发定义公共利益具有明显的缺陷。我们可以接受符合一个国家和社会中大多数人利益的利益是公共利益，但我们恐怕不能接受将一个公司中大多数人的利益说成是公共利益，但是，很显然，按照“共同体”的理论，该公司也是一个由成员组成的共同体。从“共同体”概念出发，我们可以得出的是“共同利益”这一概念，实际上，共同体内大多数人的利益是共同利益，而非公共利益。一个公司内大多数人的利益，如公司为员工买了医疗保险，这显然是该公司的共同利益，而非公共利益。公共利益在大多数情况下是共同利益，而共同利益却未必是公共利益，共同利益虽为一个共同体内大多数的人所共享，但相对于社会却可能是个别利益或集团利益。

将公共利益定义为社会中大多数人共享的正当利益，还可以避免公共利益作为一个法律概念的不确定性，将其与法律文本中的其他用语相区别。我国多部法律中出现了“公共利益”一词，如《宪法》第十条第三款规定：“国家为了公共利益的需要，可以依照法律规定对土地实行征收或者征用并给予补偿。”第十三条第三款规定：“国家为了公共利益的需要，可以依照法律规定对公民的私有财产实行征收或者征用并给予补偿。”《民法通则》第七条规定民事活动的基本

① （英）边沁．道德与立法原理导论．时殷弘，译．北京：商务印书馆，2000：58．

原则之一是"不得损害社会公共利益"，第五十八条规定违反社会公共利益的民事行为无效；《合同法》第七条规定了当事人订立合同应遵循"不得损害社会公共利益"的原则；其他法律如《民事诉讼法》、《行政诉讼法》、《行政处罚法》等法律文本中也都出现了"公共利益"、"社会公共利益"。这些法律中除了使用"公共利益"以外，还同时出现了"社会利益"、"社会公共利益"、"国家利益"、"社会秩序"、"公共秩序"等与公共利益相近似的用语，容易给人们造成对这些用语理解上的困惑。将公共利益定义为社会中大多数人共享的利益，从而可以得出，法律文本中的"公共利益"与"社会利益"、"社会公共利益"是等同的，与"国家利益"存在一定的区别，而"社会秩序"、"公共秩序"作为公共利益的内容，表示法律在特定法条中对公共利益这些内容的强调，并没有损害公共利益的内在规定性。

二、公共利益的特征

虽然笔者也试图为公共利益作概括，但这个定义仍不能够使人对公共利益有一目了然的认知，对公共利益的特征及判断标准的探讨，有利于我们更好地认识"公共利益"这个复杂的概念，判断一种利益形式到底是否为公共利益。

第一，公共利益具有客观性。公共利益的客观性表现在它不是人的主观想象，不依人认识上的不同而有所改变，而是客观、独立地存在于人的主观感觉、主观思想之外，客观地影响着社会的发展。公共利益之所以具有客观性，主要因为它的内容是客观的。它不是人的意志或者意识的产物，而是由人们所处的社会关系所造成的。它受到经济社会发展阶段的影响，决定于不同的经济社会发展阶段和水平，但这不影响它的客观性，而是其客观性的又一体现。马克思在谈到共同利益时曾指出："共同的利益不是仅仅作为一种'普遍的东西'存在于观念中，而且首先作为彼此分工的个人之间的相互依存关系存在于现实中。"[1] 公共利益的客观性还表现在它的实现方式和手段都是客观的。公共利益具有客观性，说明任何否认公共利益存在的观点都是错误的。

第二，公共利益具有共享性。公共利益不是个人利益的简单叠加，也不是多数人利益在数量上的直接体现。[2] 公共利益是社会成员的整体利益，它超越于社会中个体成员的个人利益而独立存在，并影响着社会中的大多数成员。公共利益的共享性与特殊利益的差异性相对应，社会中的每个集团或者每个成员都可能有不同的利益追求，这些利益之间具有差异性和多样性，而公共利益却是一种整体性的、普遍性的利益。公共利益的共享性表明，只有社会中大多数人享有的利益才可以冠以"公共利益"之称，指向个人或特定团体的利益终究不是公共利益而是特殊利益。公共利益的共享性包含的另外一层含义是公共利益的受益主体具有不确定性。公共利益的受益主体是社会中不特定的多数人，这有两层含义：一是公共利益必须是社会中大多数人享有的利益。少数人享有的利益当然也可以是公共利益，但只有少数人享有的利益绝不是公共利益，因为只有当大多数人享有利益时，才能保证公共利益的正当性。根据近现代民主制度"少数服从多数"的原则，公共利益应当代表多数人的利益。[3] 二是公共利益必须是不特定的多数人享有的利益。公共利益一定是大多数人的利益，但大多数人享有的利益却未必一定是公共利益，因为特定多数人享有的利益有指向集团特殊利益的危险性，所以公共利益必须是不特定的多数人享有的利益。任何指向少数人、少数团体或特定人、特定团体的利益都不是公共利益。

第三，公共利益具有合理性或正当性。公共利益是社会共同的、理性的利益。在现代社会中，利益主体的多元性、利益内容的多样性，

---

① 马克思恩格斯全集（第3卷）. 北京：人民出版社，1960：37.

② 郎峰翘. 略论城市房屋拆迁中的公共利益. 中国经济时报，2005－06－30.

③ 王景斌. 论公共利益之界定——一个公法学基石性范畴的法理学分析. 法制与社会发展，2005（1）：129－137.

使利益格局表现出复杂多样的特点，大多数人追求的利益有时并非是正当性的利益。如使用盗版作品的行为，使用盗版作品因为能大大降低使用者的支出，所以为很多人所支持，但是盗版行为扰乱了市场经济秩序，而且是对他人劳动的不尊重，所以使用盗版作品产生的利益就不具有正当性。凡是被纳入公共利益范畴体系的利益都应是正当性的个体利益的高度概括化，以维护公共社会的价值体系。公共利益的合理性还表现为个体利益向公共利益转化程序的合理性，个体利益和公共利益相互转化的合理性，公共利益评价体系的合理性，等等。[①]

第四，公共利益具有层次性。虽然公共利益具有整体性和普遍性，但它还具有层级性。王利明教授举例指出，“如国防利益和市政建设的利益是不同层次的公共利益，从而保护的力度也不同。如果各种不同的公共利益之间发生冲突，法律上需要解决的是，如何使公共利益最大化。这就需要分析公共利益的层次，按照各种公共利益的不同层次分别实现，优先保护更高层次的公共利益。”[②] 公共利益的层次性还隐含着公共利益具有多样性这一含义，不同层次的公共利益内容和重要性有所不同。公共利益的层次性会导致不同层次的公共利益之间产生冲突，在发生冲突的情况下，应判断更高位的公共利益并予以优先保护。

第五，公共利益具有开放性和个案性。公共利益的开放性在于公共利益的内容不是一个封闭的体系，而是随着人们对客观世界认识范围的扩大而不断地扩展。如随着人类对外太空的逐渐了解，对外太空的保护也成为影响整个人类的公共利益。公共利益具有个案性，是说公共利益本身是一个“泛”概念，要判断一个具体的利益现象是不是公共利益，还需要在个案中进行识别和确认。一种利益在特定的环境下具有公共利益的特性，但当这个特定的环境不再存在，或者在更大范围的环境下考虑时，也许该利益就不再是公共利益，而变成个别

---

① 韩大元．宪法文本中“公共利益”的规范分析．法学论坛，2005（1）：5－9．

② 王利明．征收、征用制度与公共利益的界定．人民法院报，2005－10－26．

利益。如一个城市在市郊建造了一个飞机场，声称为了方便该市市民的出行和繁荣该市的对外贸易，这一举措被宣传成符合该市大多数人的利益。但据考察，该市属于国家三级城市，人口总数和对外贸易数额都不具有建造一个飞机场的必要性，而且距离该市不远的另一个较大的城市也有一个飞机场。所以，根据这一总体考察，这个声称的公共利益显然不是真正的公共利益，因为它并不符合该地区大多数人的利益，而只是加重了该市的经济负担。

第六，公共利益具有可还原性。公共利益虽然具有普遍性，但并不说明公共利益是脱离个人利益而存在的。公共利益来源于社会成员的个人利益需求，其价值取向就是为了个人利益和个人尊严的维护和实现，公共利益也由此获得了存在的正当性。没有个人利益的内容，公共利益就成为空中楼阁、一个毫无意义的空概念。现代国家宪法中普遍建立了公共利益与个人利益互相转化的机制，目前，各国均赋予公共利益更多的个体理性的因素，以防止公共利益的“公共性”脱离了个体的正当利益。

在纷繁复杂的社会生活中，判断到底哪些利益属于公共利益，不一定是件容易的事情。为此，有学者提出，在立法机关设定公共利益的范围后，还必须为行政机关判定公共利益规定严格的标准，防止对公共利益的滥用。建议在程序上至少应做到以下三个方面：

（1）公开参与。要求公共利益的判定过程应公开透明，依法保障行政相对人的知情权和参与决策权等程序性权利和民主权利的有效行使。

（2）听证。公共利益的判定应当引入听证程序，可通过召开专家论证会或者听证会来准确判定什么是公共利益。

（3）接受司法审查。对行政机关判定公共利益的过程是否符合形式标准的要求，司法机关应有一定的审查权，行政机关也必须接受和服从司法机关的审查。①

---

① 李世萍，赵宝胜．公共利益如何界定的理论探微．黑龙江省政法管理干部学院学报，2005（4）：8－10.

第二节　公共利益与相关概念的区别

一、公共利益与国家利益

有学者认为，从法律上说，国家自身利益只存在于以下三种情况中：一是国家政权的稳定与安全，这是政治统治的利益需要；二是国际法上的国家主权意义上的利益；三是在民事法律上的国家财产所有权的利益。除此之外，国家不应当存在独立的利益，否则，就可能是非法的利益。① 这种观点认为国家除了作为国际范围的利益主体和作为法人利益的主体、阶级利益的主体外，不可能有其他的利益。但是根据现代国家职能的理论，国家的职能还包括对公共事务的管理，如发展教育、促进科技进步、增加社会财富等，这种管理的目的虽然在于巩固统治阶级的地位和维护国家的存在，但同时也为一国全体公民正常生活所必需。所以，从这一意义上讲，将国家利益和公共利益截然分开是有失偏颇的。

在国家利益与公共利益的关系中，二者之间不能画等号，尽管国家利益与公共利益有某种程度上的重合，但国家利益与公共利益却有很多不重合，甚至相冲突的地方。自市民社会理论的兴起和政治国家与市民社会二元架构的形成，公共利益和国家利益便逐渐分野并明晰。国家实际上代表的是统治阶级和统治集团的利益，而且当国家作为一种工具异化之后，也产生了自己的特殊利益，这时，国家利益只不过是统治阶级“为了达到自己的目的就不得不把自己的利益说成

① 孙笑侠. 论法律与社会利益——对市场经济中公平问题的另一种思考. 中国法学，1995（4）：52－60.

是社会全体成员的共同利益”。[①] 国家作为统治阶级进行阶级统治的工具，其利益主体从根本上说是统治阶级。而公共利益强调利益主体的广泛性，国家利益不具备公共利益那样广泛的利益主体范围，这就出现了代表少数人利益的国家利益与要求是多数人利益的公共利益的不一致。[②] 笔者认为，在多数人充当统治阶级的情况下，国家利益与公共利益更具有切合性。国家代表人民进行社会事务管理，使国家本身不再是目的，它的利益最终都会内化为大多数人的利益。在市场经济条件下，现代国家已经更多地从公共利益的角度进行公共事务的管理，并以社会利益为本位平衡权力之间的冲突。并且，当政治国家和市民社会逐渐融合时，国家更能代表公共利益，在这种情况下，国家利益就成为公共利益的下位概念。

二、公共利益与群体利益

从规范化的法律语言来讲，这里的“群体”应当被称为一种利益共同体，它是一个具有某种实体意味的组织，从而与不具有实体意味的“公共利益”之“公共”相区别。对于一个利益共同体而言，相对于该群体中的少数人来说，群体中大多数人的利益就是该群体的共同利益；但相对于该群体所从属的更大的利益共同体中的大多数人来说，该群体的利益又成为个别利益。如一个村为了使本村村民富裕起来，在村旁建立了一个造纸厂，没过两年，该村的经济状况有了较大的改善。但造纸厂流出的污水不但污染了本村的饮用水，还顺着河流严重污染了周围十里八乡的水域，造成沿岸庄稼、牲畜的死亡。在这个案例中，该村可以看做一个利益共同体，该共同体为了实现全体

---

① 马克思恩格斯选集（第1卷）．北京：人民出版社，1972：609.

② 如近几年以国家名义发动的战争，可以认为是代表了统治阶级利益的国家利益，而非公共利益。

村民经济富裕的共同体利益，却损害了更大利益共同体的利益，所以该村的利益仅仅是个别利益。一个群体的利益是不是公共利益，要根据不同的情况进行分析。群体利益可以表现为公共利益，与公共利益相一致，但群体利益绝不简单等同于公共利益，应谨防有些利益群体将自身的个别利益冠以公共利益之名，而行侵害公共利益之举。

三、公共利益和个人利益

古典经济学家认为，个人追求自身利益的最大化必然会促进社会公共利益。古典经济学家将经济人假设作为研究经济学的基点，这一假设从人性出发，认为人有两个基本属性，就是利己和理性。经济人最大的特点是他只追求自我利益，而不关心他人和社会利益；经济人的理性原则表现在只有符合个人利益最大化或效用最大化的选择，才是合理的选择，由此认为个人对自身利益的追求是社会发展的最原始的动力，社会的发展最终导源于这种经济的“第一推动力”，在一只“看不见的手”（即完全的市场竞争）的作用下，“他追求自己的利益，往往使他能在比真正出于本意的情况下更有效地促进社会的利益。”①

而在现实生活中，是否如经济人假说所认为的那样，在个人利益与社会公共利益之间会无条件的达成一致呢？同样从人的属性着眼，人的社会属性告诉我们，答案是否定的。

人始终是社会中的人，马克思主义认为，人的本质是一切社会关系的总和，人不能离开社会而单独活动，“甚至当我从事科学之类的活动，即从事一种我只是在很少情况下才能同别人直接交往活动的时候，我也是社会的，因为我是作为人活动的。不仅我的活动所需的材料，甚至思想家用来活动的语言本身，都是作为社会产品给予我的，

---

① （英）亚当·斯密．国富论（下卷）．上海：商务印书馆，1996：27.

而且我本身的存在就是社会的活动。”① 然而，在现实的社会生活中，利益矛盾却是始终存在的。首先，当利益内容不能满足利益主体的需求时，就产生了利益主体与利益对象之间的矛盾；其次，人的利益需求是多样的，如人同时会需要物质利益、精神利益、眼前利益、长远利益、经济利益、文化利益等等，而在现实生活中，这些利益并不总是和谐的。在前两种利益矛盾存在的情况下，第三种利益矛盾就自然而然地出现了，那就是利益主体的利益矛盾与冲突，当利益总量不能满足利益主体的需求时，当人的利益需要类型不一致时，人们之间就会产生利益冲突，在利益冲突存在的情况下，人的利己性就会不顾社会整体利益而追求自身利益，所以利益冲突并不当然地促进社会公共利益的增加，在大多数情况下，反而会削减社会公共利益。正如新“经济人”的假设认为：①经济活动中的人有利己和利他两种倾向或性质；②经济活动中的人具有理性与非理性两种状态。个人追求自身利益最大化的自由行动，并非如旧“经济人”理论所说的，个人追求自身利益最大化的自由行动，肯定会无意而有效地增进社会公共利益。②

公共利益虽然从根本上是为了促进和实现个人利益，但其本身是从个人利益分离出来而存在的，不可能为个人所独占。所以，公共利益与个人利益之间存在着现实的、直接的矛盾。在公共利益与个人利益发生冲突的情况下，有人认为个人利益应该绝对地服从公共利益。如格老秀斯认为，国家为了公共利益，比财产主人更有权支配私人财产。③ 孟德斯鸠说，共和政体“要求人们不断地把公共的利益置于个人利益之上”。④ 霍尔巴赫也指出：“一个真正自由的国度里，每一个

---

① 马克思恩格斯全集（第42卷）. 北京：人民出版社，1979：122.

② 陈孝兵. 新“经济人”假定的意蕴与反思. 福建论坛：人文社会科学版，2004(2)：32-36.

③ 转引自黄楠森，沈宗灵. 西方人权学说（上册）. 成都：四川人民出版社，1994：34.

④ （法）孟德斯鸠. 论法的精神（上册）. 北京：商务印书馆，1982：34.

公民都在法律保护下享有为自己福利或个人利益而劳动的权利，不容许任何人违反共同利益。”① 德国学者赖耶（M-Layer）认为私益必须服从于公益之下，这是因为公益是团体的利益，团体是一个多数人组成的单位，这个单位高于个人。② 也有现代学者认为，在公共利益与个人利益这一矛盾体中，公共利益是矛盾的主要方面，公共利益与个人利益的关系，是一种以公共利益为本位的利益关系，个人利益有服从公共利益的必要性和可能性。③

然而，也有人认为，公共利益并不天然地优于个人利益。“公共利益与个人利益只有量上的大小之差，而无质上的优劣之别。在某些情况下个人利益甚至对公共利益具有绝对的优势；绝不能因为所谓的大多数人的公共利益而牺牲个人为正义所保障的不可侵犯的权利。”④ 在讨论宪法对公民基本权利进行限制的问题时，有学者认为宪法有关条款所暗含的公共利益优位论，是重复其他国家在宪法发展过程中的失误，应避免这种失误给人权保障带来悲惨境遇，所以不应当将公共利益作为优先于个人利益的价值。⑤

基于以上讨论，笔者认为，公共利益的研究不仅在于确定其概念，更在于在个人利益与公共利益发生冲突时进行价值判断和衡量，建立起公共利益和个人利益的良性互动和和谐发展关系，在实现社会公共利益的过程中促进合理的个人利益最大化。一方面，要避免在追求个人利益最大化的过程中个人权利的无限膨胀和滥用，无视公共利益甚至损害公共利益的现象发生；另一方面，应防止公共利益对个人利益的过分挤压，造成旨在保护个人权利的公共利益最终却妨碍了个

① 转引自黄楠森，沈宗灵．西方人权学说（上册）．成都：四川人民出版社，1994：142.

② 转引自陈新民．德国公法学基础理论．济南：山东人民出版社，2001：199.

③ 叶必丰．论公共利益与个人利益的辩证关系．上海社科院学术季刊，1997（1）：116－122.

④ 吴睿，王晴颖．论征用之公共利益要件．甘肃行政学院学报，2004（1）：72－75.

⑤ 张翔．公共利益限制基本权利的逻辑．法学论坛，2005（1）：24－27.

人基本权利的实现。为了防止公共利益在被认定优先的情况下过度限制个人的基本权利，有必要借鉴法学方法论的集大成者——德国法学家卡尔·拉仑兹关于解决法益冲突的原则：①首先取决于——依基本法的“价值秩序”——与此涉及的一种法益较他种法益是否有明显的价值优越性。相较于其他法益（尤其是财产性的利益），人的生命或人性尊严有较高的位阶。②当涉及位阶相同，或所涉及的权利如此歧异，因此根本无从作抽象的比较时，一方面，取决于应受保护法益被影响的程度；另一方面，取决于假使某种利益须让步时，其受害程度如何。③最后尚须适用比例原则、最轻微侵害手段或尽可能微小限制的原则。[①] 所以，在公共利益限制基本权利的问题上，笔者认为立法机关在确定能够达成公共利益目的所必须采取的措施后，应在各种可以达成此项公益目的的措施中，选择对公民的个人权利损害最小的那一种，当为了达到公共利益而使个人利益受到损失时，必须给受到损失的个人利益以合理补偿。

第三节 版权公共利益的内涵

一、版权制度中的利益关系

一些学者对版权领域的利益团体进行了归纳，认为可以划分为：

（1）作者及版权人。因作品的专有权利而形成的团体。

（2）相关权利人。即作品的传播者。一般的作品传播者包括图书出版者，报刊出版者，电子出版物出版者、表演者，录音制品制作

① （德）拉仑兹．法学方法论．陈爱娥，译．台北：五南图书出版公司，1996：319－320.

者，录像制品制作者，广播组织，电视组织，等等。

(3) 与网络有关的利益集团。包括网络内容提供者、链接者、最终用户。

(4) 非商业性使用作品的使用者，即不以营利为目的，仅为欣赏、教学、科研等目的而使用作品的公众。

(5) 执行公务等纯粹为公共利益目的而使用作品的法人或组织。[①]

有学者归纳出高新技术知识产权制度影响的利益集团，认为主要有：①作者、出版者、电影制作者（生产者）以及其他的权利所有者；②数据库制作者、信息分析专家、技术中介人、多媒体制作者；③复制设备的制造商、销售商（例如复制机、录音带、网络供应商）；④教育家、图书馆馆员、文化工作者；⑤计算机软件说明书、工程图纸等功能作品的作者；⑥基础科学研究者；⑦投资人，包括出资者；⑧社会公众；⑨国际方面。[②]

网络环境下，版权相关利益方被认为可以划分为以创造版权信息的艺术家、作者等为代表的网络信息版权所有人，以网络服务商为代表的网络信息传播者，以个人用户、网络远程教育机构、数字图书馆为代表的网络信息使用者三大利益集团。[③]

笔者认为，版权法通过赋予创作者和传播者权利，来激励作品的生产和传播，促进社会科学文化的进步。版权法调整作品创作、传播和使用过程中的社会关系，其中最为基本的关系是创作者、传播者和使用者之间的关系，主要涉及的利益群体包括创作者、传播者和使用者。

在版权制度中，就创作者、传播者和使用者三者之间的关系而言，创作者是源头，是三者关系的起点，因为只有创作出智力作品，

---

① 朱玲娣. 论我国版权技术体系保护制度的完善. 科技与法律，2004 (4)：78 - 84.

② 陈传夫. 高新技术与知识产权法. 武汉：武汉大学出版社，2000：41.

③ 徐翔. 网络信息版权制度中的集团利益研究（硕士学位论文）. 武汉：华中师范大学，2001. 5.

对作品的传播和使用才成为可能。版权法中的创作者即作者，从理论上来讲，只有自然人才可能进行创作，但各国版权法均承认法人、其他组织可以作为版权的主体，视为创作者。我国《著作权法》第十一条第二款、第三款规定，创作作品的公民是作者。由法人或者其他组织主持，代表法人或者其他组织意志创作，并由法人或者其他组织承担责任的作品，法人或者其他组织视为作者。创作者主要包括文字作品的创作者如作家、诗人、学者等，口述作品的人如演说家、授课老师、民间文学口述者等，作词、作曲家，戏曲、舞蹈的创作者，画家，书法家，雕塑家，摄影家，建筑设计师，电影制作人，计算机软件开发者，等等。不同的创作者追求的利益是不同的，自然人创作者往往在创作过程中更多地倾注了自己的情感，融入了自己的观点、观念，所以自然人创作者通常十分看重精神利益。但随着创作成为一种职业，成为创作者维持生计的源泉，创作者也越来越看重作品可以带来的经济利益。创作者的经济利益可以通过创作者本人实现，也可以通过版权集体管理组织实现，将版权许可、转让给传播者分取收益也是实现创作者经济利益的重要途径，如图书作者将一定时期的版权许可给出版社，根据出版社从图书的收益所得提取约定的比例以实现作品的经济利益。由于创作者在创作过程中需要依靠前人积累下来的知识，以及与当代人进行知识、信息的交流，所以除了谋求经济利益和精神利益之外，创作者还需要顺畅的信息获取渠道和环境，需要有无须支付费用的公共领域信息资源的支持，需要合理使用的权利。

传播者在版权法中被称为版权相关权人。传播者在三者中的地位也非常重要，他是创作者和使用者之间的联接点，承担着将作品传递给使用者的任务（传播者本身也是作品的使用者，因为其使用作品要向创作者获取授权；这里的“使用者”不包含传播者，仅指作品的最终消费者）。作品创作者依靠传播者实现了作品的经济价值和社会价值，使用者依靠传播者更加方便地获取到作品。传播者在传播作品的过程中付出了技术上的、艺术上的劳动，如歌唱家需要美妙的歌喉和精湛的演唱技巧才能吸引观众，让观众喜爱被演唱的音乐作品，而报纸需要精巧的版面设计才能更加吸引读者阅读的兴趣。除了付出技术上和艺术上的劳动以外，传播者还要承担投资的风险。作为对传播者在传播作品方面付出的创造性劳动的回报，版权法规定了传播者权保护他们的权益，国际上一般称其为邻接权。各国版权法都规定了邻接权保护作品传播者的权益，随着国际邻接权立法的逐步完善，出现了专门保护邻接权的国际公约，如《保护表演者、录音制品制作者和广播组织罗马公约》(以下简称《罗马公约》)、《保护录音制品制作者防止未经许可复制其录音制品公约》(以下简称《录音制品公约》)、《关于播送由人造卫星传播载有节目的信号的公约》(以下简称《卫星公约》)以及《世界知识产权组织表演和录音制品条约》等。国际公约中的“传播者”主要包括表演者、录音录像制品制作者和广播电视组织，《罗马公约》主要规定了表演者、录音制品制作者和广播组织的权利，WIPO 在叙述邻接权时说：“与版权相关的权利领域都是围绕受版权保护的作品发展起来的，并使：表演艺术者(例如演员和音乐家)对其表演、录音制品(例如磁带录制品和光盘)制作者对其录制品、广播组织对其广播和电视节目享有相似但常常更有限且期限更短的权利。”① 我国在这三种权利之外，将出版者作为作品的传播者也纳入了邻接权的保护范围。

除了表演者可以为自然人外，作品的传播者多为企业法人。作为企业，他们要遵循市场规律，以赚取利润为主要目标，版权法也主要为他们规定了经济权利。但是表演者例外，表演者除了可以享有经济权利外，还可以享有精神权利。《罗马公约》规定录音制品的标记可以附带包含表演者的姓名，②《世界知识产权组织表演和录音制品条约》中则明确授予表演者人格权利。③ 我国《著作权法》在第三十七条规定了表演者有表明自己身份和保护表演形象不受歪曲的人身权

① 参见世界知识产权组织网站：http://www.wipo.int/cn/about-ip。

② 参见《保护表演者、录音制品制作者和广播组织罗马公约》第十一条。

③ 参见《世界知识产权组织表演和录音制品条约》第五条。

利。总之，传播者的利益主要在于其经济利益的实现，他根据成本收益分析，计算自己取得创作者授权和投资的成本，最大化地实现传播作品所得利润。

使用者（user），许多学者也称其为用户，处于创作者、传播者、使用者三者关系的最末端，在创作者创作出了智力作品后，经过传播者的传播程序才能接触到智力作品。但是使用者却是创作和传播的目的，是最终的消费者，创作和传播的目的就是为了使用者的使用。使用者在三者中的地位非常重要，他实现了创作和传播的目的和价值，也实现了智力作品的增值。使用者既可以是一本书的读者，也可以是数据库的使用者、软件的最终消费者、摄影图片的欣赏者、电影作品的观赏者、音乐作品的聆听者、网页的浏览者、在线音乐和电影的播放者等等。这些使用者既包括个人，也可以是法人、其他组织和国家，如教育机构、图书馆都可以视为作品的使用者。广义的使用者包括创作者和传播者。创作者必须首先是使用者，几乎所有的创作活动都不可能是凭空而生的，都要借助前人和当代其他人的智慧，像牛顿发现万有引力那样只具有“天才的头脑加上上帝给予的灵光”就可以创作的，毕竟少之又少，何况牛顿自己也说自己的成就是“站在了巨人的肩膀上”。传播者的传播行为是围绕着作品展开的，传播的行为首先就是对作品的使用。各国版权法在规范传播者的行为时，都要求传播者要取得版权人的许可，并支付报酬。然而，就创作、传播、使用顺序关系而言，在这一链条式的结构中，使用者却始终处于被动的、消极的弱势地位，表现为：首先，其使用行为完全受控于创作行为，创作行为是整个链条的源头，创作者创作出什么样的作品，使用者才只能学习、欣赏、使用到什么样的作品；其次，使用行为也受控于传播行为，传播范围的宽窄、使用条件的松严，都影响使用者对作品的获取和使用。作为使用者，他们在版权法中的利益表现为希望在合理的成本范围内、便利地获取和使用更多有用的作品。

在信息网络得以普遍发展进而成为传播作品的重要渠道之后，更多的群体成为版权的利益相关方，如计算机制造商和其他设备供应商、电信公司、网络内容服务、网络接入服务提供商、数字媒体公司等。与网络有关的版权利益相关方的各方利益并非是一致的，如电子消费产品制造商和内容产业公司的利益就有很大的不同，消费者希望买到的电子消费产品可以拷贝和共享数字内容，这些产品的制造商为了满足消费者的需求，必须进行创新，使生产出的产品更加符合消费者的需要，而这显然会损害内容产业界的利益。

目前，就创作者、传播者和使用者的关系而言，出现了以下特点：

1. 创作者与版权的分离

创作者是对作品作出了最大贡献的人，创作者即为作者，创作者由于对作品的产生付出了独创性的智力劳动，应得到版权保护。然而，创作者仅仅依靠自身的能力难以实现作品的传播，从而不能实现作品的价值和利益，因此，必须依靠传播者将自己的作品广传天下。在这个意义上，创作者对传播者有着天然的依赖。创作者通过和传播者的谈判，或将版权一次性的卖断给传播者，或将版权许可给传播者使用，由传播者通过一定的方式支付给创作者版税。在与传播者谈判的过程中，创作者的谈判技巧与能力是很难与传播者相比的，签订的合同往往不利于创作者一方；在合同履行过程中，创作者又很难控制自己作品的传播。所以，在创作者与传播者的关系上，创作者始终处于弱势。

创作者的目的主要在于让自己的作品与特定的用户群体接触，实现其社会价值和经济价值。而传播者尤其是出版者等企业传播者则更关注信息产品的市场供应和利润，他们遵循市场经济的成本和利润规律，希望企业变得更加强大，在同行里具有更大的竞争力。[①] 传播者为了更好地按照自己的意愿使用作品，更倾向于与创作者协商转让版权，以取得完整的版权，从而完全控制作品。从版权法的角度而言，版权是否可以完全转让，普通法系国家和大陆法系国家有着不同的做法。普通法系的国家从实用主义的观点出发，认为版权的实质乃是为

① Willem Grosheide F. Copyright Law from a User's Perspective: Access Rights for Users. *European Intellectual Property Review*, 2001 (7): 321.

商业性的目的而复制作品的权利，创作者的权利被描述为“copyright”，隐含有“复制权”的原意，是一种经济权利。[①] 与普通法系国家不同，大陆法系国家受到“天赋人权”思想的影响，将“人格价值观”作为其版权立法的哲学基础，从而确立了以保护作者精神权利为中心的版权观念，所以在传统上更强调对作者的财产权利和精神权利的保护。这种思想指导下的版权立法对作者转让版权的自由进行了大量的限制，如德国版权法就不允许除遗产继承外的版权转让。[②] 但是，随着两大法系的日益融合，大陆法系国家逐渐松动了自己的观点。[③] 至于版权中的精神权利，还没有任何国家规定它可以在贸易中移转，相反，许多国家的版权法明文规定精神权利不可转让。例如，《突尼斯样板版权法》第五条第（四）项规定，作者身份等精神权利不可转让给他人；《日本版权法》第五十九条规定，著作人人格权属版权人个人享有，不可转让。《匈牙利作者权法》第十二条中也规定，作者没有向他人转让和放弃精神权利的权利。我国现行《著作权法》允许著作权中的财产权利通过许可或转让方式发生转移，著作权人既可以转让全部的财产权利，也可以转让部分的财产权利。通过版权转让与卖绝，版权脱离了创作者之手。这时，对版权的保护，并不一定惠及创作者。

版权与创作者分离的第二个表现是，在特定情况下，一件作品的产生并不依靠创作者，也就是可以有无作者的作品。随着版权保护客体范围的扩张，国际版权制度开始了对非独创性的数据库，即由无版权的材料或数据组成的数据库的保护，只要这类数据库在内容的选择或编排上具有了一定程度的独创性，就可以获得版权保护。这类数据库的内容不需创作，没有创作者，但却可以享有版权保护。

---

① 吴汉东. 西方诸国著作权制度研究. 北京：中国政法大学出版社，1998：8.

② 孙丽梅. 版权转让法律问题研究（硕士学位论文）. 北京：中国社会科学院研究生院，2001.

③ 杨霞. 版权转让制度研究（硕士学位论文）. 苏州：苏州大学，2003.

2. 版权日益集中到传播者手中

随着出版、唱片、电影市场的竞争日益激烈，出版商、唱片商和电影商等版权企业都竭力控制和聚集版权资源。除了传统形式的买断创作者作品的版权外，还采取新的形式争夺和控制版权。音乐版权公司就是这种新形式的其中一种。2004 年底，华纳音乐版权公司成立。华纳音乐版权中国区总裁李慧芳女士描述了音乐版权与唱片公司在分工上的具体不同："①音乐版权主要服务对象是创作人，而不是歌手。②音乐版权公司的市场方向会发生转变，重心不在唱片，而是在版权的合作开发上。"[①]华纳音乐版权中国区的创意总监吴炜谈到华纳音乐版权公司时说："其实对我来说，我有这样的责任去让我们的这些词曲作者，让他们能够写出更多好的作品，我们就是在做原创，我们要把原创的作品跟更多的产品结合在一起，才能更好的推广，其实我的责任除了在帮这些词曲作者，在规划他们的事业之外，我有更多是要把他们的产品推广到各个适合的产品上，保障他们的利益，来产生效应，让这些作者能够更安心的写歌。"[②] 作为全球四大唱片之一、旗下代理的曲目超过百万首的音乐版权公司，华纳的用意非常明显，就是通过唱片业"百年老字号"的招牌和经验，吸纳更多的国内创作人来为华纳音乐版权公司的中国化之争储备更多、更新的版权资源。而 2005 年早些时候，百代音乐公司也成立了版权代理公司。[③]这些版权公司的成立，从客观上有利于保证版权人权利的实现，但从本质上来看，这些版权公司都附属于唱片公司，是为了增强唱片公司的市场竞争地位、为唱片公司占有版权资源而做的努力。从法律上来讲，当创作者成为上述版权公司或类似的版权公司的雇员以后，其创

---

① 唱片业之 2005——资本时代的版权之争. http://www.cyt86.com/works.jsp?ID=92387&diret=2.

② 华纳音乐版权创意总监吴炜做客雅虎访谈实录. [2006-01-10]. http://cn.ent.yahoo.com/060106/352/27ja8.html.

③ 收归百代音乐版权公司旗下，吴向飞向林夕看齐. [2006-02-02]. http://news.xinhuanet.com/audio/2005-04/12/content_2816915.htm.

作出的作品即成为雇佣作品，而雇佣作品的版权是要归属于雇主的。各国版权法允许雇主成为版权人，美国版权法规定，如果作品属于雇佣作品，则雇主不仅是版权的原始权利人，而且是作品的作者；法国版权法也规定自然人在被雇佣期间完成的计算机程序的版权属于雇佣他的法人。我国《著作权法》将雇佣作品称为职务作品或法人作品，第十一条第三款规定，如果作品是由法人或者其他组织主持，代表法人或者其他组织意志创作，并由法人或者其他组织承担责任，那么将法人或者其他组织视为作者，享有作品的著作权。第十六条第一款规定，公民为完成法人或者其他组织工作任务所创作的作品是职务作品，除本条第二款的规定以外，著作权由作者享有，但法人或者其他组织有权在其业务范围内优先使用。作品完成两年内，未经单位同意，作者不得许可第三人以与单位使用的相同方式使用该作品。本条第二款规定，有下列情形之一的职务作品，作者享有署名权，著作权的其他权利由法人或者其他组织享有，法人或者其他组织可以给予作者奖励：①主要是利用法人或者其他组织的物质技术条件创作，并由法人或者其他组织承担责任的工程设计图、产品设计图、地图、计算机软件等职务作品；②法律、行政法规规定或者合同约定著作权由法人或者其他组织享有的职务作品。按照该条规定，只要创作者在创作作品过程中主要利用了法人或者其他组织的物质技术条件创作，而其创作的作品是由法人或者其他组织承担责任，那么创作出的作品的著作权归属于法人或其他组织，创作者只享有署名权。根据该条款，法人和其他组织还可以与本单位内的创作者签订合同，约定作品创作完成后著作权属于法人或其他组织。根据我国《著作权法》，法人和其他组织还可以以委托创作的方式取得著作权，因为该法第十七条规定，受委托创作的作品，著作权的归属由委托人和受托人通过合同约定。只有在合同未作明确约定或者没有订立合同时，著作权才属于受托人。可见，传播者在法律规定的条件下，可以从多种途径获得版权，所以，在版权被当做资源以后，可以迅速向版权企业集中，传播者越来越多地成为版权人。

3. **使用者从幕后走向前台**

如上所述，使用者处于作品传递链条的最末端，在其与创作者和传播者的关系中，处于消极地位。在文化发展的各时期，使用者始终处于可被忽视的地位。在封建时期，只有皇家贵族和极少数的富有人家才能拥有和使用图书，直到近代公共图书馆的设立与发展，才使普通人得以接近图书文献。而即使到现在，衣食住行仍然是人们首先要满足的需要，文化需要处于人的需要层次的上端，文化消费只是一小部分人群的经常行为。

另外，由于复制和盗版需要相当的成本，所以，创作者和传播商开始并不担心使用者的行为会给他们的利益带来大的危害。创作者考虑得更多的是如何创作出更好的作品，在维持生计的同时，提高自己的名望。传播商主要考虑的是针对市场获取更多的利润。

机械复制技术的出现使创作者和传播者开始关注使用者，而计算机网络技术的发展和普及最终使使用者从幕后走向了前台。计算机可以轻易的复制和储存大量的版权作品，而网络将世界连为一体。复制、传播的低成本、高速度和大范围性使创作者和传播者对网络盗版感到担忧，前者一方面担心经济利益受到影响，另一方面又希望自己的作品被广泛传播，而后者则主要担心经济利益的损失。在这种情况下，传播者与使用者的关系变得紧张，创作者、传播者和使用者的三角架最终倒塌。[①] 为了保护自己的利益，传播者尤其是企业版权人敦促国际社会和国内版权立法者调整版权立法，将对计算机网络技术的运用纳入版权法的调控范围，为版权人和相关权人增加新的权利，主要是信息网络传播权和技术措施权利。而这两项规范网络版权的权利，如果不能很好地规定，将抑制计算机网络技术的发展和应用，也会影响使用者利用这一新技术更好地使用作品。

随着信息技术的发展和更加普及，越来越多的人通过网络获取文

① Willem Grosheide F. Copyright Law from a User's Perspective：Access Rights for Users. *Europe Intellectual Property Review*. 2001：321.

献信息，成为版权作品的直接使用者。计算机行业联盟（Computer Industry Almanac）对各国网络使用人口（Internet Users by Country）进行了调查统计，在其发布的报告中指出，全球使用互联网络的人数在1995年互联网开始普及时是4500万人，到2000年达到了4.2亿人，互联网的发展在2005年达到新的里程碑，全球使用网络的人口在2005年底时超过10亿人。这项数据显示，从互联网开始全球普及以后的10年中，网络用户人数快速增长，该组织预计在2011年，网络使用人口将在此基础上增加一倍，达到20亿人。[①]

机构用户在新的技术环境下，为了满足其用户的需求，也要求新的合理使用方式。如图书馆为了满足读者更方便地使用图书馆文献资料的需求，希望将馆藏文献数字化，供读者在线阅览。

网络的自由特征激发了人的创造力，人们希望自由地表达思想，方便地使用他人作品进行新的创作。而且，当人类进入信息社会和学习型社会后，人们自我学习的要求增强。由于计算机网络技术可以使人们自由地选择学习地点，如人们可以不必去图书馆和学校，在家中和工作场所进行学习，这种便利使人们更加乐意增长自己的知识。

版权法与技术、经济社会的发展从来就是相互影响、相互促进的，信息技术革命推动人类社会进入信息社会，这一新型社会形态有不同于以往社会的特点，版权法应充分考虑这些特点，顺应并促进信息社会的发展。使用者群体的兴起，要求版权法重视这一群体的利益需求，版权法应积极做出调整，理顺创作者、传播者和使用者的关系，使三者关系达到相互促进的良性的循环状态，在保证创作者和传播者收回自己的投入成本并获得合理报酬的同时，尊重使用者的基本权利，使使用者在信息社会中的基本权利体现在版权法中。

① Worldwide Internet Users Top 1.5 Billion in 2008.［2009－09－10］. http：//www.c-i-a.com/pr0509.htm.

二、版权公共利益的内容

（一）科学文化事业的有序繁荣发展

根据公共利益都必须具有正当的、合理的利益内容这一要求，版权法促进科学文化事业有序繁荣发展的公共利益目标体现了版权法对社会文化、经济领域的公共秩序和效率、效益的追求。

版权制度是科学文化领域的一项重要制度。首先，版权法保护的客体范围是文化、艺术和科学领域内的作品。在版权法的发展历史中，受到保护的客体首先是图书，随着科学技术的发展，版权法的客体范围逐渐扩大，包括绘画、雕刻、音乐、电影、建筑等，1886 年签订的《保护文学艺术伯尔尼公约》，其保护范围已经非常的丰富，几乎包含了文学、艺术、科学领域内的一切作品形式。随着科技的进一步发展，新的作品形式仍在出现，版权制度的保护范围仍在扩展。其次，版权法调整的对象是公民、法人和其他组织在创作作品、行使版权过程中所发生的社会关系，这种社会关系仍在科学文化领域之中。版权制度作为科学文化领域内的一项重要制度，担负着维护和促进科学文化进步及科学文化产业繁荣发展的使命。从世界上第一部版权法诞生，该法就被赋予促进科学文化发展的任务。1709 年英国议会颁布了《安娜法令》，虽然这部法律主要着眼于对作者经济权利的保护，但它并没有完全漠视公众的利益，这一点清楚地体现在它的前言中："鉴于出版商、图书销售商以往获得了不经作者或图书所有人许可，而印刷、重印和出版的特权，对作者造成了极大的危害，且经常致使他们及其家庭的破落。为了防止这种情况的发生以及鼓励有知识的人创作和写出更有用的图书……"① 所以，有学者指出《安娜法

① Statute of Anne，8 Ann.，c. 19，I（1710）（英文版）.

令》的一个重要特点就是，它的首要目的是鼓励创作更多的有用的作品和鼓励学习，并将这作为一个普遍的公共利益。它确实也有保护作者和图书的其他所有人的经济利益的功能，但这个功能是由该法令对创作有用图书进行奖励的影响而产生的。① 版权制度的发展，并没有改变它促进科学文化发展这一目标。

版权法通过界定创作者对其付出智力劳动创作出的作品享有一定期限、一定范围的专有权利，确认版权的归属，来保护创作者的智力投资，以激励更多的人投资于智力创作。版权法中具体的版权许可使用制度和侵犯版权的惩罚规则保障了版权人权利的行使和收益。版权法追求科学文化有序繁荣发展的目标，禁止在版权贸易领域中出现不正当竞争的市场现象，这样，版权制度就成为推动科学文化发展的动力。同时，版权制度通过许可制度和侵权救济制度，为市场公平有序竞争提供了良好的法律环境，减少了无形物交易的不确定性和交易成本，从而推动了作品的广泛传播和一个国家文化事业的繁荣发展。

（二）思想、信息的自由流动

作为与人的思想、社会信息联系最为密切的法律制度，促进思想、信息的自由流动是版权法的应有之意。根据版权保护的基本原则，即“思想/表达二分法”原则，版权法保护思想的表达形式，却不保护思想本身，思想本身可以被他人自由使用。按照这个原则，两部作品之间如果主题和表达出的思想相同或类似，但作品的表达形式却不尽相同，那么两部作品是相互独立的，都享有版权法的保护。其他人仍然可以使用这一主题和思想，从而保证人们思想的自由。

版权是一种有期限的权利，它的期限一般按照作者有生之年加上死亡后若干年进行计算。在这一年限中作者的版权受到保护，而超出这一年限，作品的保护期限届满，作品即进入公有领域，可以为任何

---

① Craig W. Dallon. The Problem with Congress and Copyright Law: Forgetting the Past and Ignoring the Public Interest. *Santa Clara Law Review*, 2004, 44 (2): 365 -455.

人自由的使用。我国《著作权法》规定作品的保护期限为作者生平加死亡后 50 年，任何受版权保护的作品超过了这个年限就进入了公有领域。版权期限的规定，一方面促使作者在有限的时间内尽量广泛地传播自己的作品，另一方面又保证公众可以在保护期限届满后自由的使用作品，两方面都促进了思想的自由传播和流动。

版权法通过对担负传播知识、信息的公共机构预留一定的自由空间，来促进知识、信息的自由传播，这些公共机构中最为重要的就是图书馆。各国版权法都将图书馆在一定范围内使用作品的行为纳入合理使用，以保障图书馆促进信息传播功能的顺利实现。我国《著作权法》第二十二条第一款第（八）项规定图书馆等为陈列或者保存版本的需要，复制本馆收藏的作品属于合理使用，可以不经过作者的许可，也无须支付报酬。自 1852 年英国曼彻斯特图书馆和美国波士顿图书馆成立以来，图书馆就被政府赋予保障社会信息公平、自由的使命。在版权制度的利益格局中，图书馆的角色主要是作品的传播者。图书馆作为作品的传播者之一，通过购买版权以实现其服务用户信息需求之目的，[①] 但这并不妨碍图书馆成为实现社会公众在信息自由权利方面的代表。图书馆对版权作品的购买行为，虽与其他传播者相仿，如出版者购买创作者的版权进行出版发行行为。但是，图书馆与其他传播者不同的是，其他传播者多为企业，如图书、报纸、期刊、唱片、录音录像的出版商，广播、电视节目的出版者以及网络内容提供商等，这些传播者作为企业，要遵循市场规律，以赚取利润为主要目标；然而，图书馆的购买和服务行为却带有明显的公益性质。图书馆从信息采集到信息服务整个业务链，都是围绕图书馆用户的需求，为用户服务。图书馆和其用户的利益是相一致的，版权规则的建立和调整对图书馆的影响，会直接波及用户的信息获取行为和效果，所以图书馆是其用户利益的当然代言人。由于图书馆用户由广泛的社会民众组成，所以从某种意义上讲，图书馆也是版权制度内公共利益

① 肖希明. 先进文化与公共图书馆的发展. 图书馆，2004（4）：5－8.

的重要代言人之一。

信息的自由流动要求适度地保护版权，给予权利人过多的垄断权就会阻碍信息的自由流通，正如经常被引用的美国学者罗伯特·考特，托马斯·尤伦所言："没有合法的垄断，就不会有足够的信息产生；有了合法的垄断，又不会有太多的信息被利用。"① 另外，要有适当的机制限制版权人滥用权利，防止版权人对使用者故意强加不合理的使用条件，或不予许可使用，或采取措施控制作品或信息的正常传播。

（三）社会公众基本的民主、文化权利在版权法中的体现

公民的基本权利主要由宪法规定，早在17世纪的英国，宪法性文件就确认了公民的基本权利，如1679年的《人身保护法》、1689年的《权利法案》等。1776年，北美弗吉尼亚州宪法首次从宪法角度明确了基本权利的属性。而1919年德国《魏玛宪法》的制定，标志着基本权利的宪法化得到了一定程度的发展，基本权利以其完整的形态被纳入宪法体系中。② 第二次世界大战以后，各国普遍在宪法中规定了公民的基本权利，包括平等权、选举权与被选举权，言论、出版、集会、游行示威自由，人身自由，宗教信仰自由，受教育权等基本权利。国际法对公民基本权利也进行了规定，1948年联合国签署了第一个被国际社会普遍接受的关于人权问题的国际文件——《世界人权宣言》，该宣言阐明了人人应该享有的政治权利、社会权利、经济权利和文化权利。1966年，联合国大会又通过了《经济、社会、文化权利公约》和《公民权利和政治权利国际公约》，这两个公约确立了完整的国际人权的权利体系，是国际社会保障人权的重要法律文件。这些国际性的文件对各国宪法保障基本权利的实现有着重要的影响。

---

① （美）罗伯特·考特，托马斯·尤伦．法和经济学．张军，等译．上海：上海人民出版社，1994：185.

② 杨磊．论公民基本权利的起源与依归．［2006－01－07］．http://www.law-lib.com/lw/lw_view.asp?no=3578.

宪法规定的社会公众享有的基本权利必须通过普通法律进一步的具体化，得到法律法规的确认与保障，因为宪法规定的基本权利大多是原则性和概括性的，基本权利如何在现实生活中行使在宪法中并没有明确规定，需要普通法律来进行完善规定。如选举权和被选举权必须通过选举法才能行使和实现。

版权法作为文化领域的一项法律制度，主要涉及社会公众在科学文化生活中的基本权利，这些权利包括言论自由，信息获取自由，进行科学研究、文学艺术创作的自由，自我学习、自我发展的自由，等等。

1. **言论自由**

狭义的言论自由是公民通过口头和书面形式，表达、宣传自己的思想和观点的自由；广义的言论自由则被理解为超越了纯言论的自由，包括每个公民有权以任何不受束缚的方式表达自己思想的自由。有学者将以艺术形式和新闻广播、电视、电影等现代传播媒介的表达也纳入言论自由范围之内。① 言论自由是各国宪法都明文规定保护的一项基本权利，《世界人权宣言》也将它作为一种非常重要的权利，此后又写进了《公民和政治权利国际公约》第十九条。言论自由在宪法规定的公民政治权利体系中处于核心地位。在我国有学者甚至提出，随着生存权问题的基本解决，自由权特别是言论自由权将成为我国人民的首要人权。② 密尔在其代表作《论自由》一书中指出："迫使一个意见不能发表的特殊罪恶乃在于它是对整个人类的掠夺。"③

版权法与言论自由有着密切的关系。版权法促进科学文化发展的目标从根本上说是有助于推动言论自由的，版权法中的发表权是保障言论自由实现的重要机制之一，发表权是作者决定作品是否公之于众的权利。④ 发表权的内容包括，作者在创作完成作品之后，有权决定

① 郁忠民．政治权利与自由//李步云．宪法比较研究．北京：法律出版社，1998：493.

② 杜钢建．首要人权与言论自由．法学，1993（1）：8.

③ （英）约翰·密尔．论自由．北京：商务印书馆，1996：56.

④ 《著作权法》第十条第一款第（一）项。

是否将作品发表，以何种形式发表，以及在什么范围内发表。一个人可以通过创作来表达其思想，创作完成后还可以通过行使发表权来决定这些思想是否为公众所知晓，从而实现其言论自由的权利。

对于社会公众而言，版权法中的保护期限、独创性原则以及对版权的一些具体的限制都可以保证社会公众的言论自由。版权法确立的思想/表达二分法为保护思想的自由、从而促进言论自由提供了很好的保障。另外，版权法为创作者的版权设立了期限，超过了法律规定的期限，作品就自动进入公共领域，可以被任何人在一定条件下自由的使用，为社会公众的言论自由添加思想和材料的资源。版权法中对版权采取的一些限制，也保障了社会公众的言论自由，这些限制主要包括引用权、时事性文章的提供和广播权、公共集会讲话的刊登权和播放权等。关于引用权，《伯尔尼公约》第十条规定："从一部合法公之于众的作品中摘出引文，包括以报刊提要形式引用报纸期刊的文章，只要符合合理使用，在为达到目的的正当需要范围内，就属合法。"该公约没有明确引文的具体要求，例如引文的长短问题，而只是给出了一般性的判断合法与否的标准，具体条件留给了成员国国内法解决。大多数国家的版权法允许社会公众，可以为了介绍、评论目的对作品进行引用，报纸、广播、电视台等媒体为了报道时事新闻之目的也可以引用已经发表的作品。露西·吉博教授在谈到引用权时说，在为保护使用者言论自由而采取的限制中，引用权无疑是最重要的一个。她举例说，历史学家、传记作者和科学家需要依靠先前的作品，从而在自己的作品中用真实的方式描写事实。早在 19 世纪初，作者们已经意识到创作过程应该在已有作品的基础上进行，借用以前作者的某些材料是非常重要的。①

社会公众的言论自由权利很重要的一点表现为知悉时事问题，并自由地发表自己的观点。版权法对于时事性的文章，允许报纸、广

① （荷）露西·吉博. 为公共利益传播知识任务方面版权和邻接权限制和例外的性质与范围：对其适应数字环境的展望（上）. 版权公报，2003（4）.

播、电视台等媒体可以刊登或播放其他报纸等媒体上已经发表的涉及政治、经济、宗教问题的时事性的文章，从而保证社会公众对时事的知情权和评论权；报纸、广播、电视台等媒体还有权刊登或者播放在公众集会上发表的讲话。

2. **信息获取自由**

随着各国《信息公开法》的制定和颁布，公众自由、平等地获取信息成为一项基本权利。1999 年 6 月，联合国教科文组织推出了"全球信息结构计划（Global Infrastructure Programme，GIP）"，确立的八个价值理念中就包括自由、普遍地获取信息是一种基本人权，人们应自由地参加全球社会文化生活，分享艺术和科学进步带来的利益。目前，我国很多人在讨论信息获取自由时，主要限于政府信息范围。其实，公众获取信息的权利，不仅包括政府信息，还应包括其他公共机构应该公开的公共信息，如气象部门应该向公众提供气象信息，交通部门应该公开出行交通信息，学校应该公开其录取信息，等等。另外，其他信息主体按照法律规定应该公开的信息也属于社会公众有权获取的信息范围之内。如我国《消费者权益保护法》第十九条规定，经营者应当向消费者提供有关商品或者服务的真实信息，实质上也是对消费者获取商品信息权利的保障。

公众享有的信息获取权还应包括从图书馆等提供信息的机构中平等、自由地获得信息的权利。图书馆在保障公众的信息获取权方面有着非常重要的作用。图书馆是收集、保存和传播信息的专门机构，国际图书馆协会联合会（以下简称"国际图联"）将现代图书馆的社会职能概括为四类：①保存人类文化遗产；②开展社会教育；③传递科学信息；④开发智力资源。[①] 面向公众传递文献信息，为公众获取信息提供公共平台，保障公民的信息获取权是图书馆存在的核心价值所在。图书馆是保障公民信息获取权的社会公共渠道之一，政府

① 国际图联 1975 年在法国里昂召开的图书馆职能的科学讨论会议上总结了图书馆的这四项功能。

设置图书馆这样一种机构的目的就是为保障公民的信息获取权而提供的一种公共制度安排。[①]《图书馆和信息服务机构及信息自由的格拉斯哥宣言》(*The Glasgow Declaration on Libraries, Information Services and Intellectual Freedom*) 中宣布：国际图联强调自由获取和传播信息是人类的基本权利。国际图联强调促进信息自由是世界范围内图书馆和信息服务机构的主要职责，这一点应通过图书馆行业规范的制定和图书馆的实践活动来予以证明。图书馆和信息服务机构向用户提供获取各种媒介和各国信息、见解及富有想象力作品的渠道。图书馆和信息服务机构是通向思想和文化的大门，为个人和团体的独立决策、文化发展、研究及终身学习提供必要的支持。[②]

信息的商品化被认为是版权立法的经济学基础。从经济学的角度而言，信息具有了价值和使用价值后，就具备了商品的属性，可以用以交换，为信息的生产者带来收益。信息成为一种无形的财产，便奠定了版权立法的经济学基础。[③] 版权作为调节信息生产者、传播者和使用者之间利益关系的法律，对信息的流通和公众的信息获取权有非常重要的影响。

版权法通过设立版权保护期限、独创性原则、版权保护客体的排除、合理使用等制度来保护公众获取信息的自由。超过版权保护期限以及不具备独创性的信息材料不受版权保护，各国版权法为了保证公众的信息获取权利，一般将政府文件、司法文件、时事新闻、人类共同的智力财富如通用数表、通用表格和公式等排除在版权保护的客体范围之外。图书馆等信息机构的某些为保障公众获取信息的行为被规定适用版权法中的合理使用制度，可以不经过版权人的许可，也不必

---

① 蒋永福，黄丽霞．信息自由、信息权利与公共图书馆制度．图书情报知识，2005 (2)：20－23.

② 摘自《图书馆和信息服务机构及信息自由的格拉斯哥宣言》，2002 年 3 月国际图联管理委员会在荷兰海牙通过，2002 年 8 月 19 日国际图联理事会在英国格拉斯哥公布。

③ 李浩凌．知识产权、信息权与信息活动的相互作用．情报杂志，1997 (2)：19－21.

支付报酬。

为保证公众的信息获取自由，版权法不应为版权人设置不合理的权利，以避免阻碍公众合理获取信息权利的实现。同时，版权法还应该有相应的制度约束版权人滥用权利妨碍公众行使信息获取的权利。当版权人或版权相关权人以其他主体形式出现时，还应该遵守其他法律保障公众信息知情和信息获取权利的规定。如当版权人向公众出售自己的作品时，应保证公众知悉作品的有关出版信息和内容信息，保证公众作为消费者对商品信息的获取。

3. **自我学习、自我发展的自由**

自我学习、自我发展是人全面发展的保证。马克思曾经指出："培养社会的人的一切属性，并且把他作为具有尽可能丰富的属性和联系的人，因而具有尽可能广泛需要的人生产出来——把他作为尽可能完整和全面的社会产品生产出来（因为要多方面的享受，他就必须有享受的能力。因此他必须是具有高度文明的人）……"① 这段话实际上高度概括了作为文明社会的人要全面发展。当今社会被称为信息社会与知识经济时代，自我学习、自我发展是保证一个人全面发展的必需条件。在当今时代，科学技术迅猛发展，要求每个人必须随时接受新知识，每一个人都必须持续不断地增强学习能力，才能适应社会的发展。对于一个国家来讲，现代经济社会的发展越来越取决于科技进步和劳动者素质的提高，也要求提供保障全民学习和全民终身学习的机制和环境，创建学习型社会，才能立足于国际竞争。学习型社会是20世纪60年代由美国学者哈钦斯首先提出的。所谓学习型社会，就是有相应的机制和手段促进和保障全民学习和终身学习的社会，其基本特征是善于不断学习，形成全民学习、终身学习、积极向上的社会风气，形成全民学习、终身学习的学习型社会，促进人的全面发展。20世纪70年代，联合国教科文组织提出：人类要向着学习

① 马克思恩格斯全集（第46卷）. 北京：人民出版社，1979：392.

化社会前进，此后，许多国家相继开展了学习型社会的创建活动。[①] 在我国，党的“十六大”报告提出：“形成全民学习、终身学习的学习型社会，促进人的全面发展。”

按照马斯洛的需求层次理论，自我实现需求是人的需求的最高层次，需要更高的条件才能满足和实现。自我学习、自我发展不仅仅需要个人的自我学习意识，更需要自我学习环境的培育、机制的建立和制度的创新，为自我学习创造宽松的环境，并建设好鼓励和促进自我学习的机制和制度。如在支持自我学习的公共设施建设方面，有人提出“零拒绝、零阻碍”开放制度，建议政府利用公共资源投入建设的公共设施，真正成为学习型社会全体公民的学习场所。[②]

版权制度在促进自我学习、自我发展方面有着重要作用。智力成果资源是自我学习的重要保障和支持，而版权法正是调节智力成果创作和使用的一项法律制度。各国版权法都鼓励个人的学习、研究，将个人因学习、研究或欣赏等目的使用他人已经发表的作品的行为，作为合理使用行为加以规定，给予版权侵权的豁免；教育机构、图书馆等为公众自我学习提供环境和资源的机构，为学校课堂教学或者科学研究，少量复制已经发表的作品，供教学、科研人员、读者使用，也在合理使用的范围之内。

自我发展的实现还要求公众可以享受社会各方面发展和进步的成果，从社会和人类进步中获益，这就要求包括版权法在内的所有法律制度应该保证而不能妨碍社会的进步，并保证公众从社会进步中获得利益。

（四）社会公德伦理

将社会公德伦理作为版权法中的公共利益内容之一，是公序良俗原则在版权法中的体现。公序良俗是现代民法的一项重要制度，对构

① 唐锡彤. 终身学习·全民学习·学习型社会. 人民日报，2003-03-03.
② 建设学习型社会的支持保障体系. 科学时报，2003-03-11.

筑现代社会文明发挥了重大作用。公序良俗作为一个民法概念通常被认为包括公共秩序和善良风俗，是两者的合称。[①] 所谓公共秩序，就是社会存在及其发展所必要的一般的秩序，[②] 公共秩序未必是法律所规定的秩序，除现行法秩序外，还应包括现行法秩序的基础的根本原则和根本理念等内容；[③] 善良风俗包含着道德的含义，是某一特定社会应有的道德准则、所尊重的起码的伦理要求，强调法律或社会秩序之起码的“伦理性”。[④] 公序良俗原则是法律中的一般条款，它在判断法律行为时，关注和比照社会一般的秩序底线和道德底线，从而成为具体法律规范的补充和修正，帮助实现法律追求的正义目标。[⑤]

版权制度是文化领域的一项制度，它保护的是人的智力劳动成果，与其他法律制度相比，它与人的思想最为接近。一部好的作品可以鼓舞人、启发人、教育人，但一部违反了公共道德的创作却可以侵蚀人的思想，甚至造成公共秩序的混乱。如鲁迅先生的小说和杂文让我们感受到中国人民为求得民族解放和社会解放而进行百折不挠的斗争的精神，电影《可可西里》让我们深感祖国的宽广美丽以及人与自然和谐发展的重要性；但同时，一些淫秽作品，煽动民族仇恨、民族歧视，破坏民族团结等危害社会秩序、毒害人的心灵的作品也混迹于文化市场，严重影响了公共秩序和善良风俗。

版权法注重对社会公德、伦理的维护。首先，各国版权法均不保护违反公共秩序和善良风俗的作品。我国《著作权法》第四条第一款规定，依法禁止出版、传播的作品，不受本法保护。根据我国《出版管理条例》第二十六条的规定，任何出版物不得含有下列内

---

① 路德虎．公序良俗原则研究（硕士学位论文）．重庆：西南政法大学，2005．赵万一，吴晓锋．契约自由与公序良俗．现代法学，2003（3）：52－59．

② 史尚宽．民法总论．北京：中国政法大学出版社，2000：334．

③ 梁慧星．市场经济与公序良俗//《民商法论丛》第1卷．北京：法律出版社，1995：50．

④ 黄茂荣．民法总则．台北：三民书局，1982：539．

⑤ 刘银良．公序良俗原则的价值定位．内蒙古社会科学：汉文版，2004（4）：42－46．

容：（一）反对宪法确定的基本原则的；（二）危害国家统一、主权和领土完整的；（三）泄露国家秘密、危害国家安全或者损害国家荣誉和利益的；（四）煽动民族仇恨、民族歧视，破坏民族团结，或者侵害民族风俗、习惯的；（五）宣扬邪教、迷信的；（六）扰乱社会秩序，破坏社会稳定的；（七）宣扬淫秽、赌博、暴力或者教唆犯罪的；（八）侮辱或者诽谤他人，侵害他人合法权益的；（九）危害社会公德或者民族优秀文化传统的；（十）有法律、行政法规和国家规定禁止的其他内容的。该条例第二十七条规定，以未成年人为对象的出版物不得含有诱发未成年人模仿违反社会公德的行为和违法犯罪的行为的内容，不得含有恐怖、残酷等妨害未成年人身心健康的内容。其次，各国版权法均禁止版权人以违反公共伦理道德和公共秩序的方式行使版权。例如，对于署名权的行使，版权人的署名权虽然包括广泛的内容，如版权人有权选择署名或者不署名，有权署真名，也有权署假名、笔名，但是版权人所署的名字不得侵犯公共道德。

（五）弱势群体的利益

弱势群体是任何国家和社会都存在的社会问题，目前已经成为社会学、政治学、法学等学科研究中的一个重要课题。对于什么是弱势群体，许多社会学、政治学和法学学者从不同的角度对它进行过探讨。张敏杰认为："所谓弱势群体，应该是指由于自然、经济、社会和文化方面的低下状态而难以像正常人那样去化解社会问题造成的压力，导致其陷入困境，处于不利地位的人群或阶层。"[①]郑杭生等认为，弱势群体是指那些依靠自身的力量或能力无法保持个人及其家庭成员最基本的生活水准，需要国家和社会给予支持和帮助的社会群体。[②] 从法学角度对社会弱势群体进行的解释是，弱势群体是指由于

① 张敏杰. 中国弱势群体研究. 长春：长春出版社，2003：21.

② 郑杭生，李迎生. 全面建设小康社会与弱势群体的社会救助. 中国人民大学学报，2003（1）：2－8.

社会条件和个人能力等方面存在障碍而无法实现其基本权利，需要国家帮助和社会支持以实现其基本权利的群体。其最为重要的特征是其基本权利得不到实现。[①] 笔者认为，“弱势”总是相对于“强势”而言，而强弱的对比总是在一定时期、一定条件下的比较。弱势群体就是那些在特定时期的特定社会条件下，由于自然、社会制度等各方面的原因，在政治、经济、文化等各方面处于相对被动和不利地位的社会群体。弱势群体的存在是由包括自然原因、生理原因和社会制度原因等综合因素所致使的。生理原因如天生肢体残障、智力发育不良、老弱病残等；而社会制度原因被认为是造成弱势群体存在的最重要的原因。社会结构层次分化是导致弱势群体存在的根本原因，而社会分层使社会资源在社会中的分配呈现不均等状态，不同的社会群体或处于不同社会地位的人对社会中的各种资源占有量不同，处于社会低层群体的人占有的社会资源量或机会都较其他阶层的人少，这些人就可以看做结构性的弱势群体。[②] 弱势群体的产生与社会福利不健全、收入分配渠道的多元化以及分配制度的不规范等社会制度也有关系。

对弱势群体的保护是公共利益的重要内容之一。弱势群体在自然资源和社会资源的占有和机会的获取上处于不利地位，对弱势群体的倾斜保护可以部分实现社会公平，保障社会稳定、和谐发展，符合社会公众的利益，所以应将对弱势群体的保护作为公共利益的主要内容之一。

保护弱者也是法律文明和进步的标志，是良法的基本要素，对社会弱势群体进行倾斜保护是法律追求正义价值的体现。法律对弱势群体的保护首先要在立法方面实现社会弱势群体保护立法的体系化，目前，我国对社会弱势群体立法的保护体系由社会保障法、劳动法、妇女儿童保护法、老年人保护法、残疾人保护法、消费者权益保护法等立法所构成。其次，要在规范社会经济、文化关系等法律关系的具体

---

① 钱大军，王哲. 法学意义上的社会弱势群体概念. 当代法学，2004（3）：46 - 53.

② 王激. 弱势群体的司法救济（硕士学位论文）. 北京：对外经济贸易大学，2004.

法律中建立对弱势群体的保护制度。

版权法保护版权人和版权相关权人的经济利益和精神利益，而对于社会公众而言，版权法主要涉及的却是社会公众的文化权利，法律对正义价值的追求要求版权法体现出对弱势群体的保护，主要是保护他们充分参与社会文化生活的权利。我国《著作权法》有关盲人和少数民族的规定，体现了版权法对弱势群体的倾斜保护：第二十二条第一款第（十一）项和第（十二）项分别规定，将中国公民、法人或者其他组织已经发表的以汉语言文字创作的作品翻译成少数民族语言文字作品在国内出版发行，和将已经发表的作品改成盲文出版这两种行为视为合理使用行为。

第二章　版权公共利益的基础

现代的人们往往不满足于对一件事物现状的了解及其表象的认识，也不盲从于强加给他们的观点，而更加愿意深入事物的内部探寻它的本质以及它存在的合理性，从而使自己更加坚定地赞同这件事物。这是因为，“除了理性自身有被追求的价值之外，任何法律制度、经济制度和社会制度的维护都有必要得到理性或思考的支持。”①在证明一个行为或一项制度合理性的过程中，人们通常从伦理哲学的角度利用伦理哲学的两个伦理观进行论证，即义务论与目的论。在这里，有必要先对两者进行一下概述和简要的区分。目的论和义务论在评价一个行为在道德的正当或错误时，对评价标准问题持不同意见。目的论的主要代表是功利主义，把“价值”和“好”这类价值性概念作为理论体系的基本概念，认为对一个行为的道德判断应由该行为的目的或该行为所产生的好的结果来证明。某些行为之所以正当，是因为它们会产生好的结果，当一个行为最终产生大量的“好处”，或者产生的“好处”超过“坏处”时，该行为就是正当的。义务论主要源自康德，义务论者把“正当”和“应当”这类概念作为其理论体系的基本概念，认为某些行为之所以具有了正当性，是因为它们与某种形式原则相符；除了行为结果的好坏之外，至少还要考虑到其他因素，这些因素不是行为结果的价值，而是行为本身所具有的特性。义务论“关注的是人们所应承担的责任和应履行的义务，因而它往

---

① Spector, H. An Outline of a Theory Justifying Intellectual and Industrial Property Rights. *European Intellectual Property Review*, 1989, 11 (8): 270 - 273.

往诉诸于一定的行为规则”。[1] 17 世纪出现的自然权利学说，就是试图为私有财产提供义务论的合理性证明。而 19 世纪出现的实用主义则可以看做目的论合理性理论的一个例子，实用主义通过论证许多法律制度能够产生“让最多的人享受最大的幸福”的结果，从而为这些法律制度提供坚实的理论基础。而这两个属于义务论和目的论理论体系的学说是学者论述知识产权正当性时经常用到的理论基础。

以下我们将利用洛克和黑格尔的义务论合理性证明方法——劳动财产论和人格财产权理论来证明知识产权制度尤其是版权制度的正当性，在这一论述中，试图找到版权公共利益存在的理论基础。本章还将对知识产权法定主义作出阐述。

第一节　版权公共利益的理论基础

一、义务论合理性理论：约翰·洛克的劳动财产论

在证明私有财产的义务论合理性理论中，最为著名的当属洛克在其《论政府》（下篇）中提出的有关获得财产的自然劳动论，该理论通常被用来解释知识产权的正当性。要更好地理解洛克的自然劳动学说，我们有必要先回顾一下洛克的生平及思想来源。洛克是 17 世纪英国资产阶级的自由主义思想家之一，他是英国 1688 年政变和资产阶级与贵族联盟的理论家和辩护人。1640 年英国革命开始，当时的英国社会各阶级除了在政治、经济和军事上的斗争之外，几乎每一个阶级都有他们政治思想上的代言人。1688 年英国“光荣革命”后，

① 陈食霖. “道义论”抑或“功利论”：生态伦理学的根据. 中南财经政法大学学报，2003（5）：65－69.

资产阶级登上了统治地位，这时急需有力的思想为胜利后的资产阶级议会的统治作理论的说明或辩护，也需要对几十年来英国在政治思想上的论战作一次廓清，从而巩固他们的统治地位。而洛克正是这时出现的为资产阶级辩护的历史人物。

洛克的《政府论》是体现其主要政治思想的著作之一，分为上、下两篇，上篇主要批判拥护封建王权的菲尔麦的君权神授学说，破除和摧毁“君权神授”和“王位世袭”理论；下篇则在上篇“破”的基础上，建设性地系统地提出了资产阶级革命的理论基础。他试图以自然法学说说明国家的起源和本质问题，从自然状态出发，批判封建极权制度，主张私有财产的不可侵犯、国家基于契约、立法权为最高权力等思想。洛克的自然劳动论是为保护资产阶级财产私有而创建的学说。

洛克的财产权劳动论在《政府论》下篇第三章“论财产”中提出。他从自然状态出发，认为人对自己的身体享有财产权，由此对自己身体里的劳动享有财产权。当一个人享有财产权的劳动施加在无主物上，使无主物脱离自然状态或改变了它的自然状态时，这个人就享有了施加了其劳动的无主物的财产权，从而说明财产权的来源和其正当性。用洛克自己的话说：“尽管土地和一切低等生物为一切人所共有，但是每个人对他自己的身体享有财产权。除他以外任何人都没有这种权利。他的身体所从事的劳动和他的双手所进行的工作，我们可以说，是正当地属于他的。所以只要他使任何东西脱离自然所提供的和那个东西所处的状态，他就已经掺进他的劳动，在这上面参加他自己所有的某些东西，因而使它成为他的财产。既然是由他来使这件东西脱离自然所安排给它的一般状态，那么在这上面就由他的劳动加上了一些东西，从而排斥了其他人的共同权利。”①

洛克的这番话可以让我们清楚地了解其财产权劳动理论的内在逻

① （英）洛克. 政府论（下编）. 叶启芳，瞿菊农，译. 北京：商务印书馆，2004：19.

辑，即：①土地上的一切是上帝赐予的，归全人类所共有，《圣经》并没有证实上帝赋予亚当统治他人的权利。洛克说："上帝'把地给了世人'，给人类共有。"[①] ②每一个人对他自己的人身拥有所有权。③每个人的人身产生的劳动也只属于他自己。④当人们将他的劳动与处于自然状态的某个物相混合时，他就取得了该物的所有权。通过人的劳动，洛克完成了身体所有权到外界万事万物所有权的转变。这样，在洛克那里，财产不是来源于君主的赐予，而是来源于人自身的劳动，劳动使人同客观世界关联了起来，财产权因为劳动具有了正当性。

洛克还进一步论证通过劳动使私人获得共有物的财产权，比共有状态要好。洛克认为："劳动的财产权应该能够胜过土地的共有状态，这个说法在未经研讨之前也许会显得奇怪，其实不然。因为正是劳动使一切东西具有不同的价值。如果任何人考虑一下一英亩种植烟草或甘蔗、播种小麦或大麦的土地同一英亩公有的、未加任何垦植的土地之间的差别，他就会知道劳动的改进作用造成价值的绝大部分。"[②] "一个人基于他的劳动把土地划归私用，并不减少而是增加了人类的共同积累。因为一英亩被圈用和耕种的土地所生产的供应人类生活的产品，比一英亩同样肥沃而共有人任其荒芜不治的土地（说得特别保守些）要多收获十倍。"[③]

洛克对通过劳动获得财产的正当性加以论述的同时，也对取得财产权条件与财产权的范围进行了限制。洛克要求一个人通过劳动取得财产时，"至少还留有足够的、同样好的东西给其他人所共有"。财产的幅度应该是"根据人类的劳动和生活所需的范围而很好地规定

① （英）洛克．政府论（下编）．叶启芳，瞿菊农，译．北京：商务印书馆，2004：18.

② （英）洛克．政府论（下编）．叶启芳，瞿菊农，译．北京：商务印书馆，2004：27.

③ （英）洛克．政府论（下编）．叶启芳，瞿菊农，译．北京：商务印书馆，2004：25.

的。没有任何人的劳动能开拓一切土地或把一切土地划归私用；他的享用也顶多只能消耗一小部分；所以任何人都不可能在这种方式下侵犯另一个人的权利，或为自己取得一宗财产而损害他的邻人（在旁人已取出他的一份之后）仍然有同划归私用一样好和一样多的财产。”① 洛克还告诫人们不能浪费，要求人们具有道德上的“至善”，每个人财产的范围不能超过其可以消费的范围，“但是如果它们在他手里未经适当利用即告毁坏；在他未能消费以前果子腐烂或者鹿肉败坏，他就违反了自然的共同法则，就会受到惩罚；他侵犯了他的邻人的应享部分，因为当这些东西超过他的必要用途和可能提供给他的生活需要的限度时，他就不再享有权利。”②

利用洛克的劳动财产理论论证知识产权的具体制度，会遇到很多无法解释的困境，帕米拉·萨缪尔森教授指出：“我们仔细考察这种论述时，会发现这个理论应用到知识产权上并不如使用财产来的更加明显、有说服力。”③ 例如，根据洛克的劳动财产理论，一旦一个人通过自身的劳动施加在一个本来处于自然共有状态的东西，并使之脱离了这个状态，那么他就可以永久地保持对这个东西的所有权，没有时间的限制。但是，对于知识产权制度而言，除了商业秘密以外的每一种知识产权都是有时间限制的权利，版权的保护期限一般是作者生平加上死亡后50年，专利为20年。而且，知识产权虽然有国际化、一体化的倾向，但目前其地域性仍然非常明显，对这一点，洛克的劳动财产理论无法解释得通。洛克的财产权劳动理论是从自然状态出发的，以上帝将地球上的一切给予人类共有为前提。人类混沌之初也许存在过这样一个状态，但在无形的知识产品世界中，根本不可能存在

① （英）洛克. 政府论（下编）. 叶启芳，瞿菊农，译. 北京：商务印书馆，2004：24.

② （英）洛克. 政府论（下编）. 叶启芳，瞿菊农，译. 北京：商务印书馆，2004：26.

③ Pamela Samuelson. Toward a New Politics of Intellectual Property. [2005-10-10]. http://www.sims.berkeley.edu/~pam/papers/CACMNewPolitics3.pdf.

这样一个自然共有状态。

利用洛克的劳动财产理论来论述知识产权制度存在的种种缺陷，并非完全是由于该理论造成的，洛克的劳动财产理论本身就不是为了解释知识产权制度，而是为其所处时代的资产阶级私有财产的合理性做辩护。且洛克的有生之年（1632—1704）还是一个有形财产居主导地位的时代，洛克去世五年之后，世界上第一部版权法——《安娜法令》才诞生于英国。虽然1624年英国的《反垄断法》(*Statute of Monopolies*) 开始实施，但知识产权远远没有在当时的社会经济生活中占据主导地位。所以，洛克的劳动财产理论不能充分解释知识产权制度是可以理解的。我们运用他的理论说明知识产权制度的正当性，是我们对该理论的选择，在运用过程中，完全可以取其有用的部分，加以合理利用和解释。

阿根廷著名学者霍拉西奥·斯伯克特（Horacio M. Spector）认为，将洛克的理论应用于无形财产上并非难事。第一个命题中的“身体”概念（根据这一命题，每个人对他自己的身体拥有财产权），很明显包含了头脑。第二个命题（根据这一命题，将劳动混同在无主物中导致对整个物的所有权）一定可以延伸到智力劳动，因为没有什么劳动是纯体力的劳动。另一方面，我们不应将“混合”这一概念错误地理解为它与实施在发明过程中的劳动的联系比与在一个偏僻的地方发现一种物质付出的劳动的关系更为紧密。很明显，这里的“混合”概念不是物质意义上的而是法律—经济意义上的“混合”：被混合在无主物中的人类劳动，不管是抽象的还是物质的，在提高无主物的经济价值方面（无论通过改变它的可获得情况或是改变其性质），都是一个不可或缺的重要因素。可以认为所有的思想和理论，不管它们是具有基础特性还是技术特性，在被发现之前，都是无主物。①

笔者比较同意上述观点，洛克的劳动财产理论可以从整体上为知

① H. M. Spector. An Outline of a Theory Justifying Intellectual and Industrial Property Rights. *European Intellectual Property Review*, 1989, 11 (8): 270-273.

识产权尤其是版权提供比较好的理论基础。创作的过程使思想脱离自然状态。借用洛克的自然状态假说，思想处于一种自由的、可平等获取的自然状态，人们通过脑力劳动，使之脱离了自然状态，形成了文字、音乐等作品，从而获得了版权。不经过人的智力劳动，思想永远存在于人们的大脑中，不能完成从隐性财产到显性财产的转变，只有经过人脑的智力劳动，思想通过某种形式表达出来，为人们感知和认识，才能受到版权的保护。根据版权制度，付出智力劳动是作品获得版权保护的重要前提，如果一个人只是为创作提供了物质、技术、资金帮助，而没有智力劳动的参与，就不能成为版权人。这样，"洛克的劳动财产权理论就从最本源的、自然法的高度为知识产权的合理性提供了一个哲理化的解释，让人们看到了隐藏在知识产权法律制度背后的劳动的价值，从而揭开了笼罩在知识产权上面的神秘的面纱，恢复了劳动在社会价值创造中的应有地位。"①

洛克的劳动财产权理论同样可以解释版权的产生时间。洛克在论述财产权的始得效力时，认为财产权的取得在劳动使一样东西脱离自然状态的时候，就已经开始了，他说："因此我要问，这些东西是从什么时候开始是属于他的呢？是在他消化的时候，还是在他吃的时候，还是在他煮的时候，还是他把它们带回家的时候，还是他捡取它们的时候呢？很明显，如果最初的采集不使它们成为他的东西，其他的情形就更不可能了。劳动使它们同公共的东西有所区别，劳动在万物之母的自然所已完成的作业上面加上一些东西，这样它们就成为他的私有的权利了。"② 版权制度实施的是"自动取得原则"，即版权的效力始于创作完成，一旦作品被创作完成，从思想转化为表达，版权就自动产生了。

---

① 李扬．再评洛克财产权劳动理论——兼与易继明博士商榷．现代法学，2004（1）：171－177.

② （英）洛克．政府论（下编）．叶启芳，瞿菊农，译．北京：商务印书馆，2004：19.

洛克劳动财产权学说中对财产权范围的限制、对财产权行使的限制理论也说明了版权中公共利益的合理性。

1. **财产权的范围和版权独创性原则**

洛克在强调人的劳动混合在无主物上从而产生了财产权时，并不认为这种财产权是可以无限扩展的，而是认为财产权应该局限在劳动的范围内，没有施加劳动的地方，就不能享有财产权。洛克说："财产的幅度是自然根据人类的劳动和生活所需的范围而很好地规定的。没有任何人的劳动能够开拓一切土地或把一切土地划归私用。"[①] 这一点可以用来解释版权的保护范围。版权保护首先适用独创性原则，即给予作者独立创作的、具有创造性的部分以版权保护，版权保护的范围只及于独创性的部分，没有独创性的事实和材料，不给予版权保护，其他人可以自由的使用。这样就与洛克的理论相契合，也就是只有经过了智力劳动的那部分才可以归为创作者所有，没有施加智力劳动的部分不应在版权的权利范围内，而应留给其他人。这样就限制了版权的范围，使版权人不能超越自己应享有的权利范围，任意地扩展该权利，损害其他人应有的权利；同时也保证了版权人以外的其他人可以自由的使用不受版权保护的知识和信息，从而为他人的生存和发展留下足够的空间。洛克的这一理论也可以解释版权保护中的思想/表达二分法原则，这一原则的基本含义是版权法不保护思想，思想在任何时候都是为人们所共有的、任何人都可以自由使用的，不能为任何人独占；而一旦某个思想被某人施加了劳动，变成一种表达后，这种表达就可以得到保护。洛克认为一个人通过劳动取得的财产是归劳动者所有的，应该得到其他人的尊重，任何人不得侵犯，但同时他人必须能够有机会得到同样好的东西。同样地，当一种思想被施加了智力劳动变成一种表达时，这种具有独创性的表达属于劳动者自己所有，其他人不经允许不得使用和侵犯；但同时，这种表达所使用的思

① （英）洛克．政府论（下编）．叶启芳，瞿菊农，译．北京：商务印书馆，2004：23.

想仍要留给其他人自由的使用。

洛克的劳动财产权理论没有给出财产权的时限，综观洛克在“论财产”一章的行文，他认为在一个人对处于自然状态的东西施加了劳动，使之脱离自然状态之后，这个东西的财产权就属于了该劳动施加者，并没有时间的限制。洛克只为财产权设置了两个条件，第一个条件是要为其他人留有足够多的同样好的东西，免得其他人的处境因劳动施加者对某东西的占有而恶化；另一个条件就是在劳动施加者获得了财产权以后，不能造成浪费。罗伯特·诺兹克（Robert Nozick）正是从第一个条件中得出结论说，洛克的理论不但解释了为什么要对知识产权和工业产权设立有效期，而且阐明了为什么法律赋予版权人比专利权人更长的权利期限。他在分析两个案例时，将劳动论应用在专利权上。在第一个案例中，一位医学研究人员用可轻易获取的物质研制出一种新的、可以有效治疗某种疾病的药物。诺兹克说，这位研究人员对那种化学物质的占有或购买，并不会导致它的短缺，因而并不违背洛克所说的限制条件。另一个案例是某个人在一个偏僻的地方偶然发现了一种新物质，并发现它可用于治疗某种疾病，此人便将这种物质全部占为己有。诺兹克论述道，这个人并没有使他人的处境恶化，因为如果他没有发现这种物质，其他人也没有发现，所有人都不会有这种物质，尽管随着时间的流逝，其他人很有可能发现这种物质。这个事实也许说明了因对这种物质的占有没有违背洛克的限制条件，而被给予有限财产权的合理性所在。诺兹克认为，第一个案例中的那位专利所有人的情况和第二个案例中的发现者类似。赋予发明者专利权并不会剥夺其他人对专利客体的占有，因为如果没有发明人，这件客体就不会存在。然而，可以假设，如果没有原发明，一段时间之后，另一个人也会发现它，这就是通过计算在不知道原发明的情况下，做出一项独立的发明需要多长时间，从而为发明设定一个时间限制的基础。承认发明人的权利，但同时不损害其他人的利益，明确的法律条款据此制定。由此，洛克的理论不但解释了为什么要对知识产权和工业产权设立有效期，而且阐明了版权为什么会比专利权有更长的权利期限。事实上，假如有大量的、通常用于写作中表达一种思想和感情的其他可选表达方式，另一个人在表达时使用与原作者相同或类似语言的可能性非常之小。因此，可以假设，版权在很长一段时间内不会使他人的处境恶化。①

2. **财产权行使的限制和版权不得滥用**

洛克要求一个人在通过劳动取得了他那一部分财产权之后，还必须留有足够多的、同样好的东西给其他人；还要求人们对经过劳动获得的财产不能无辜的浪费，否则就“违反了自然法则，就会受到惩处”。这一点可以用以论证“禁止权利滥用”原则。禁止权利滥用原则要求权利人在行使权利、追求自己的利益时，不得损害他人利益和社会利益，从而在当事人之间的利益关系和当事人与社会之间的利益关系中实现平衡。版权人在行使版权的过程中也有滥用权利的可能，典型的版权滥用如版权人会在知识产权产品外搭售其他产品，损害消费者自由选择的权利；拒绝版权交易、垄断高价等。洛克认定滥用权利即违反了自然法则，会受到自然法则的惩罚，很明显地带有道德约束的意韵。禁止权利滥用固然有道德的因素，但对其的限制却不能完全依靠道德本身。对版权滥用的规制，目前主要利用版权法自身的规范、民法基本原则如诚实信用、公序良俗原则的限制以及反垄断法的调控。②

洛克在论述对土地的圈占并不会损害别人的利益时这样说道：“这种开垦任何一块地而把它据为己有的行为，也并不损及任何旁人的利益，因为还剩有足够的同样好的土地，比尚未取得土地的人所能利用的还要多。所以，事实上并不因为一个人圈用土地而使剩给别人的土地有所减少。这是因为，一个人只有留下足够供别人利用的土地，就如同毫无所取一样。谁都不会因为另一个人喝了水，牛饮似地

① Robert Nozick. *Anarchy*, *State and Utopia*. Oxford: Basil Blackwell, 1974: 181 - 182.

② 王先林. 知识产权滥用及其法律规制. 法学，2004 (3): 107 - 112.

喝了很多，而觉得自己受到了损害，因为他尚有一整条同样的河水留给他解渴；而就土地和水来说，因为两者都够用，情况是完全相同的。"[①] 洛克还解释说，之所以一个人在占用了一块土地之后，其他人还可以获得足够多的东西，是因为"一个人基于他的劳动把土地划归私用，并不减少而是增加了人类的共同积累。因为一英亩被圈用和耕种的土地所生产的供应人类生活的产品，比一英亩同样肥沃而共有人任其荒芜不治的土地（说得特别保守些）要多收获十倍。"[②] 也就是说，在洛克那里，一个人在圈用了土地之后，不但不能减少他人的利益，而且还能增加更多的可用之物。版权法保护版权人权利的目的也在于版权人可以为人们创作出更多的有用的知识，《安娜法令》对立法目标的陈述就是"为了鼓励有知识的人创作和写出有用的书"。[③] 如果作者创作出的作品非但没有增加社会的利益，反而与社会发展方向相左、损害了社会利益，就没有理由受到版权法的保护。

二、黑格尔的财产权人格理论

威廉·弗里德里希·黑格尔1770年出生在德国一个政府公务员家庭，是德国古典唯心主义辩证法哲学的集大成者。黑格尔把绝对精神看做世界的本原，并围绕这个基本命题，建立起一个完整的客观唯心主义哲学体系，出版的著作包括《精神现象学》、《逻辑学》、《哲学全书》、《法哲学原理》等。

黑格尔是另一个对财产权理论的发展有过巨大贡献的哲学家，他关于财产的理论是其严密的形而上学哲学体系的有机组成部分。要借

---

① （英）洛克．政府论（下编）．叶启芳，瞿菊农，译．北京：商务印书馆，2004：22.

② （英）洛克．政府论（下编）．叶启芳，瞿菊农，译．北京：商务印书馆，2004：25.

③ Statute of Anne，8 Ann.，c. 19，I (1710)（英文版）前言．

助黑格尔的关于财产权的观点来解释版权这一现象，首先应该从《法哲学原理》一书说起。《法哲学原理》是黑格尔于晚年创作完成并发表的，是黑格尔对自己庞大的哲学体系所作的最后的补充和发展。黑格尔在书中将法律视为自由意志发展实现的过程，该过程被划分为三个阶段：抽象法、道德和伦理。《法哲学原理》在使用“法”一词的时候，并不是在通常意义上作为“市民法”来讲，而是“指道德、伦理和世界史而言”。“所有权”的概念处于抽象法的环节当中，而且是抽象法下属环节中的第一位，具有非常重要的地位，因为从逻辑上来讲，它是整个法律哲学的起点。① 黑格尔在该书中使用大量的篇幅论述所有权为何可以成为整个法律哲学体系的起点。他从“自由意志”出发，认为，首先“意志是自由的”，而“意志必须实现为定在”。在《法哲学原理》中，“意志”是一个非常重要的、关键性的概念。黑格尔强调实现自由是在丰富多彩且复杂多样的历史运动背后存在的一个伟大的理想。②然而，意志和自由是不可分割的，自由是意志的根本规定，实现绝对自由是意志的任务，而这一任务需要几个阶段才能完成，第一阶段意志以人格的形式出现，并将其施加于外部世界。正是在这一阶段，黑格尔提出并论述了他的财产权理论。

黑格尔通过物来揭示人与人之间的关系，从而构成其财产权理论。黑格尔指出：“人为了作为理念而存在，必须给它的自由一外部的领域。因为人在这种最初还是完全抽象的规定中是绝对无限的意志，所以这个有别于意志的东西，即可以构成他的自由领域的那个东西，也同样被规定为与意志直接不同而可以分离的东西。”③ 在此，黑格尔已经在试图让我们理解意志和物的关系。黑格尔认为，人是依

---

① （德）黑格尔.《法哲学原理》.［2006－02－02］. http://www. lawintsinghua. com/ReadNews. asp? NewsID＝5766.

② （德）黑格尔. 法哲学原理. 伦敦：克莱顿出版社，1952：第45节.

③ （德）黑格尔. 法哲学原理. 伦敦：克莱顿出版社，1952：第41节.

其自由意志而存在的，但这种自由意志根植于人自身，而这种根植于人自身的自由意志需要通过一种不同于意志的、客观存在的物表现出来。在黑格尔看来，财产权是使人格具有客观性的基本形式，他说："人有权把他的意志体现在任何物中，因而使该物成为我的东西；人具有这种权利作为它的实体性的目的，因为物在其自身中不具有这种目的，而是从我的意志中获得它的规定和灵魂的。这就是人对一切物据为己有的绝对的权利。"[①] "如果把需要当做首要的东西，那么从需要方面看来，拥有财产就好像是满足需要的一种手段。但真正的观点在于，从自由的角度看，财产是自由最初的定在，它本身是本质的目的。"[②] 黑格尔声称，在市民社会中，个人人格的形成是个重要特征，而财产有助于个人人格的形成，因为人的意志体现在财产中，财产作为人格的组成部分，是通过对其的占有、支配、处分或与其发生联系来表明的，人通过财产将自己的意志客观化，并且财产是个人生存的基本条件和工具。

总之，黑格尔是从强调个人人格重要性的角度来论证财产权的，在黑格尔看来，财产就是人格的体现和延伸，人格要实现自由，必须要实现对财产的控制。这与他形而上学的思想相一致，也是这一思想的重要表现和内容。

与其他知识产权形式相比，版权与人格具有十分密切的联系，因为一件作品的创作过程中往往渗入了创作者自己的思想、观点、审美观、价值观等因素，这些因素反映出的就是创作者的个人人格。因此，可以说，作品是作者人格的体现，作者与其创作出的作品之间的联系具有不同于一个人与一件有形物之间的人格上的关联。在此看来，黑格尔的人格财产权观点与知识产权存在着紧密的联系。正如英国学者 Peter Drahos 在其《知识产权哲学》（*A Philosophy of Intellectual Property*）一书中所说："知识产权制度发展至今，虽然伴随着发展会

① （德）黑格尔. 法哲学原理. 伦敦：克莱顿出版社，1952：第44节.

② （德）黑格尔. 法哲学原理. 伦敦：克莱顿出版社，1952：第45节.

不断注入新的时代性的内容和要求，但从古至今，特定的知识产权（尤其是版权）中的财产权与人格一直都被视为具有紧密的联系。因而运用黑格尔的财产权人格理论来论证版权等知识产权的合理性，是一个很诱人的策略。”①

在黑格尔那里，人既然可以将有形物作为财产进行占有和支配，能否将科学知识、文化艺术等作为财产权的对象呢？对此问题，黑格尔也进行了思考，这一思考无疑涉及版权。黑格尔谈道，精神技能、科学知识、艺术甚至宗教方面的东西，以及发明等，都可以成为契约的对象，而与在买卖等方式中所承认的物同样。但是，艺术家和学者等是否在法律上占有着他的艺术、科学知识，以及传道说教和诵读弥撒的能力等，即诸如此类的对象是否也是物，却是一个问题。② 分析黑格尔关于财产和意志的论述，就不难理解黑格尔如此踌躇的原因了。根据黑格尔人格财产权的理论，“物”应该是人的意志以外的客观存在的东西，具有直接性与外在性，而以上这些却是意志本身，缺乏“物”所必须的外在性，也缺乏直接性。因此，他们在法律上的性质无法和“物”等同。虽然如此，黑格尔仍然认为这些精神的东西通过一定渠道的转化是可以得到法律的保护的，他说：“学问、科学知识、才能等等固然是自由精神所持有的，是精神的内在东西而不是外在东西，但是精神同样可以通过表达而给他们以外部的存在，而且把它们转让，这样就可以把它们收在物的范畴之内了。”③ 黑格尔的这段论述，虽然仍然没有突破“财产即物”的观念，但已经显示了他的哲学观点中关于版权思想的萌芽，他的这种思想被认为与现代知识产权的保护理念是一致的。将科学知识、艺术等人内在的东西通过精神的中介降格为外在的物的过程，其实就是创作的过程。黑格尔

---

① Peter Drahos. *A Philosophy of Intellectual Property*. Dartmouth：Dartmouth Publishing，1996：75.

② （德）黑格尔．法哲学原理．伦敦：克莱顿出版社，1952：第43节．

③ （德）黑格尔．法哲学原理．伦敦：克莱顿出版社，1952：第43节．

认为，一旦将这些精神的内在东西表达于外而实存，就属于法律上“物”的范畴，就可以成为人的财产权的对象。“这同现代知识产权的理念如出一辙。如我们在著作权制度中保护的是作品的表达形式（这是精神表达于外的实存在），而并不保护作品本身，即保护不延及思想（即内在的精神）。”①

黑格尔虽然承认思想、知识等内在精神的外化物可以成为个人的财产权的对象，但却不主张对思想、知识本身的控制，他看到了思想、知识等的共有性特征，并赞成发扬这种特征，鼓励思想的自由流通和共享。他说：“我们特有的思想产品，在外露后可以为他人复制，这并不是一件坏事情，而是一件好事。因为一个人在接触了他人的外部思想后，可以利用其思想产生更多的作品或发明创造。”②

黑格尔的这个观点与当代版权法的立法目标和社会价值相符合，版权保护制度的最本质特征就在于通过法律手段，确认版权的权利归属，规定对版权的保护措施，以法律的形式赋予权利人对其创造的智力成果享有一定的权利，从而达到鼓励智力作品的创作和传播，促进经济和社会发展的目的。版权法保护传播者因传播作品而产生的正当权益，以促进作品的广泛传播，还对版权人和版权相关权人的权利作出限制，规定“合理使用”和“法定许可使用”制度，鼓励作品能更大限度地为社会公众所利用，从而推动知识的共享和科学文化的繁荣。

黑格尔的这个观点对于防止版权人不适当地控制作品的传播也有一定的意义。版权法赋予版权人在一定程度上控制作品的权利，但如果这种权利被滥用，就会阻碍作品的广泛传播和使用。目前国际版权公约和很多国家的版权法将技术措施纳入了版权保护体系，版权法中的技术措施是指版权人为防止他人对作品的非法使用，而在版权作品上采取的技术上的防范措施，以使使用者不能任意复制、发行、传

---

① 姚岷．黑格尔法哲学中的知识产权思想．电子知识产权，2003（6）：61－63.

② （德）黑格尔．权利哲学．伦敦：克莱顿出版社，1952：68.

播、修改版权作品。技术措施作为一项权利写入版权法，虽然是为了防止对作品的非法使用，保护版权人的合法权益，但如果版权人对其不当使用，则会严重妨碍公众对作品的合理使用和正常使用。技术措施提供的保护和版权提供的保护不同，根据技术措施权利，版权人可以完全依照自己的意愿对作品加以技术保护，而可以不顾版权法对版权作出的限制，从而损害社会公众的利益。例如，根据合理使用原则，用户有权阅读或观赏作品，有权为个人研究、评价等目的复制作品或作品的片段。然而，一旦权利人为作品加上了技术措施，就意味着公众的这些权利无从实现。在黑格尔的思想中，作品的广泛传播有着非常重要的社会意义，对思想的传播和使用“并不是一件坏事情，而是一件好事”。版权法在加强保护版权人利益的同时，也应考虑版权法的社会功用和价值。

三、知识产权法定主义

根据郑胜利教授的定义，知识产权法定主义是指知识产权的种类、权利以及诸如获得权利的要件及保护期限等关键内容必须由法律统一确定，除立法者在法律中特别授权外，任何人不得在法律之外创设知识产权。他认为，对知识产权法定主义最有力的支持是，迄今为止包括普通法系在内的各国均制定成文法保护知识产权。① 劳动财产权理论和自由意志理论的缺陷被认为是采取法定原则创设知识产权的根本原因，劳动财产权理论和自由意志理论存在以下三个方面的缺陷：

（1）劳动财产权理论和自由意志理论存在无限扩大知识产权保护范围的危险。按照上述两种学说，只要付出了劳动就可以享有劳动的成果，人有权通过自由意志体现在任何知识产品中，从而使得该知

① 郑胜利. 知识产权法定主义. 中国知识产权报，2004-03-09.

识产品成为自己的私有财产，其必然的后果就是无限扩大知识产品的私人空间。

（2）劳动财产权理论和自由意志理论都无法明晰知识产权客体边界的模糊性。知识产权的客体不像有形财产权客体那样具有明确的边界，创设知识产权时必须明确这种财产的边界，而劳动财产权理论和自由意志理论都无法解决知识产权客体边界的模糊性问题。

（3）劳动财产权理论和自由意志理论无法解决知识产品公共性与私人生产性之间的矛盾。知识产品具有公共产品的属性，同时又具有私人物品的属性。但是，按照劳动财产权理论，知识产品是拥有自身劳动所有权的人的劳动成果；按照自由意志理论，知识产品凝结了一个人的自由意志和人格，应为这个人享有该知识产品的全部收益。所以，无论是按照洛克的劳动财产权理论，还是黑格尔的自由意志理论，知识产品只能是一种纯粹的私人物品，这不符合知识产品的现实特征，也违背了知识产权制度的历史真实。

“这两个理论的以上三个缺陷决定了他们只能对知识产权的合理性起到一个自然法意义上的解释作用，还不足以成为培植知识产权的前提和基础，而能够解决上述三个问题的只有知识产权法定原则。”①

其实，上述对洛克的劳动财产权理论和黑格尔的自由意志理论缺陷的分析，可以这样加以归纳，即虽然两种理论在解释有形财产权时让人比较容易接受，但知识产品具有明显不同于有形物品的属性，正是这种属性阻碍了两种理论不能像作用于有形物一样适用在知识产品上。

权利法定主义认为，先有法律，再有权利，权利来源于法律，行使权利必须在法律规定的范围之内，超越了这个范围的行为无效。法律本身强调权利、义务的对等性。权利、义务是法律规范的核心内容，它授予人们一定的权利，设定某种义务，根据法律，规定权利主体具有享有和维护特定权利的力量，同时指示他哪些行为是可为的，

---

① 李扬．略论知识产权法定原则．电子知识产权，2004（8）：17－19.

哪些行为是必为和禁为的。马克思说，“没有无义务的权利，也没有无权利的义务”[①]，这一论断后来被法理学界的学者们概括为“权利义务的一致性”。所谓“权利义务的一致性”，是指享有权利，同时就应承担义务，而且，彼此的权利、义务是相应的。在法律上，义务是权利的关联词或者说对应词，两者相辅相成，有权利即有义务，有义务即有权利，互为目的手段。权利和义务的一致性，还表现在权利和义务之间具有相互促进和相互保证的作用，义务是实现权利的基础，而权利则是履行义务的保证。权利是指法律关系主体可以这样行为或不这样行为，或者要求其他人这样行为或不这样行为。在一个人行使权利的各种活动中，都会产生相应的义务。“例如我去购物，在选定物品后，我必须交付出售人以价款；我要进入某一博物馆参观，入门时应购门票。”[②] 同时，人都是社会的人，总是生活在一定的社会关系中，人与人之间总要相互依存，也要求一个人在享有权利的同时，对他人履行义务。就法律本身而言，追求正义被视为法律的最高价值，而正义的实现要求体现自由的权利不能没有限制。整个法律和正义的哲学就是以自由观念为核心建构起来的。要求自由的欲望是人类所具有的一种普遍特性，这种对自由的追求就是对权利的要求。而这种自由却不能是无限制的，正如博登海默所言：“如果我们从正义的角度出发，决定承认对自由权利的要求乃是根植于人的自然倾向之中的，那么即使如此，我们也不能把这种权利看作是一种绝对的和无限制的权利。任何自由都容易为肆无忌惮的个人和群体所滥用，因此为了社会福利，自由就必须受到某些限制，而这就是自由社会的经验。”[③]

权利和义务的对等和一致性在当代各国各部门的立法中都得以体

① 马克思恩格斯全集（第16卷）. 北京：人民出版社，1964：16.

② 沈宗灵. 权利、义务、权力. 法学研究，1998（3）：3－4.

③ （美）E. 博登海默. 法理学、法律哲学与法律方法. 邓正来，译. 北京：中国政法大学出版社，2001：281.

现。知识产权法也有同样的要求，而且法律的这种内在的要求已经得到了重视，即使在《与贸易有关的知识产权协定》中也规定："知识产权的保护与权利行使，目的应在于促进技术的革新、技术的转让与技术的传播，以有利于社会经济福利的方式去促进技术知识的生产者与使用者互利，并促进权利与义务的平衡。"

版权法确立的权利主体是版权人、版权相关权人，使用者是否是版权法中的权利主体，目前各国学者正在进行讨论。版权法为鼓励作品的创作和传播，授予权利主体对作品的控制权，包括发表作品的权利、许可或禁止他人各种方式的使用的权利、获得报酬的权利等；同时规定版权人在享有这些权利的同时，其享有的权利必须受到一定的限制，版权人应履行相应的义务。版权人应履行的义务至少包括：

（1）版权人必须保证其创作的作品是对社会有用的，而非阻碍社会的发展或对人的心灵产生毒害。各国根据本国的发展目标和社会的整体价值观，一般都在国内法中规定禁止那些不符合人们基本的伦理价值观的作品出版发行，并不能依照版权法行使版权。版权法的目标是促进有用文化的积累和交流，凡是与社会发展和人们伦理价值观相抵触的作品不应当受到版权保护。

（2）版权人在行使权利的过程中，不得违反宪法和法律。宪法是一个国家的具有最高权威性的法律，规定了本国国民应普遍享有的基本权利和应普遍遵守的基本义务。依照宪法而制定的各项法律则规定了人们在为各种行为时应遵守的行为规范，每个人在行使权利时都必须在宪法和法律的许可范围内。版权人在享有版权法赋予的权利时，也应该在宪法的规范之中，版权人在作为其他法律规定的权利主体或义务主体时，除了履行版权法中的义务，同时还应遵守其他法律的规定。如当版权人在版权许可贸易中，作为合同法上的合同一方当事人时，就要遵守合同法为合同当事人规定的义务。

（3）版权人行使版权，不能损害公共利益和他人利益。根据人都是社会中的人的原理，任何人的生存和发展都必须依赖于他人和社会，所以他在行使自己的自由和权利的时候，必须尊重他人的权利，不得以行使自己的自由、权利为借口侵害他人的权利和自由。这是维护社会秩序的基本规则，也是任何主体行使权利和自由必须遵守的准则。在知识创作领域更是如此，一个人的创作必须依靠社会的文化和知识积累以及他人的启发，作品价值的实现也必须依赖社会整体认知水平的提高和作品的广泛流传。所以，版权人在行使版权的过程中，要尊重社会的整体发展和他人的利益。

权利法定主义强调法律对权利的规范，而法律追求的价值和特定的目标极大地影响着权利的设置以及对权利范围的解释。在有些学者看来，除秩序和正义之外，自由、效率、民主、法治、理性、平等也同样是法律的价值，和谐也被认为是法的基本价值。① 法律除了追求基本的价值之外，还有特定的目标，立法目标是贯串一部法律始终的精神，任何一部法律都有独特的社会目标，如合同法的目标是保障合同当事人的权益和鼓励当事人从事自愿交易行为，包括鼓励当事人订立合法的合同、努力促成合同的成立并生效、充分保障合同的履行和合同利益的实现等。② 反垄断法的目标被认为包括决策自由、贸易自由、分配自由、竞争自由等的经济自由和包含法律地位平等、机会均等、市场待遇均等内涵的经济平等。③ 在解释法律的方法中，目的解释方法是一个非常重要的方式，法律因有目的性也就是有一定的目标，而有了目的解释方法。所谓目的解释方法，指法官在解释法律条文时可以用法律条文的立法目的作为解释的根据，探究立法者的目的，当采用其他解释方法，得出两个不同的解释意见而难以判断哪一个解释意见正确时，应当采纳最符合立法目的的解释意见。即当存在不同的理解、解释时，以该规范和制度的立法目的，作为判断标准。④ 目的解释有利于详尽阐述法律的任务，澳大利亚《法律解释

---

① 喻中. 促进社会和谐：法的基本价值. 光明日报，2005-04-12.

② 王利明. 合同法的目标与鼓励交易. 法学研究，1996（3）：93-100.

③ 汤春来. 试论我国反垄断法价值目标的定位. 中国法学，2001（2）：185-187.

④ 梁慧星. 法律的目的性. 人民法院报，2004-02-27.

法》第十五条规定："在对某部法律的某条文进行解释的过程中，一个能有助实现法律之内在目的、目标（无论此种目的、目标是否在该条文中明确说明了）的解释，应优先于那些不利于促进法律目的实现的解释。"[①] 根据法理学学者的探讨，法有多种价值取向，博登海默将秩序和正义看做法的最终价值，认为"一个法律制度若要恰当地完成其职能，就不仅要力求实现正义，而且还须致力于创造秩序。……可以用一句话来加以概括，即法律旨在创设一种正义的社会秩序。"[②]

不同的人和不同的利益群体对版权法的立法目标有不同的理解和主张，但他们都承认"公共利益"是版权法的最终目标，尽管他们所声称的"公共利益"在内涵上有着差别。一些人认为知识产权是一种激励创新的法律制度，目标在于保护创新者的利益，因为他们的利益在终极层面上代表着人类最根本的共同利益，而且在操作层面上不仅不与公共利益相冲突，且因为权利限制机制的设计和公有领域的确立而在诸多方面维护着公共利益。[③] 美国唱片业协会执行副总裁持相同的观点，他认为版权法的主要目标是保证独创性的作品能够生产和传播，立法者只有牢记了版权体系对创作者靠才艺生存的重要性，并允许他们依靠市场获得动力，才能释放文化的力量和广大人民的创作潜力，才能为公众提供可获取的作品，促进文化生产和获取。[④] 而在另外一些人看来，对版权人和版权相关权人权利的保护只是手段，版权法的目标是要通过对版权人和版权相关人权利的保护来实现科学、文化和艺术的发展。

---

① 转引自陈金钊．目的解释方法及其意义．法律科学，2004（5）：36－44.

② （美）E．博登海默．法理学、法律哲学与法律方法．北京：中国政法大学出版社，2001：318.

③ 朱谢群．正确认识知识产权制度，为知识产权辩护．中国知识产权报，2004－07－06.

④ Neil Turkewitz. Copyright，Fair Use and the Public Interest. *Managing* IP，2003（132）：4.

综观各国版权法所述的立法目标，大多数国家立法中的表述更倾向于将版权作为实现一定社会目标的手段。如美国《宪法》在第一条第八款对知识产权这样作出规定："国会有权……通过保障作者与发明人对其相应作品与发明在限定期限内拥有专有权的方式来促进科学与实用艺术的发展。"英国知识产权委员会在 2000 年 9 月公布的《知识产权与发展政策的整合》（*Integrating Intellectual Property Rights and Development*）报告中说到："不管对知识产权采取什么样的措辞，我们更倾向于把知识产权当作一种公共政策的工具，它将经济特权授予个人或单位完全是为了产生更大的公共利益。这样的特权只是达到目的的手段，而不是目的本身。"① 我国《著作权法》第一条规定了该法的目的：为保护文学、艺术和科学作品作者的著作权，以及与著作权有关的权益，鼓励有益于社会主义精神文明、物质文明建设的作品的创作和传播，促进社会主义文化和科学事业的发展与繁荣，根据宪法制定本法。

如果说一部法的目标是贯串于整部法律的精神，那么一部法的原则就是这部法律的气质。法律原则是法之要旨与目的的凝练，是法律规则的基础或本源。法律原则一方面蕴涵着伦理价值，法律原则的内容必须具有正当性，能够体现社会对道德要求的最低限度；另一方面也极具司法意义，在司法过程中，法律原则可以弥补成文法的漏洞，作为司法者进行法律解释和法律推理的基础。②

版权法所调整的社会关系基本上属于民事法律关系，即平等主体之间版权财产权和版权人身权的关系。因此，传统民法的大部分原则都适用于知识产权法，包括公平原则、诚实信用原则、权利不得滥用原则、遵守公序良俗原则等。版权法也体现了民法中的一些基本原则，如我国《著作权法》第四条第二款规定的著作权人行使著作权，

---

① 英国知识产权委员会《知识产权与发展政策的整合报告》前言. [2005 - 12 - 02]. http://www. iprcommission. org/graphic/documents/final _report. htm.

② 庞凌. 法律原则的识别和适用. 法学，2004（10）：34 - 44.

不得违反宪法和法律，不得损害公共利益，就体现了权利不得滥用和公序良俗原则。

但是，版权迟于其他民事权利出现在权利家族中，它本身具有不同于其他民事权利的独特之处，如物权的客体可以为特定人占有，而版权的客体却可以同时为很多人占有。正是因为这些独特之处，使得包括版权法在内的知识产权法“不加判断与取舍地用人们传统上熟悉的已被前人抽象出的民法原理，一成不变地硬往知识产权上套，则恐怕并不可取。”[①] 而且，在目前我国《民法典》的编纂进入实质性的操作阶段时，许多学者充分考察了知识产权法与民法的历史渊源与区别，提出知识产权立法与近代民法典未能发生历史的机缘，现代民法典编纂运动尝试接纳知识产权制度，但至今尚无成功的立法例；认为当代知识产权法是一个综合性、开放性且最具创新活力的法律规范体系，不宜将其全部植入民法典，而建议只将知识产权制度在民法典中作原则规定，保留民事特别法的体例。[②]

知识产权既然不能入民法典，而要成为一个独立的法律体系，就应该有自己的法律原则。有学者认为，知识产权法的基本原则包括鼓励和保护智力劳动创造活动的原则、促进智力成果推广应用的原则以及遵守国家法律和社会公德的原则。[③] 利益平衡和对价原则被越来越多的学者认为是始终贯串于知识产权法的主线。[④] 版权法对版权获取条件的设定、权利内容的规定及其限制，是为平衡社会各方利益展开的。平衡各方利益，创建版权人、版权相关人与社会公众之间的良好合作互动关系是版权法的使命。目前，版权法出现了正当性危机，版权被定义为私权，这一定义几乎否定了版权法要达到平衡目标的任务，传统版权法的平衡性被打破，新的平衡还未建立。版权法要建立

---

① 郑成思. 民法与知识产权法. 中国知识产权报，2001－05－23.

② 吴汉东. 知识产权立法体例与民法典编纂. 中国法学，2003（1）：48－58.

③ 刘春茂. 知识产权原理. 北京：知识产权出版社，2002：24－28.

④ 任寰. 论知识产权法的利益平衡原则. 知识产权，2005（3）：13－18.

对价原则和衡平原则，违反这两个原则的知识产权扩张会侵害社会公众的基本人权。对价与衡平、实现多赢的至善目标是现代国家的法定职责。①

版权法定主义说明版权并非绝对的私权，它要受到版权法的立法目标、原则和权利义务一致性的制约，版权人和版权相关权人权利的行使必须与其要承担的义务相一致，必须遵循公平、平衡等版权法的基本原则，对版权人和版权相关权人权利范围的解释也必须符合版权法的立法目标。公共利益作为版权法追求的目标，作为版权法基本原则的必然要求，在版权法定的原则下有存在和实现的必然性和可行性。

然而，尽管知识产权法定主义弥补了洛克的劳动财产论和黑格尔的自由意志理论在说明知识产权合理性方面的不足，但它也和其他理论一样存在着不足。版权法定主义强调先有法律，后有权利，法律是权利的来源，这样就不能说明权利的来源，不能让人们真正地信服。人们通常的疑问是："法律规定了权利，那么权利从何而来？"权利法定主义告诉人们权利来源于法律，这无疑加重了人们的疑虑，人们还会追问："为什么要有这样的法律？这样的法律合理吗？"权利法定主义更加不能回答这个问题，因为按照权利法定主义，先有法律，后有权利，这种权利设置及相关制度的合理性与否是没有经过验证的。所以，版权法定主义不能让人们信服版权来源的正当性，而且依靠法律自身的理性，其本身也是很危险的，因为法律本身还受制于立法者的素质、利益集团的游说以及其他国内外因素。但是，法律纵然不能像自然科学那样建立"实验室"去验证一种预设的结果，但要验证缺乏一种法律制度对社会造成的伤害则相对比较容易，而这种反证是可以实现的。②

---

① 徐瑄. 知识产权的正当性——论知识产权法中的对价与衡平. 中国社会科学, 2003 (4): 144－155.

② 郑胜利. 知识产权法定主义. 中国知识产权报, 2004－03－09.

第二节　版权公共利益的法律基础——宪法基础

由于宪法所规定的内容是一个国家政治、社会生活中带有全局性、根本性的问题，是国家立法活动的基础，因此，宪法是国家的根本大法，具有至上性，是众法之母，在国家法律体系中具有最高的法律地位和法律效力。宪法是其他法律的立法依据，宪法所确立的原则是其他法律的立法基础和立法依据，一切法律、行政法规和地方性法规都不得同宪法相抵触。宪法在国家和社会管理过程中具有至高无上的地位，这种地位是由宪法的内容决定的，宪法规定了国家制度和社会制度的基本原则，规定了国家与社会的发展目标以及公民的基本权利与义务。正是由于宪法在国家法律体系中所具有的重要地位以及其内容的全局性、根本性，决定了她与公共利益具有十分密切的关系，是公共利益最根本的来源和保证，是公共利益存在和实现的最根本的法律基础。公共利益是每一部法律追求的核心价值之一，普通法律担负着保障公共利益实现的任务，而法律最终来源于宪法，其对公共利益的保障规则也是以宪法为依据的。而且，宪法本身也体现了对各种公共利益实现的要求和保障。版权法作为普通法律，与其他法律一样，其制定和运行都要以宪法为基础、体现宪法的精神，版权法追求的公共利益可以在宪法中找到源泉。我们以我国著作权法和宪法的关系为例，来说明版权公共利益在宪法中的体现，从而证明版权公共利益所具有的宪法基础。

首先，版权法的立法目标要与宪法对国家社会发展目标的规定相一致。制定著作权法要根据宪法的根本原则，也就是宪法所规定的我国今后发展的根本任务。我国宪法在序言中规定："国家的根本任务是，沿着中国特色社会主义道路，集中力量进行社会主义现代化建设。……逐步实现工业、农业、国防和科学技术的现代化，推动物质文明、政治文明和精神文明协调发展，把我国建设成为富强、民主、文明的社会主义国家。”我国《著作权法》第一条对该法立法目的的规定是：“为保护文学、艺术和科学作品作者的著作权，以及与著作权有关的权益，鼓励有益于社会主义精神文明、物质文明建设的作品的创作和传播，促进社会主义文化和科学事业的发展与繁荣，根据宪法制定本法。”体现了我国著作权法促进社会主义科学文化事业发展与繁荣，从而推动社会主义现代化建设的目的。

其次，宪法规定的其他有关原则是著作权法具体规则得以形成的依据。我国《宪法》第十三条规定：“公民的合法的私有财产不受侵犯。国家依照法律规定保护公民的私有财产权和继承权。”第二十条规定：“国家发展自然科学和社会科学事业，普及科学和技术知识，奖励科学研究成果和技术发明创造。”第二十三条规定：“国家培养为社会主义服务的各种专业人才，扩大知识分子的队伍，创造条件，充分发挥他们在社会主义现代化建设中的作用。”《宪法》在第二章“公民的基本权利和义务”第三十五条规定中华人民共和国公民有言论、出版等自由。第四十七条规定：“中华人民共和国公民有进行科学研究、文学艺术创作和其他文化活动的自由。国家对于从事教育、科学、技术、文学、艺术和其他文化事业的公民的有益于人民的创造性工作，给以鼓励和帮助。”这些规定都体现了《宪法》所确立的保护劳动者正当权益的原则，《著作权法》就是一部保障智力劳动者的财产权利和精神权利都得以实现的法律制度，它规定了为创作作品提供智力劳动的作者的著作权内容，还规定了为作品的传播付出智力劳动的表演者、图书出版者、报刊杂志社、录音录像制作者、广播电台电视台等享有与著作权有关的权利内容。如规定作者可以对其创作的包括文字作品、口述作品、美术作品、建筑作品、音乐、戏剧、曲艺、舞蹈、杂技艺术作品、摄影作品、电影作品和以类似摄制电影的方法创作的作品，工程设计图、产品设计图、地图、示意图等图形作品和模型作品，计算机软件以及法律、行政法规规定的其他作品等文学、艺术和自然科学、社会科学、工程技术等领域内的作品享有广泛的权利。这些权利包括发表权、署名权、修改权、保护作品完整权、复制权，发行权、出租权、展览权、表演权、放映权、广播权、信息网络传播权、摄制权、改编权、翻译权、汇编权以及应当由著作权人享有的其他权利。对著作权相关权利人根据他们在传播作品中所付出的智力劳动给予邻接权的保护。如图书出版者在出版、发行图书时，要对作者提供的手稿进行加工整理，设计精美的版式，保证载有作者创作内容的图书在形式上是整洁、美观的，从而增加内容的可读性和可用性。对于图书出版者在传播作品的过程中付出的这些智力劳动，《著作权法》用法律的形式加以保护，第三十五条第一款规定："出版者有权许可或者禁止他人使用其出版的图书、期刊的版式设计。"

宪法不仅规定了公民能够享有的文化权利，还规定公民在享有权利的同时，必须履行相应的义务。在保护著作权人以及著作权相关权人权益的同时，我国《著作权法》还根据《宪法》的有关条款规定了著作权人和著作权相关权人应履行的义务。《宪法》第一条第二款规定："社会主义制度是中华人民共和国的根本制度。禁止任何组织或者个人破坏社会主义制度。"第二十四条规定："国家……加强社会主义精神文明的建设。…… 反对资本主义的、封建主义的和其他的腐朽思想。"第三十八条规定："中华人民共和国公民的人格尊严不受侵犯。禁止用任何方法对公民进行侮辱、诽谤和诬告陷害。"第五十一条规定："中华人民共和国公民在行使自由和权利的时候，不得损害国家的、社会的、集体的利益和其他公民的合法的自由和权利。"第五十三条规定："中华人民共和国公民必须遵守宪法和法律，保守国家秘密，爱护公共财产，遵守劳动纪律，遵守公共秩序，尊重社会公德。"依据这些规定，《著作权法》第一条规定鼓励有益于社会主义精神文明、物质文明建设的作品的创作和传播，第四条规定对于依法禁止出版、传播的作品，著作权法不予保护。著作权人行使著作权，不得违反宪法和法律，不得损害公共利益，这就意味着，作者创作的作品必须是符合社会主义发展方向的，必须有利于社会主义精神文明和物质文明建设，必须没有侵犯他人的合法权利。我国《出版管理条例》规定了八种依法禁止出版的出版物，包括含有反对宪法确定的基本原则，危害国家的统一、主权和领土完整，危害国家的安全、荣誉和利益，煽动民族分裂、侵害少数民族风俗习惯、破坏民族团结，泄露国家秘密，宣扬淫秽、迷信或者渲染暴力，危害社会公德和民族优秀文化传统，侮辱或者诽谤他人内容的出版物。[①] 该条规定说明，凡是在作品中含有侵犯了这些公共利益的内容，对该作品享有的著作权不得行使。此外，著作权人行使著作权的方式也不得侵犯公共利益，如著作权人在行使署名权时，将作者姓名署为严重侵害社会公德的名字，则不为著作权法所允许。

另外，宪法对广大人民群众享有的科学文化利益作出了规定，《宪法》第十九条规定："国家发展社会主义的教育事业，提高全国人民的科学文化水平。国家举办各种学校，普及初等义务教育，发展中等教育、职业教育和高等教育，并且发展学前教育。国家发展各种教育设施，扫除文盲，对工人、农民、国家工作人员和其他劳动者进行政治、文化、科学、技术、业务的教育，鼓励自学成才。国家鼓励集体经济组织、国家企业事业组织和其他社会力量依照法律规定举办各种教育事业。"第二十条规定，国家发展自然科学和社会科学事业，普及科学和技术知识。第二十二条第一款规定："国家发展为人民服务、为社会主义服务的文学艺术事业、新闻广播电视事业、出版发行事业、图书馆博物馆文化馆和其他文化事业，开展群众性的文化活动。"这些规定是为了提高全国人民的科学文化水平、普及科学文化技术知识，加强社会主义精神文明建设而作出的。这些规定不仅为著作权法确立促进社会主义文化和科学事业的发展与繁荣的宗旨提供了法律依据，而且为保证社会公众在版权法中的利益提供了法律依据。它使我们认识到："在我们国家，广大的文学、艺术和科学作品的作者，也属于劳动群众的一部分，他们创作作品是为了积累和传播知识，其利益与公众利益是一致的。社会主义文化与科学事业的发展

---

① 《出版管理条例》第二十五条.

与繁荣，仅依靠少数文学、艺术和科学作品的创作者与传播者是远远不够的，需要全社会的共同努力。要提高全民族的科学文化水平，就必须为广大公众利用文学、艺术和科学作品提供方便条件，即要提供外部条件。”①

除此之外，宪法还规定了公民的基本权利，在第二章“公民基本权利和义务”中，对公民的各项基本权利作了详尽的规定，包括公民的政治权利和自由、人身权利和自由、宗教信仰自由以及经济、文化和社会权利。与版权法有关的主要有第三十五条、第四十六条、第四十七条及第五十一条。其中，第四十六条规定：“中华人民共和国公民有受教育的权利和义务。”我国2004年修订的《宪法》还有一个鲜明的特色，就是人权第一次被明确写入我国《宪法》。《宪法》第三十三条第三款规定：“国家尊重和保障人权。”公民的基本权利是公民生存和发展所不可或缺的权利，而人权是人所固有的权利，是人区别于其他动物、具有独立人格和人的尊严的必然要求。正是由于基本人权的这些属性，基本人权被认为是宪法追求的最终目标。②1948年，联合国大会正式通过了《世界人权宣言》，1966年又一致通过了《公民权利与政治权利国际公约》、《经济社会和文化权利国际公约》，这两项人权公约与《世界人权宣言》一起被誉为“世界人权宪章”。联合国1966年12月16日通过了《经济、社会、文化权利国际公约》，其文化方面的主要内容为：“人人有权参加文化生活、享受科学进步及其应用所产生的利益，对其本人的任何科学、文学或艺术作品所产生的精神和物质上的权利；享受被保护之利益。”③我国分别于1997年和1998年签署了这两项人权公约。

在我国，生存权和发展权被认为是首要的人权，是享有其他人权

① 金眉，张春莉，蔡体法. 著作权法原理. 南京：南京大学出版社，1994：62.

② 陈颖洲，徐钝. 基本人权：宪法之终极追求. 安徽农业大学学报：社会科学版，2003（6）：47－51.

③ 《经济、社会、文化权利国际公约》第十五条. 联合国大会1966年12月16日通过.

的基础。所谓生存权，是指在一定社会关系中和历史条件下，人们应当享有的维持正常生活所必须的基本条件的权利。它不仅指个人的生命在生理意义上得到延续的权利，而且指一个国家、民族及其人民在社会意义上的生存得到保障的权利；不仅包含人们的生命安全和基本自由不受侵犯、人格尊严不受凌辱，还包括人们赖以生存的财产不遭掠夺、人们的基本生活水平和健康水平得到保障和不断提高。所谓发展权，是生存权的延伸，是个人权利和集体权利的综合。作为个人权利，发展权是指国际人权文书确认的各种权利的总和，即每个人和所有人民有权参与、促进并享受经济、政治、文化和社会发展；作为集体人权，则是指各国特别是发展中国家在经济、政治、文化、社会等方面获得进步与发展的权利。①

依据宪法对公民基本权利和人权的规定，《著作权法》将这些规定内含的要求进行了具体化和规则化，为社会公众真正享受基本人权、参与文化生活提供了合理的自由空间。《著作权法》规定了在指明作者姓名、作品名称以及不侵犯著作权人和著作权相关权人其他权利的情况下可以不经著作权人许可，不向其支付报酬的合理使用制度，以及只需支付报酬，可以不经著作权人许可而使用的法定许可制度，保障社会公众上述权利的实现。我国《著作权法》第二十二条规定了下列情况下适用合理使用制度：（一）为个人学习、研究或者欣赏，使用他人已经发表的作品。（二）为介绍、评论某一作品或者说明某一问题，在作品中适当引用他人已经发表的作品。（三）为报道时事新闻，在报纸、期刊、广播电台、电视台等媒体中不可避免地再现或者引用已经发表的作品。（四）报纸、期刊、广播电台、电视台等媒体刊登或者播放其他报纸、期刊、广播电台、电视台等媒体已经发表的关于政治、经济、宗教问题的时事性文章，但作者声明不许刊登、播放的除外。（五）报纸、期刊、广播电台、电视台等媒体刊

① 生存权和发展权是首要的基本人权——中国对人权的基本观点之四. 人民日报, 2005-06-27.

登或者播放在公众集会上发表的讲话，但作者声明不许刊登、播放的除外。（六）为学校课堂教学或者科学研究，翻译或者少量复制已经发表的作品，供教学或者科研人员使用，但不得出版发行。（七）国家机关为执行公务在合理范围内使用已经发表的作品。（八）图书馆、档案馆、纪念馆、博物馆、美术馆等为陈列或者保存版本的需要，复制本馆收藏的作品。（九）免费表演已经发表的作品，该表演未向公众收取费用，也未向表演者支付报酬。（十）对设置或者陈列在室外公共场所的艺术作品进行临摹、绘画、摄影、录像。（十一）将中国公民、法人或者其他组织已经发表的以汉语言文字创作的作品翻译成少数民族语言文字作品在国内出版发行。（十二）将已经发表的作品改成盲文出版。《著作权法》的这些规定保证了宪法规定的公民自我学习、研究的权利、受教育的权利以及参与社会文化生活的权利。该法在第二十三条、第三十二条、第三十九条、第四十三条规定了“法定许可”制度，第二十三条规定：“为实施九年制义务教育和国家教育规划而编写出版教科书，除作者事先声明不许使用的外，可以不经著作权人许可，在教科书中汇编已经发表的作品片段或者短小的文字作品、音乐作品或者单幅的美术作品、摄影作品，但应当按照规定支付报酬，指明作者姓名、作品名称，并且不得侵犯著作权人依照本法享有的其他权利。”第三十二条第二款规定：“作品刊登后，除著作权人声明不得转载、摘编的外，其他报刊可以转载或者作为文摘、资料刊登，但应当按照规定向著作权人支付报酬。”第三十九条第三款规定：“录音制作者使用他人已经合法录制为录音制品的音乐作品制作录音制品，可以不经著作权人许可，但应当按照规定支付报酬；著作权人声明不许使用的不得使用。”第四十三条规定：“广播电台、电视台播放已经出版的录音制品，可以不经著作权人许可，但应当支付报酬。当事人另有约定的除外。具体办法由国务院规定。”这些规定有利于国家教育事业的发展，也有利于作品的广泛传播，进而有利于保证公民自我学习和参与社会文化生活的权利。

宪法诉讼制度是公民的宪法权利受到侵犯时的最终保障途径，宪法规定的基本权利分为两类：一类是可以具体化为许多下位权利的基本权利，这类权利可以通过普通法律来保护；另一类基本权利具有抽象性，如受教育权，这类权利受到侵犯时就必须通过宪法诉讼来解决。宪法诉讼被认为是保障宪法权利的最终屏障，如果公众在宪法上的与版权有关的权利能通过宪法诉讼加以最后的保证，那么版权法中的公共利益就能够得到彻底的保护。

我国在传统上认为，宪法所确认的公民的基本权利要通过普通法律的具体化和实施得以实现和保护，如果普通法律没有规定，并不能直接依据宪法进行诉讼。但我国法学界已经在呼吁建立宪法诉讼制度，而且，2000 年北京徐 × 诉燕莎中心凯宾斯基饭店歧视案、2001 年山东齐 × 苓受教育权案以及 2003 年安徽乙肝歧视案等关于宪法权利的诉讼，已经向我们投来了宪法诉讼的曙光。

第三节　版权公共利益的经济社会基础

知识经济是一种全新的经济形态，其自身发展的特点和要求为版权公共利益的实现提供了前提和条件。联合国国际经济合作发展组织（OECD）于 1996 年首次在国际组织文件中使用了“知识经济”概念。在 OECD 发表的一份题为《以知识为基础的经济》（*The Knowledge-based Economy*）的报告中，对知识经济的定义是：建立在知识和信息的生产、分配和使用之上的经济。[①] 知识经济是以知识资源为基础的一种经济形态，是一种以知识为主导的经济，从知识经济作为一种经济形态来讲，知识经济具有区别于传统的各种经济形态的自身特点，主要包括：①在知识经济中，知识成为起主导作用的生产

① OECD. The Knowledge-based Economy. OCDE/GD(96)102. [2006 - 02 - 02]. http://www.oecd.org/document/14/0,2340,en_2649_201185_1894478_1_1_1_1,00.html.

要素，其他生产要素都必须靠知识来更新、来装备。②知识经济是一种知识型资本经济。在知识经济社会，起主导作用的资本不再是农业社会的土地和工业社会的金融资本，而主要是知识资本。③知识经济以科学技术的研究开发为基础。而从经济本源角度考察，知识经济具有脑力劳动者是劳动主体、创造性脑力劳动是核心动力、智力资源是主要资源三个本质特征。[①] 在知识经济的社会形态中，由于知识在经济发展中的核心和主导作用，知识的权利特征被充分显现。知识如其他资源一样，在经济时代成为财富的主要组成部分，在知识经济时代，"知识就是财富"完全彰显了它的实质内容。

知识产权在本质上体现了知识作为资源的归属问题和保护问题，知识产权是一种对知识生产、传播的激励、调节和规范保障机制，也正是在这个意义上，知识产权与知识经济密切联系在一起，知识经济时代才被称为知识产权时代。版权法是知识产权法的一种，它是调整作品的生产、传播和使用的法律，而作品是知识的重要承载体，所以，在知识经济中，版权有着它独特的作用。版权制度在知识经济发展中的作用机制表现在版权制度通过对知识产品有效的产权制度安排，为版权人提供创新的激励和动力，并使知识产品从生产者通过传播者迅速到达使用者，从而通过知识产品的快速市场流转实现知识投入的回报，达到科技创新的不断发展。版权制度主要通过对知识产品的产权界定和产权交易规制来实现其在知识经济中的作用。与其他政府资助或社会组织资助的科技奖励对智力劳动投入者的奖励不同，版权对智力劳动投入者的激励是通过法律手段、用立法形式确定智力劳动投入者对其智力投入的权利，从而使智力劳动投入者得到更加高效、成本更低的保护。版权法授予智力劳动投入者许可他人或禁止他人使用自己的智力劳动成果的权利，保证智力劳动投入者在一定时间范围内收回自己的成本，并得到经济上的回报。版权法不仅通过界定智力劳动投入者对智力劳动成果的产权来保护智力劳动投入，还规定

① 林志春．知识经济本质探源．光明日报，2000－09－15．

了产权的交易方式，以保证智力劳动投入者可以通过市场交易实现智力劳动成果的价值。版权法主要是通过规范智力劳动成果的许可使用来实现产权交易的。[①] 知识经济与版权法的紧密联系，不仅在于版权制度在促进知识经济的发展过程中起着重要的作用，还在于知识经济本身的特点要求也影响着版权法。知识经济促使和要求版权法公共利益目标的实现。

首先，知识经济的发展必然促进科学文化事业的繁荣发展。知识经济鼓励人作为智力劳动主体充分发挥创新能力，为社会创作出更多有用的智力产品，广大作品创作者、传播者的积极性被充分调动起来。同时，在知识经济时代，以知识为基础的高科技产业得到蓬勃发展，也必然导致知识产品的大量生产，从而促使社会科学文化事业的繁荣发展。版权法要实现的推动科学文化事业有序繁荣发展的公共利益目标，得到了知识经济社会的内在推动。

其次，知识经济时代要求政府为公民的自我学习和终身学习提供良好的外部条件。知识经济时代，知识是起主导作用的生产要素，其他生产要素都必须靠它来更新，起主导作用的资本也不再是农业社会的土地和工业社会的金融资本，而主要是知识资本。但人作为知识的能动载体，作为知识的创造者、传播者和应用者，才是知识经济的主导者。知识经济是否能够真正得到发展，最终取决于人才的数量与质量。在知识经济时代，要求人具有创新意识、创新思维和创新能力。所以，对于每个人来说，知识经济时代就是要不断学习、终身学习的时代，终身学习成为知识经济时代社会发展和人的发展的必然要求。[②] 在这个意义上，对于一个国家来说，知识经济就是教育经济，

---

① 吴汉东，胡开忠．走向知识经济时代的知识产权法．北京：法律出版社，2002：36－37.

② 路甬祥．面向知识经济培养创新人才——读《院士成才启示录》．人民日报，2003－05－08.

21世纪教育的一大特征就是自我学习和终身教育，[①] 政府要为公民提供良好的受教育和自我学习的条件，包括学校正式教育和学校外非正式教育以及自我教育的条件。目前，包括学校教育、成人教育、远程教育等各种形式的教育服务为公民实现终身学习提供了条件，图书馆等提供公益性文献信息服务的机构在传播知识、培养人才等方面也起着独特的作用。图书馆丰富的文献资源和良好的设施已经使其成为现代社会人们终身学习的重要场所。随着信息网络的普及，家庭也成为人们自我学习、终身学习的地方。版权在建立终身教育服务体系中扮演着重要的角色，因为版权的客体——作品是自我学习、终身学习所需的重要学习资源。要使公民可以进行自我学习和终身学习，就必须确保每一位公民可以公平地、便利地获得学习资源。这就要求版权法既要做到有利于鼓励知识的生产，又要能促进知识的广泛传播；同时，保证公民出于自我学习、自我研究目的合理使用作品的权利，以及教育机构和图书馆等提供自我学习、终身学习条件的机构能够在提供终身教育服务过程中享有对作品进行合理使用的权利。

和谐社会也要求版权法追求公共利益目标，要求版权法具体规则的制订和实施要维护公共利益。和谐社会就是人与自然之间、人与人之间、人与社会之间、社会各系统之间和谐发展的社会。和谐社会并不是一个当代才有的概念，其实，在历史上，很多人都提出过和谐社会的理念，也是历代很多仁人志士所追崇的理想社会。《左传·襄公十一年》写道："八年之中，九合诸侯，如乐之和，无所不谐。"[②]儒家在《礼记·礼运》中也勾画了一幅人人友爱、富庶安康的和谐社会的景象，在和谐社会中，人与人之间诚信友爱、协调发展。虽然由于社会分工和社会阶层的不同，人与人之间存在着利益、偏好、文化背景、价值取向等等的差别，但每个人都处在整个社会结构中，更多

① 杨福家院士在中国科协二OO一年学术年会上说知识经济就是教育经济．光明日报，2001-01-09.

② 邓伟志．"和谐社会"浅说．上海大学学报：社会科学版，2005（2）：5-13.

的是相互平等、相互依赖的关系。从利益关系方面讲，人与人之间、群体与群体之间的利益有相容互补的一面。在和谐社会中，通过制度的调整和协调，使社会利益总量增加，社会成员间的利益分配达到平衡，从而实现人与人之间的协调发展。人与社会的和谐，就是在和谐社会中，社会通过各种制度保障每个人利益的实现，而每个人都能将自己的个人利益融入社会整体利益，将增进社会整体利益作为自己的目标，在追求个人利益的过程中不损害他人利益和社会整体利益。和谐社会还要求社会各系统的协调发展，主要是物质文明、精神文明、政治文明的协调发展。党的“十六大”报告中将“社会更加和谐”作为“全面小康社会”建设的重要内涵；中共十六届四中全会又明确提出，要“不断提高构建社会主义和谐社会的能力”，并把它作为党提高执政能力的重要内容。把社会和谐作为一种价值取向和国家政策体系中的重点政策加以确立和推行，对实现我国向社会发展的更高层次推进，具有深远的意义。

和谐社会的构建的根本着眼点是人，以促进人的全面发展为基础。构建和谐社会，坚持以人为本，要求不仅要发展经济，不断满足人们日益增长的物质文化需要，而且要相应提高人自身的各种素质，同时在体制上保障人民群众参与政治生活和社会生活权利的实现。① 人的全面发展是建设和谐社会的根本出发点，而在促进人的全面发展方面，和谐社会要求特别关注弱势群体的全面发展和利益。弱势群体在实现全面发展过程中，在获取发展资源、发展机会等各方面都相对处于弱势地位。只有给予弱势群体特别关注，通过各种制度保障他们获得发展的条件，才能真正实现所有人的全面发展。

和谐社会的建设、人的全面发展还要求不断发展先进文化、推动精神文明的建设。文化是一个民族的灵魂。文化建设，就是一个民族的灵魂的建设、精神世界的建设，先进的科学文化可以增加人们的知识、增强人们的精神力量，而落后文化和腐朽文化则会腐蚀人们的思

① 常修泽．和谐社会的价值、特征和构建思路．人民日报，2005－03－08．

想、破坏社会的和谐与健康发展。[①]

和谐社会无疑是法治社会，法律在建设安定有序的和谐社会的过程中发挥着调处、惩治、宣传、服务等功能，法治社会应该是和谐社会的基础。[②] 和谐社会的实现要求包括法律制度在内的社会各种制度安排必须具有合理性、必然性，达到人们对这些制度优越性的认同，要求各种制度能够代表所处社会系统中的绝大多数人的利益，并能较好地平衡社会各方利益，能够代表先进的生产力水平，能有效地调动劳动者的生产积极性。[③] 和谐社会是以人为本的社会，人的全面发展要求在法律许可的范围内为公民的自由发展提供最大的空间。[④]

版权法在构建和谐社会中发挥着非常重要的作用，作为科学文化领域的一项重要的法律，它以促进科学文化的繁荣发展为目标，运用知识产品的产权界定和产权交易机制最大限度地激活潜藏在广大社会公众中特别是智力劳动者的创作能力，鼓励积极参与文化生活，创作对社会有用的作品，为人们的发展提供精神食粮。版权法还鼓励作品的广泛传播，推动版权产业的繁荣发展，创造巨大的经济效益，推动社会生产力的发展。在和谐社会中，版权法要做到在追求经济效率的同时实现社会公平，实现利益调整和分配上的公平，利用权利限制机制调整版权法所涉及的各方利益关系，达到各方利益的平衡。同时，版权法作为和谐社会中一部具有正当性的法律，还要关注到弱势群体的文化权利。

计算机信息网络的发展和普及为版权公共利益的实现提供了技术条件。计算机信息网络技术和网络信息资源为自我学习提供了前所未有的便利条件，也为图书馆等信息服务机构的信息资源共享提供了技

---

① 严昭柱．先进文化：构建社会主义和谐社会的精神支撑．求是，2005（8）：47－50.

② 陈明甫．为构建社会主义和谐社会提供法律保障与法律服务．中国司法，2005（6）：6－7.

③ 陈正良．略论社会主义和谐社会的构建．理论探讨，2005（1）：7－9.

④ 郭庆珠．建构和谐社会的法律理念．法制日报，2005－03－17.

术支持，同时，利用信息网络技术，使社会公众获取知识、信息的成本减少、机会增多。

计算机信息网络的迅速发展，为公民的自我学习提供了广阔的空间和便利的条件，计算机信息网络也逐渐成为人们方便地获取信息的重要渠道。信息技术革命席卷全球，目前世界上大多数国家都在发展信息网络技术。近几年来，我国的计算机信息网络发展势头迅猛。根据中国互联网络信息中心（CNNIC）在2006年1月17日发布的《第十七次中国互联网络发展状况统计报告》，截至2005年12月31日，我国上网用户总数达1.11亿人，使我国网民数和宽带上网人数均位居世界第二。[①] 根据该中心2009年1月发布的《第二十三次中国互联网络发展状况统计报告》显示，截止2008年底，我国的互联网普及率达到22.6%，网民规模达到了2.98亿人，已经超过美国，成为全球第一；中国的域名总量达到16826198个。[②] 根据CNNIC 2006年3月发布的《2005年中国互联网络信息资源调查报告》，我国网站数量近些年来逐步上升，域名、网页、在线数据库、网站信息提供等方面显示出了强劲的增长势头。网络信息资源在数量、质量和服务上取得了较大进步，互联网信息资源总量继续保持快速增长，在线数据库总体数量也呈增长态势，到2005年达到了近29.54万个，[③] 表明在线数据库的市场需求快速增长，人们越来越多地使用在线数据库来进行信息检索与挖掘，使之服务于自己的工作和生活。政府网站更加注重网站的信息建设，不但加大了自己采集的网站信息比例，还增强了网上信息检索和网站导航服务。企业网站和商业网站注重并增强了信息服务的内容；企业网站除了主要提供企业介绍和产品/服务介绍外，

① 第十七次中国互联网络发展状况统计报告．[2006－02－01]．http://www.cnnic.net.cn/html/Dir/2006/01/17/3508.htm.

② 第二十三次中国互联网络发展状况统计报告．[2009－09－01]．http://www.cnnic.net.cn/index/0E/00/11/index.htm.

③ 2005年中国互联网络信息资源数量调查报告．[2007－02－01]．http://www.cnnic.net.cn/download/2005/20050301.pdf.

还在网站上扩充或增设了服务信箱和产品查询功能，用以提高服务质量；商业网站则加大了新闻、教育、房地产等信息的提供力度，借以吸引更多的点击率；教育科研网站除主要提供学校介绍、院系介绍和学校新闻等信息外，虚拟社区/BBS 的交互性服务也比较活跃。在计算机信息网络提供的便利条件下，广大网民选择利用信息网络进行自我学习，以更新知识、提高能力。根据 CNNIC 发布的《第 17 次中国互联网络发展状况统计报告》，70.5% 的网民在家里上网，39.8% 的网民经常性地使用网络进行获取信息（产品服务查询、工作信息查询、医疗健康服务查询、政府信息查询等），14.1% 的网民参加了网上教育，49.9% 的网民认为当前互联网对学习有较大帮助。从这些统计数字可见，人们已经越来越认识到计算机信息网络对于自我学习的方便性，自我学习也在计算机信息网络的快速发展下成为人们学习的重要方式。自我学习是自我发展的重要保证，而自我发展已经被当做一种重要的人权，版权法应尊重社会公众自我学习、自我发展的权利，为自我学习、自我发展留出合理使用的空间。

计算机信息网络使信息的流动更加广泛、快速、自由，社会公众获取信息的成本降低，公众的信息获取权得到更好的保障。本书第一章在论述信息获取权时，认为公众自由、平等地获取信息已经成为一项基本权利。联合国教科文组织将自由、普遍获取信息作为一种基本人权加以确定，认为人们有自由参加社会文化生活、分享艺术和科学进步带来的利益的权利。公民的信息获取权是指公民依法获取政府信息、其他公共机构的信息、企业信息等依法应予公开的信息内容的权利。目前，美国、英国、加拿大、韩国、日本、墨西哥等国家都制定了保障公民依法获取政府信息的法律，如美国和英国的《信息自由法》、加拿大的《信息获取法》、日本和墨西哥的《信息公开法》、韩国的《公共机构信息公开法》，我国香港特别行政区也颁布了《信息公开守则》。这些法律的制定保证了该国或地区的人们知情权和信息获取权的有效实现。目前，各国政府正在充分利用先进的信息技术，改进政府信息发布和提供的方式，使政府与社会公众之间、政府部门之间通过信息网络相互沟通，让社会公众对政府信息的获取更加方便。“电子政府”、“数字政府”已经成为世界性的潮流，我国把1999年定为“政府上网年”，开始实施“政府上网”工程，以推动各级政府部门为社会服务的公众信息资源汇集和应用上网，实现信息资源共享，全面推进国民经济信息化。不仅是政府，其他公共机构如气象部门、图书馆、商家等也纷纷运用计算机信息网络技术建立自己的门户网站，提供本部门、单位或企业的产品信息、服务信息或其他信息，只要拥有计算机网络设备，人们便可以足不出户地获取这些信息。网络搜索引擎、信息集成等计算机信息网络技术使网络用户查询和获取所需信息更加便捷，大大降低了公众获取信息的时间、人力、财力成本。计算机信息数字化技术、存储技术和网络通讯、传输技术，也为图书情报部门的文献信息共享扫清了技术上的障碍。长期以来，图书情报部门致力于文献信息的共享，并将此作为图书情报界追求的重大目标，以为用户提供更加丰富的文献资源。

总之，公众的信息获取权已经成为一项基本权利，对信息的获取和利用已经成为人们发展的必不可少的条件。计算机信息网络使各类信息更加广泛、快捷地流通，信息交流与共享也在技术的支持下变得更加可行，社会公众的信息获取权得到了技术上的保证。版权法在调节知识、信息的生产、流通过程的法律关系时，要充分考虑计算机信息网络的特征，允许其最大限度地为人类发展发挥效用，保证公众享有信息技术带来的各种好处和利益。

当代经济社会的两大特征——知识经济和和谐社会都要求版权公共利益的确立，而计算机信息网络技术无疑促进了版权公共利益的实现。版权法要顺应时代特征和要求，建立和维护好实现版权公共利益的机制。

第三章　版权制度变革对公共利益的影响

第一节　版权制度的变革

一、版权保护的国际一体化

目前，国际版权制度正进行着一场变革，这场变革主要有两大诱因：一是发达国家新的版权主张；二是信息网络技术对版权法的影响要求版权法作出调整和应对。前者的直接作用是导致了国际版权保护的一体化和保护水平的强化，它的更本质的经济原因是全球经济一体化。后者也在一定程度上促使国际版权保护的合作与协调，但它对版权制度的更大影响在于它催生了新的版权保护客体，新的传播方式和使用方式，使版权保护的具体原则和规则发生了变化。

先说影响版权法变革的第一大因素。从政治经济学的角度来说，目前的国际版权制度是资本主义扩张的结果，世界贸易组织主持签署的、象征全球知识产权保护走向一体化的《与贸易有关的知识产权协议》被认为是资本主义权力的延伸和剥削的工具。资本主义扩张是资本主义国家采取军事、政治和经济等手段，占领、奴役和剥削弱小国家和落后地区，将其变为殖民地半殖民地的侵略政策。在资本主义发展的不同时期，其扩张有不同的表现形式。在资本原始积累时期，大都采取赤裸裸的军事手段，武装占领他国领土，拓展自己的版图和势力范围；在自由资本主义时期，资本主义的扩张主要采取

"自由贸易"的形式，把不发达国家和地区变为自己的商品销售市场、原材料来源地、投资场所以及劳动力的来源地；资本主义发展到了帝国主义阶段，除了采取上述各种手段外，资本输出成为资本主义国家剥削其他国家和地区的主要形式。第二次世界大战后，亚非拉地区民族解放运动高涨，大批亚洲、非洲、美洲国家获得独立，摧毁了帝国主义的殖民体系。奉行殖民主义政策的国家，转而采取间接的、比较隐蔽的、更具欺骗性的形式来维护和谋求殖民利益。文化殖民主义就是资本主义国家在军事入侵和经济掠夺之后，采取的更为隐蔽的、更具潜在杀伤力和破坏性的殖民手段。文化殖民主义者凭借其在国际社会中的经济、政治主导地位，强行推销自己的文化产品和价值观念，在文化和思想上影响、同化他国的文化现象，通过倾销自己国家的思想、精神和价值观，影响、诱惑和说服他国的民众相信和赞同某些行为准则、价值观念和制度安排。文化殖民主义采取的重要手段就是文化输出，版权法是规范信息产品生产、交易的主要法律形式，所以，在世界贸易组织的谈判过程中，以美国为首的发达国家坚持将知识产权与贸易进行关联，制订信息产品国际知识产权保护的统一标准，以实现信息产品的自由贸易，通过版权贸易逆差达到向其他国家进行文化渗透和文化殖民的目的。

版权保护的国际一体化不仅是发达国家对其他国家和地区进行文化殖民的要求，还是发达国家经济发展的战略要求。20 世纪 90 年代以来，借助信息技术的推动，西方发达国家开始由工业化阶段向信息化阶段迈进，经济增长中的技术、知识含量增加，促进了生产效益和劳动生产率的提高。信息技术广泛应用于传统产业的革新和改造，产业结构迅速升级，以信息技术产业为主的高技术产业在产业结构中占据主导地位。同时版权产业由于其知识密集性、高附加值等特点在发达国家受到了较高的重视，这些国家为了保护版权产业，都建立了对图书、报刊、录音录像、影视、广播、计算机软件等强有力的本土化版权保护制度。以美国为例，美国在 1790 年制定了第一部联邦《版权法》，到 1909 年进行了第一次大的调整，形成 1909 年《版权法》，

1976年《版权法》是美国目前正在适用的版权法。从1790年《版权法》到1976年《版权法》之间的种种变化，集中体现了美国历史上三次革命性的技术进步，也反映出了美国版权法在保护对象、保护水平上的三次跨越。在保护客体范围上，1790年《版权法》的保护范围仅限于书籍、地图、海图、期刊方面，而在此后的一百多年里又陆续增加了雕刻、照片、绘画、模型以及曲谱等项目。1909年的《版权法》，受保护的客体被扩大到了十一大类。1976年的《版权法》，没有采取列举式的方法列出受保护的对象，而是用模糊的语言描述了七种可以受到版权法保护的作品的各自特征，以保证该法对保护对象的扩展性。[①] 在版权保护期限上，美国版权法经历了从短到长的演变过程。1790的联邦《版权法》，规定了14年的初始期限，如果在初始期限结束时作者仍然在世，则再加上一个同样长的续展期限；1831年初始期限延长到28年，1909年续展期限也延长到28年。1976年《版权法》从固定期限转变为可变期限，保护期限为作者有生之年加死后五十年，而1998年通过的《索尼·波诺版权期限延长法案》（*Sonny Bono Copyright Term Extension Act*，CTEA法案）将保护期限在1976年《版权法》的基础上延长了20年。信息技术的飞速发展，对传统版权体系带来了巨大的冲击和影响，为扩大版权保护范围，及时将数字技术、网络技术对版权作品创作、传播的影响纳入法律框架之中，1998年美国颁布了《数字千年版权法》，规定了若干新型侵权行为责任及限制等。美国本土强有力的版权保护政策大大刺激了其国内版权业的发展，20世纪80年代以来，美国的版权产业获得了巨大的发展，并逐渐成为世界上最大的版权产品出口国。美国国际知识产权联盟2005年11月发布的《美国经济中的知识产权产业》报告中称：目前版权和专利产业是美国经济的最重要的推动力，分别占美国私有产业增长总值和美国出口产品和服务增长总值的40%和60%左右；如果没有这些产业，美国近10年的GDP增长

① 李响．美国版权法：原则、案例及材料．北京：中国政法大学出版社，2004：8.

总值将比目前低 30%。[①] 关于知识产权对美国的影响，时任美联储主席的格林斯潘说："当美国产品的概念化变得如此显著时，与保护知识产权相关的问题开始被看做法律和商业不确定性的重要来源。"[②] 当知识产权在经济增长中的作用越来越明显时，美国知识产权产业对政府提供强有力的法律保护和有效的执法措施的需求就越高。

版权产业优势不仅要求对版权的本土化保护，还要求其他国家和地区也对来自该国的版权产品进行保护，这种一体化版权保护的要求是以双边版权条约开始的。1852 年，作为当时最大的版权出口国之一的法国决定对所有外国作品提供版权保护，无论该作品的来源国是否对法国的作品提供版权上的互惠待遇，这一允许外国出版商在法国境内收取版税的决定激发了他们支持本国与法国之间签订版权双边协议，法国借此与其他国家签订了一系列的版权双边协议。19 世纪，另一个版权出口大国——英国，在同欧洲大陆国家签订版权双边协议方面也取得了重大进展。1891 年，迫于英美出版商的压力，美国国会通过了《蔡斯法案》，赋予外国公民的作品以法律保护，同时要求这些国家必须让美国公民享受与其本国公民相同的待遇。尽管双边协议为文学和艺术作品的统一版权保护提供了一种途径，但双边协议的缺点是显而易见的，不足之一是其条款变化无常，致使出版商不得不逐一分析一国作品在其他国家是否能得到保护以及保护程度如何；另一个不足是此类协议往往都包含一个最惠国条款，因此双边协议的一方与其他国家签订一个新的版权双边协议，其版权保护的水平就会发生一次变化。[③] 所以，版权产业发达的国家都主张建立一个更大范围的版权保护统一标准。19 世纪，西欧尤其是法国涌现出了许多著名

① New Economic Report by NBC Universal Shows Critical Importance of the Intellectual Property Industries to the U. S. Economy. [2006 - 02 - 12]. http://www.iipa.com/.

② 转引自美国 GDP 日益概念化提问知识产权保护平衡点. 21 世纪经济报道，2003 - 12 - 22.

③ (美) 保罗·戈尔斯坦. 国际版权原则、法律与惯例. 王文娟，译. 北京：中国劳动社会保障出版社，2002：17.

文学家、艺术家，使他们所在国的文学艺术事业较其他国家繁荣，这些文学家、艺术家的作品流传到世界各地，由此，这些国家开始重视版权的国际保护。1878 年，在雨果的主持下，在巴黎召开了世界文学大会，成立了世界文学艺术联合会，这一大会的召开被认为是制定统一版权法的起始性标志。1883 年，该协会将一份由十个条款组成的国际版权公约草案交给瑞士政府，瑞士政府于1886 年 9 月 9 日在伯尔尼举行大会予以通过，定名为《保护文学和艺术作品伯尔尼公约》（*Berne Convention for the Protection of Literary and Artistic Works*，简称《伯尔尼公约》）。在英国、法国、德国、意大利、瑞士、比利时、西班牙、利比里亚、海地和突尼斯十国签署后，该协议于 1887 年 12 月 5 日正式生效。一百多年后，经济发达国家为提高《伯尔尼公约》和其他知识产权公约的最低保护标准，为了使本国的知识产权产业可以在全球得到有效保护，西方发达国家在世界贸易组织乌拉圭回合中主导制定了《与贸易有关的知识产权协议》（TRIPS），将版权、邻接权、专利、商标、商业秘密等知识产权的客体全部纳入了该协议，而且规定了详细的争端解决机制，保证了该协议的实施效力。WTO 成员国的广泛性使该协议最终成为国际版权和邻接权统一标准，WTO 成员国都有义务通过国内法全面实施该协议。

二、版权保护的强化

知识产权保护一体化通常会导致知识产权保护程度的强化，将知识产权一体化与一国独立制定知识产权政策相比，允许各个国家独立地制定知识产权政策，会导致知识产权国际保护的非效率，知识产权保护一体化可以解决这一问题，但又会导致不均衡和版权保护的强化。[①] 发达国家国内要求对版权提供高水平的保护是其国内版权产业的游说所致，并非该国国内各方利益的整体诉求。在美国，出版商协会、电影工业协会和唱片业协会与国会的关系，远比其他利益集团如图书馆界、教育界更加密切。在这一点上，甚至WIPO也受到了批评："在多数情况下，世界知识产权组织只考虑那些寻求新的或者增强的知识产权保护者的利益。在版权委员会中，委员们几乎不考虑表演者、作者、教育者、学生和消费者的权益。同样，当专利委员会讨论未来工作时，也只注重专利持有者的态度。世界知识产权组织应该改变这种狭隘的观念，转而考虑一个更广泛的利益体的权益，并促使他们更积极有效地参预世界知识产权组织的工作。"[②] 在西方发达国家版权产业的推动下，这些国家不断推动国际版权保护的加强，将版权政策作为外交目标和策略，为他们国内的作品和版权产业创造更广泛、更高水平的版权保护。但是，对版权寻求高水平的保护，并没有因为TRIPS的签订而终止，事实上，即使在TRIPS协议达成之后，美国仍然利用其"特别301条款"的双边措施，迫使其他国家加强对美国版权的保护。[③] 而且，就TRIPS本身而言，它虽然为全球知识产权保护设定了一个统一的最低标准，但仍然不能阻止美国国内知识产权保护水平的抬高，TRIPS最终成为美国国内知识产权产业掠夺全球财富的工具。[④]

关于致使版权制度发生变革的第二大因素——信息技术对版权制度的影响，是一个比较传统的问题，因为版权法与技术发展之间向来有着紧密的关系。在知识产权各具体法律中，商标、专利、商业秘密

① Suzanne Scotchmer. The Political Economy of Intellectual Property Treaties. *The Journal of Law, Economics, & Organization*, 2004, 20 (2): 415 – 437.

② 许国平. 发展中国家提出改革世界知识产权组织的综合计划. [2005 – 12 – 10]. http://www.twnchinese.org.my/wto/cureent/developing137.html.

③ Richard V. Adkisson. Globalising Intellectual Property Rights: The TRIPS Agreement. *Journal of Economic Issues*, 2003, 37 (3): 836.

④ Keith Aoki. Notes Toward a Cultural Geography of Authorship. *Stanford Law Review*, 1996, 48 (5): 1293 – 1355.

与技术发展的关系都不如版权法来得密切，可以说，版权法发展的每一步都留下了技术发展的烙印。根据传播技术发展的历史，有学者将版权法的发展分为两个发展时期，即印刷版权时期和电子版权时期，认为自15世纪活字印刷术问世以来，兴盛的出版业最终推动了近代意义的版权制度的诞生；而从19世纪末至今，留声机、广播、电视、录像机、录音机、电缆等现代传播技术的发展，逐渐丰富了版权的保护客体和权利内容，对版权观念和规则产生了冲击，这一时期被称为版权制度的成熟期。[①] 每一次技术的发展和变革都会引起版权法的调整和扩充，每一次新技术的诞生，不仅会产生新的版权保护对象，还带来了对作品新的传播形式和使用形式，而后者最能触动版权人和版权相关权人的神经。在每一次新技术诞生后，版权法总要将新的作品形式纳入保护范围，并启动对版权作品的控制机制，使版权人的权利得以保障。从版权法与技术发展的互动关系的规律来看，信息技术的诞生对版权法来说并非是一个崭新的问题，而只是另一次新技术形态而已，其对版权法的影响仍然会像以往的技术一样，沿着原有的方式对版权法产生影响，促使版权法做出变动。

然而，对信息网络技术的理解并不能这样简单，这种新技术从诞生之时就呈现出不同于以往任何技术的鲜明特性。从对作品的复制来看，每一次复制技术的产生都使复制更加容易，计算机网络技术将复制作品所需时间、精力、花费都降到了最低。在手抄本时期，抄写一本书的时间需以月计；印刷技术的出现，使复制一本书只需以天计；静电复印机的出现，使复制一本书只需要以小时计；而将一本书下载到计算机硬盘上，网速快时仅需几秒，而且在没有技术限制的情况下，可以进行无限次的复制。从传播范围来讲，将一篇受版权保护的作品复制后张贴到一面墙上，只有路过此墙的人才会看到该作品；将一本书放在图书馆里，只有读者到该图书馆才能看到这本书；而将一篇作品放在计算机网络上，则可以在瞬间传播到世界上的任何一个角落，

---

① 吴汉东．著作权合理使用制度研究：北京：中国政法大学出版社，2005：222－225.

所有网民都有可能看到它。同时，信息存储技术的发展，使个人计算机硬盘容量足可以将从网络上下载下来的作品全部存储起来。可见，计算机网络使作品的传播速度大大加快，传播范围大大扩展，人们获取所需信息更为方便。但这种技术如果为盗版者所用，则极易使其成为盗版的“天堂”。正是这一点让版权人和版权相关权人深感忧虑，但信息技术同样给他们提供了保护作品的技术条件，使版权人和版权相关权人可以通过技术措施将版权作品“锁”起来，使其他人在未经许可的情况下，不能接触到作品。信息技术的发展一方面使公众可以充分共享，便利获取、传播作品；另一方面也为版权人和版权相关权人提供了保护作品的技术条件。可以说，这体现了技术的中立地位。

为了保护版权人和版权相关权人的合法权益，版权法将技术措施纳入版权权利范围，成为版权人和版权相关权人的一项新权利。1996年，世界知识产权组织将技术措施纳入《版权条约》和《录音制品条约》中，受其影响，技术措施的版权保护迅速进入各国的版权法。版权法保护的技术措施是指版权人主动采用的、能有效控制未经许可对受版权保护的作品的接触或使用的设备、产品和方法。实际上，这种划分中的预防性技术措施根据对使用者的控制程度，可以分为两种：一种是控制接触作品的技术措施，另一种是控制作品使用的技术措施。前者要求使用者满足一定的条件才能接触到作品，后者指使用者能够接触到作品，但在未满足一定条件的情况下不能继续使用，或者不能对作品进行其他操作，如复制、打印等。技术措施纳入版权法实际上是新技术条件下版权人和版权相关权人权利强化的表现，版权人和版权相关权人通过技术措施可以达到对版权作品更强的控制，技术措施的特点使其同版权法中的合理使用、表达自由、版权有期限保护等原则相冲突。

版权保护的强化不仅表现在为回应信息技术的冲击，扩展新的保护客体、增加新的权利内容上，还表现为侵权责任的加重。如在知识产权间接侵权的认定上，美国最高法院在 1984 年的“索尼案”中对间接侵权问题的处理方法和形成的认定标准，最为引人注目，并在以后的案例中被广泛引用。该案的被告日本索尼公司研制了名为Bebamax的录像机，并在美国销售。该款录像机可以用于录制电视节目，原告美国环球电影公司和迪士尼公司向加利福尼亚州地区法院起诉索尼公司，认为索尼公司的这款录像机可以被消费者用来录制原告享有版权的电影，索尼公司制造和销售这种录像机的唯一目的就是引诱购买者录制电视节目，包括原告拍摄的电影，因此索尼公司应作为“帮助侵权者”为消费者的版权侵权行为承担责任。该案的焦点之一就是索尼公司是否应当为用户使用Bebamax录像机进行的版权侵权行为负责。法院在排除了代位侵权责任之后，在索尼公司销售Bebamax录像机的行为是否构成帮助侵权的问题上出现了分歧。法院最后创造性地提出了“实质性的非侵权用途”原则，即如果一种产品的制造和销售可以被广泛地应有于合法的用途，即使制造商或销售商知道该产品可能被用于侵权用途，也不能因此推断他们具有帮助他人侵权的故意，因而不构成间接侵权。所以，1984年美国最高法院以5:4的多数对该案做出了判决，认为索尼公司出售的Bebamax录像机具有“实质性的非侵权用途”，该公司的销售行为不构成帮助侵权。该案件是自1976年美国重新修订版权法以来，最高法院第一次就“帮助侵权”问题做出的判决，该案形成的“实质性非侵权用途”标准对美国国内的其他相似类型的案件和其他国家的版权侵权案件产生了非常大的影响。而在2002年“Grokster案”中，法院又将这一判定标准进行了紧缩，对版权人进行倾斜，使提供版权产品或服务行为的风险增加。

2002年MGM（米高梅）等几家电影公司向法院起诉了从事网络电子文件P2P交换的Grokster公司和StreamCast Network公司，这是继“Napser案”后美国又一起以经营P2P软件而侵权的案例。不过，“Grokster案”所涉及的P2P软件与“Napser案”中的涉案软件在技术上存在很大的不同，Napser公司经营的P2P服务依赖于Napser掌控的一个中心服务器，用户进行文件交换必须经过这一服务器，即Napser公司完全掌控这一服务器，并可以对通过该服务器进行文件交换的行为进行监控。而 Grokster 公司和 StreamCast Network 公司为网络用户提供 P2P 技术则完全摆脱了用户对中心服务器的依赖，用户使用这两个公司提供的软件，可以不必经过服务器而直接搜索到其他同类软件用户计算机中的共享区，并下载共享区中的文件。这样一来，Grokster 公司和 StreamCast Network 公司在技术上就没有像 Napser 公司那样参与和控制用户交换文件的行为。MGM（米高梅）等电影公司向法院提起诉讼，指控 Grokster 公司和 StreamCast Network 公司在明知用户将使用涉案软件从事版权侵权活动的情况下，仍然向用户免费提供，从而实质性地帮助了用户的直接侵权行为，并从中获得了巨额广告收入，应承担侵权责任。一审、二审法院援引了“索尼案”的“实质性非侵权用途”，认为被告向用户提供的软件具有“实质性非侵权用途”，用户可以使用该软件进行无版权文件的交换和共享，所以驳回了原告要求被告承担帮助侵权责任的诉请。关于代位责任，法院认为虽然两被告从用户的直接侵权行为中获得了直接的经济利益，但被告的行为不能满足代位侵权的另外一个构成要件，即两被告没有控制和监督用户的能力，因此也不承担代位责任。最高法院认识到，如果严格依照“索尼案”确立的“实质性非侵权”原则来裁判此案，将会造成不合理的后果。认为该原则存在缺陷，因为对于产品制造商和销售商来说，证明其产品具有一种或几种实质性的非侵权用途是非常容易的事情，所以，最高法院指出，上诉法院将“实质性非侵权用途”标准解释为只要一种产品具有实质性的合法用途，制造商和销售商就可以不对第三方使用该产品进行侵权的行为负责是错误的，如果有证据证明制作者或销售者有促成他人侵权行为的言论或行为时，“索尼案”确立的规制就不能作为判定侵权的唯一标准。最高法院通过证据认为，被上诉人的宣传广告给人的印象是努力成为 Napster 公司的替代者，表明了其促成版权侵权的意图，被上诉人的广告收入主要来自于大量用户对其软件的侵权性使用，而且两被上诉人均未尝试开发过滤工具，将享有版权的音乐和电影过滤掉，更加说明了两公司协助用户进行侵权的意图。因此，两被上诉人的言行清楚地表明了他们引诱用户利用其软件进行侵犯版权的主观意图，应对用户的直接侵权行为承担帮助侵权责任。

正如有的研究人员所指出的那样，通过该案，法院对该类案件中产品或服务制作者或销售者的免责在“实质性非侵权用途”之外，附加了一个更为严格的条件，即没有促成、引诱他人侵权的主观意图，如果有证据证明制作者或销售者提供产品或服务的行为有促成、引诱他人侵权的主观状态，则构成间接侵权责任。研究人员将该认定标准称为“引诱侵权”或“诱导侵权”。[①]

版权被认为主要是一种民事权利，侵犯版权一般被要求承担民事责任和行政责任，但近年来，刑事责任被规定成为版权侵权的重要责任形式。美国司法部曾提交一项新的版权法案，来加大对盗版犯罪的处罚，扩大刑事犯罪检察官的权力并且惩罚那些“企图”实施盗版行为的人。这份提案提议设立一项称作“企图盗版罪”的新的版权犯罪名称，还授权执法者没收和销毁盗版或伪造产品，特别是音乐、电影和数字产品，也包括以盗版或伪造产品的收益购买的资产。除了可能遭受监禁外，按照新的法案规定，犯罪者还必须因为犯罪行为给版权人造成了损失而向版权人和其他任何受害者支付赔偿金。[②] 事实上，美国司法部为了打击知识产权犯罪，从 20 世纪 90 年代开始就先后设置了三个高度专业化的部门：计算机犯罪与知识产权部、计算机与电信协调员部和网络与知识产权部，负责起诉涉及计算机和知识产权犯罪的犯罪嫌疑人，利用这些机构和专职知识产权检察官对盗版软件、唱片和 DVD 等盗版产品的犯罪嫌疑人提起诉讼，近几年还着重对通过网络和 P2P 技术传播电影和音乐的行为发起了三次大规模的搜捕行动。[③] 在瑞典，2005 年 10 月法院做出了一项裁定，认定该国一名男子从网上下载了一部瑞典影片并把它制作成网络共享文件上传

---

① 王迁.“索尼案”二十年祭：回顾、反思与启示. 科技与法律，2004（4）：67.

② 美国司法部欲设“企图盗版罪”. 中国版权，2005（6）：33.

③ 胡坚. 美国保护知识产权的新动向——评美国《司法部知识产权工作组报告》. 电子知识产权，2005（5）.

到互联网上的行为，违反了该国2005年7月1日开始实施的新版权法，因此被判缴纳2000美元的罚金。法院认为，从网上下载已获授权的资料不违法，但根据新的版权法，传播这些资料属于违法行为。法官说，对非法共享文件行为的最高判罚是两年监禁，但考虑到该侵权者的动机并非谋求商业盈利，因此只对他处以2000美元的罚金。[①] 同年10月24日上午，中国香港屯门法院宣判，网名为“古惑天皇”(Big Crook)的38岁香港公民陈×明违反香港《版权条例》(*Copyright Ordinance*)，侵犯了三部电影的版权，并利用BT软件将这三部电影的非法复制品上传到互联网进行传播，对电影版权所有者造成了侵害，从而构成刑事犯罪。2004年12月8日，我国最高人民法院、最高人民检察院联合出台了《关于办理侵犯知识产权刑事案件具体应用法律若干问题的解释》，标志着我国在知识产权刑事保护方面的工作已迈上了一个新的台阶。

第二节　版权制度变革对公共利益的影响

版权国际保护一体化使各国政府认识到发展版权产业的重要性，推动一国政府给予版权产业一定的激励与优惠政策，可以促进本国科学文化事业的发达，使社会公众受益，还可以削减各国版权保护不均衡所带来的国际版权贸易的非效率。但国际版权一体化保护体系是发达国家主导建立的，发展中国家的国情和利益很少被顾及。发展中国家之所以接受国际一体化的知识产权保护，一方面是迫于发达国家施加的压力，另一方面是为了换取发达国家给予的贸易优惠。[②] 但是，

① 瑞典男子网上传播电影违反新版权法遭重罚．[2006－02－10]．http://news.xinhuanet.com/ec/2005－10/27/content_3689266.htm.

② Peter Drahos. BITS and BIPS: Bilateralism in Intellectual Property. *Journal of World Intellectual Property Law*, 2001, 4 (6): 791－808.

这样的协议一经签订，知识产权在全球各个生产领域将迅速扩散，发展中国家将承受弥补其他国家知识产品生产成本的义务，从而造成实质上的不平衡。版权方面同样如此，版权国际保护一体化实质上是发达国家为本国国内无形资本的扩张寻求国外市场。版权保护的强化虽然刺激了创作者和传播者的热情，使版权人和版权相关权人的权益得到充分保护。但更明显的是，版权人和版权相关权人在追求个人利益最大化的过程中对公共利益造成了不利影响。

一、版权期限的任意延长对公共利益的影响

在第二章，作者提到罗伯特·诺兹克（Robert Nozick），他通过案例分析，认为赋予发明者专利权并不会剥夺其他人对专利客体的占有，因为如果没有发明人，这件客体就不会存在。然而，可以假设，如果没有原发明，一段时间之后，另一个人也会发现它，从而得出专利保护的期限，即通过计算在不知道原发明的情况下，做出一项独立的发明需要多长时间，从而为发明设定一个时间限制。由此，他认为洛克的劳动财产论不但解释了为什么要对知识产权和工业产权设立有效期，而且阐明了版权为什么会比专利权有更长的权利期限。他说道，假如存在大量的、通常用于写作中的、用于表达一种思想和感情的可选表达方式，另一个人在表达时使用与原作者相同或类似语言的可能性非常之小。因此，可以假设，版权在很长一段时间内不会使他人的处境恶化，所以为版权设置了更长的保护期限。[①] 按照洛克的劳动财产理论，一个人通过劳动取得财产的一个条件是他对一件东西的财产权不能使他人的境况因这个财产权的存在而变得比现在更糟糕。根据洛克为取得财产权设定的这个条件，诺兹克认为，专利发

① H. M. Spector. An Outline of a Theory Justifying Intellectual and Industrial Property Rights. *European Intellectual Property Review*, 1989, 11 (8): 270 - 273.

明人拥有专利权不会使其他人的境遇变坏，因为如果没有专利发明人，专利就不会存在，即使有了专利权，专利人也不会剥夺其他人对该专利客体的占有，所以专利权的存在具有正当性。但是要为这个权利设定一个时间，因为即使没有这个发明人的发明，其他人在一段时间之后也有可能发现它。所以，在这段时间里，专利权人没有使他人的情况变糟，这段时间也正是专利权的保护期限。而对于版权来说，如果在表达一种思想或感情时有很多可以选择的表达方式，版权人所用的表达方式则在很长时间内不会影响其他人的表达，所以版权的保护期限要比专利更长，而这段时间也正是版权的保护期限。

解释版权期限存在原因的另外一个理论是激励论。世界知识产权组织在解释版权及相关权时就持此理论，该组织认为版权及其相关权通过予以承认和提供公平经济报酬的形式对创作者予以刺激，因而对人类创造力至关重要。这种权利制度使创作者确信在传播其作品时可不再担心遭受未经许可的复制或盗版。这反过来又能使全世界更多人享有并提高文化、知识和娱乐的乐趣。[①] 对版权期限进行解释的第三个理论就是利益补偿理论。该理论的基本含义是：创作作品的发起人、作品的创作者需要为作品的创作进行投资，而且要承担相应的经济风险，因此，授予他们对其创作和经营的作品一定期限的独占权，使他们有机会收回其投资，并获得相应的利益回报。该理论成立的基础是：给作品的创作者授予一定期限的独占权，就是对他们投资和付出的一种利益补偿，唯其如此，他们才会有动力和热情冒着经济风险进行这种投资。假如法律不能为投资者和作品的创作者对其通过投资所产生的成果授予独占权，那么根据自然人的趋利避害本能，将不会有人甘愿冒此风险进行这样的投资，从而可能导致智力开发市场之源的枯竭。一旦出现这种现象，就会导致两种不利后果：一是剽窃者可能获得不当利益；二是投资者或者创作者进行类似投资的激情受到严

① 为什么保护版权?. [2006 - 02 - 12]. http://www.wipo.int/cn/about-ip/.

重伤害，使公众失去获得更多好作品的机会。该学者还认为世界上第一部版权法——《安娜法令》就是以该理论作为其哲学基础的。也正是在该理论的支持下，英国才能从强大的印刷商或书商那里将版权还给作者。① 利益补偿论与经济激励论是一个问题的两个层面，通过建立知识产权机制，给作品的创作者授予一定期限的独占权，首先使创作者可以预期他们的投资能够为他们带来回报，就可以激励智力劳动者安心地进行智力创造活动。只有当一个制度能够使人们预期他们的努力和投资可以得到利益补偿和利益增值时，才有可能激励人们的创造热情。如果人们不能预期有这样的利益回报，就不愿意将大量的时间和精力用于创造活动。市场垄断理论也内含于利益回报说，市场垄断理论认为知识产权是给予创作者或发明者一定时期对市场进行垄断的权利，从而使创作者或发明者可以从市场收回自己的投资。

根据知识产权法定理论，知识产权是一项有时间、地域限制的权利，其保护期限始于法律规定。版权法对作品的保护期限经历了一个由短到长的过程，总体来看版权保护期限趋于逐渐延长。世界上第一部版权法《安娜法令》规定版权的保护期限为 14 年，自作品出版时起算，该期限届满时，如果作者仍然健在，版权的有效期可以再延续 14 年。美国历史上第一部版权法——《1790 年版权法案》，赋予一切书籍、地图、图表等享有 14 年的版权保护期，该期限可以延展一次。1886 年，由德国、比利时、法国、英国、意大利等 10 国签署的《伯尔尼公约》规定文学艺术作品的最低保护期限为 10 年。1908 年，该公约进行了第一次修订，实行“自动保护”原则，规定把翻译权保护期延长到与作品整个版权的保护期相同，确定了作品整个版权保护期为“作者有生之年加死后 50 年”。作为世界上最早的、最重要的版权条约，尽管 1886 年《伯尔尼公约》签署时只有法国、德国、

① 曹新明. 知识产权法哲学理论反思——以重构知识产权制度为视角. 法制与社会发展，2004（6）：60 – 71.

英国等10个国家，但是在这个公约签署以后，这些国家的殖民地国家和地区也承担了《伯尔尼公约》规定的义务，这就使该公约影响的地理跨度变得非常可观。到1989年美国被批准加入该公约时，已经有80个成员国，而到1992年我国加入时成员国范围已经扩大到95个。由于该公约巨大的影响力和影响范围，在很长一段时期内，各成员国的保护水平基本上都达到了该公约要求的最低保护标准，对作品的保护期限也适用作者有生之年加50年的规定。① TRIPS要求全体成员均应遵守《伯尔尼公约》1971年文本第一条至第二十一条及公约附录。② 在版权保护期限方面也与《伯尔尼公约》保持一致，对版权的保护期为作者终生加上死后50年。除摄影作品或实用艺术作品外，如果某作品的保护期并非按自然人有生之年计算，则保护期不得少于经许可而出版之年年终起50年，如果作品自完成起50年内未被许可出版，则保护期应不少于作品完成之年年终起50年。③

但版权保护期限并没有因为《伯尔尼公约》和TRIPS而完全固定，20世纪90年代，欧盟和美国先后将版权保护期限延长了20年。历史上，欧洲各国虽然多是大陆法系国家，但各国版权法在版权保护期限方面却各有千秋，其中大多数国家规定版权保护期为作者有生之年加上死亡后50年。但是，在西班牙则是作者有生之年加死亡后60年，德国版权法的规定是作者有生之年加死亡后70年。另外，在邻

---

① 《伯尔尼公约》第七条：1. 本公约给予保护的期限为作者有生之年及其死后50年内。2. 但就电影作品而言，本同盟成员国有权规定保护期在作者同意下自作品公之于众后50年期满，如自作品完成后50年内尚未公之于众，则自作品完成后50年期满。3. 至于不具名作品和假名作品，本公约给予的保护期自其合法公之于众之日起50年内有效。但根据作者采用的假名可以毫无疑问地确定作者身份时，该保护期则为第一款所规定的期限。如不具名作品或假名作品的作者在上述期间内公开其身份，所适用的保护期为第一款所规定的保护期限。本同盟成员国没有义务保护有充分理由推定其作者已死去50年的不具名作品或假名作品。4. 摄影作品和作为艺术作品保护的实用艺术作品的保护期限由本同盟各成员国的法律规定；但这一期限不应少于自该作品完成之后算起的25年。

② TRIPS第九条第一款。

③ TRIPS第十二条。

接权的保护方面，各国对保护期限的规定也不尽一致。为了促使欧盟统一市场的形成，协调版权和邻接权的保护，1993 年 10 月 29 日，欧盟理事会批准了《关于协调版权和特定邻接权保护期的指令》(第 93/98/EEC 号，以下简称《指令》)。该《指令》采取“向上协调”的方法，将版权保护期限规定为作者有生之年加死亡后 70 年。[①]《指令》第一条第一款规定，文学艺术作品的保护期为作者有生之年加死后 70 年，该保护期不受作品合法公之于众的具体时间的影响。这样一来就把原来德国国内版权法规定的保护期“欧洲化”了。[②] 而对于电影作品或视听作品的保护期，根据《指令》第二条第二款的规定，终止于下列四种人中寿命最长者死后 70 年：主导演、剧本作者、对白作者以及专门为有关作品谱曲的作曲家。

在版权产业界的游说下，1998 年美国国会通过了版权保护有效期延长法案，即 *Sonny Bono Copyright Term Extension Act*（CTEA），将版权保护期限也延长了 20 年。国会和 CTEA 的支持者认为延长版权保护期限至少有四个理由：①将美国版权法和欧盟的版权法协调起来；②延长版权保护期限有利于美国的国际贸易；③延长保护期限是寻求对作者的公正；④可以激励新作品的产生，同时能够保护已有的历史作品。这四个理由反映在支持这项议案的美国参议院报告中。[③] 参议员 Hatch 也提出了与欧盟《指令》序言第五段相类似的理由，认为作者应该可以预见他们的版权可以传给自己的孩子和孙子们，“有生之年加 50 年”期限显然过短。尽管有上述理由，CTEA 一出台便

---

① 韦之. 欧盟著作权保护期指令评介. 中外法学，1999（6）：86－90.

② 对于这个最终立场，《指令》序言的第五段指出：“《伯尔尼公约》当初确立的作者有生之年加死后 50 年的保护期的目的在于，保护作者及其后来两代人的利益。随着共同体内人均寿命的增长，这样的保护期已经不能包括两代人了。”序言第九段的解释更具有说服力，即协调不应该影响权利人目前在共同体内已经得到的保护。我们可以这样理解，因为当时德国国内的作者已经得到了 70 年的保护期，这一权利不应该因为共同体的协调而有所削弱。

③ Senate Report. No. 104－315, at 3.

遭到了美国国内很多人的反对，认为该法案违反了美国宪法及宪法第一修正案规定的言论自由权利。多佛出版公司和新罕布什尔州人埃尔德里德等则于1999年对该法案提出了质疑。埃尔德里德正在建立一个免费的互联网图书馆，而多佛出版公司主要出版公开发表过的著作。他们认为1998年的版权延长法案有违美国宪法，损害了言论自由权，不利于美国文化的广泛传播。原告在两审败诉后继续上诉到美国最高法院，该院以7:2的投票结果，判定该法案既不违反美国宪法，也没有违反美国宪法第一修正案，从而维持了CTEA的有效性。①

尽管美国最高法院判定CTEA合宪，但仍有许多人并不因为该判决的出现而停止对CTEA的批评，认为国会提出的几个理由根本不能成立。国会认为维持“作者有生之年加50年”的保护期限将对作者不公平，因为人们的寿命普遍比以前更长。批评者说这个问题的提出基于一个错误的基础。美国版权法从来不是为了保证作者和其后两代人的利益而产生的，美国版权法上根本没有保护作者下一代的理论，这个理论不是美国本土的，而是从欧盟1993年的《指令》借来的。欧洲大陆国家的版权法与美国版权法有着不同的理论基础，前者建立在自然财产权理论之上，要求在不同的利益群体之间达成平衡并且支持较长的甚至永久性的版权保护期限；而后者则是建立在保护公共利益的实用主义之上，前者侧重于保护公共利益。这一理由的不成立之处还在于，CTEA不仅延长了自由作品的版权保护期，而且延长了雇佣作品的版权保护期，而雇佣作品的作者通常是商业企业或其他集体组织，这些企业或组织没有家庭也没有孩子。一个企业的寿命与版权期限是没有任何关系的。国会提出的第四个延长保护期限的原因，即延长期限是激励新作品创作和保存已有作品的必须。批评者认为，并没有任何证据可以证明新作品的创作者会因为版权保护期限为70年而非50年，就创作出更多的作品来讲，对作品延长20年的保护期限

① 537 U. S. 186, 186 (2003).

就会激励创作者创作更多新作品的理由是荒谬的。版权保护期的延长只不过是现有版权人的一笔“横财”而已，而事实上，在大多数情况下，这些版权人都不是作者，正是由于该原因，支持版权期限延长的人才认为延长保护期可以为那些保护期即将届满的作品的保存、修复提供动力。为 CTEA 辩护无疑给消费者增加了购买作品的支出，并损害了公共领域。为 CTEA 呐喊的版权人是经过精心组织的，有雄厚的资金支持，目标就是要影响版权法的发展方向，所以国会比较倾向于他们。版权人将收取更多的版权使用费，并继续对作品进行控制，他们的最终目的是实现作品的永久性保护。①

笔者认为，在没有充分证据证明延长版权期限可以激励创作者创作更多的作品、促进科技文化事业繁荣发展的情况下，任意延长版权期限是一种对公众不负责任的行为，损害了社会公众作为消费者的利益，以及对应该进入公有领域作品的自由使用和演绎的权利。根据作品有限保护期限理论，当作品保护期限届满进入公有领域，版权人就无权对作品再行控制，作品可以为公众自由出版、自由使用。而将版权保护期限延长，除了增加版权人的经济利益外，并不会提升作品的社会价值，反而降低了作品的社会价值。根据文献计量学的理论，各学科文献内容的老化都是有一定规律的，文献半衰期就是用来衡量一个学科的文献老化速度的尺度。文献半衰期指某学科目前尚在利用的全部文献中较新的一半是在多长一段时间内发表的。例如，若某学科的文献半衰期为 10 年，那就意味着现有正在被利用的该学科文献中有 50% 是在 10 年内发表的。②科技文献随着“年龄”的增长，其内容日益变得陈旧过时，失去了作为科学情报源的价值，因此也越来越少被科学工作者利用。每个学科的文献因本学科的特点而老化速度各异，有着不同的半衰期，例如在 1997 年，经人测定数学文献的半衰

① Craig W. Dallon. The Problem with Congress and Copyright Law: Forgetting the Past and Ignoring the Public Interest. *Santa Clara L. Rev.* 2004 (44): 365.

② 郭国庆. 科技文献的“利用率”与“半衰期”. 编辑学刊, 1997 (2): 59 - 61.

期大于13年，[①] 而化学文献老化历时半衰期则大于8年。[②] 当然，文献半衰期理论比较适合于科技作品，对于文学艺术作品则不太适合，因为在文学艺术领域，很多作品昙花一现，而又有很多作品是历久弥新的，如我国古典文学巨著《红楼梦》、《西游记》、《孙子兵法》等千古名篇。半衰期概念的提出，说明在科学领域，很多作品的社会价值是随着时间流逝而递减的。这一点虽然不太适合于文学艺术作品，但许多此类作品同样存在着内容逐渐老化、社会价值递减的情况。所以，在一定的版权保护期限过后，作品的社会价值比起作品刚发表时已经减损了很多。若再延长作品的保护期限，不仅不会增加作品的社会价值，反而会增加社会公众使用该作品的成本。另外，延长作品的保护期限，使版权人可以在更长的时间内对同一件作品实施控制，得到更多的经济利益，不但不会刺激版权人进行新的创作，反而会培养他们坐吃老本的习惯。因为在以前的作品仍然可以为其带来利益的情况下，版权人很有可能依靠这些作品赚取利益，而不去进行更多新的创作。作品被控制在少数人手中，不能充分发挥其社会价值，当作品进入公有领域，由于可以自由使用，可以在该作品上创作出更多的演绎作品，启发更多人的创造性，激发公众的创作潜能。同时，由于在作品进入公有领域后，使用者可以不用支付版税，就可以以更低廉的价格获取作品。如孩子们喜欢看动画片《唐老鸭与米老鼠》，而很多贫困地区的乡村小学由于经费短缺往往支付不起播放该动画片的价钱，如果该片进入公有领域，该小学就可以从其他学校免费复制一份供孩子们观看。

美国 *Cabinet* 杂志发布的一个图，[③] 载明了美国从1960年到2030

---

① 陈健，俞培果，李端明，等．数学文献老化历时半衰期的测定．情报杂志，1997(4)：31－32.

② 刘红，俞培果，陈健．化学文献老化历时半衰期的测定．情报理论与实践，1997(6)：342－344.

③ 该图来自于Cabinet杂志的国际网站：http：//www.cabinetmagazine.org/issues/10/public_domain/PublicDomain_Back.pdf。

年公共领域中登记作品的数量变化，以表明美国版权法历次对版权保护期限的延长，每次都导致公有领域作品的减少。

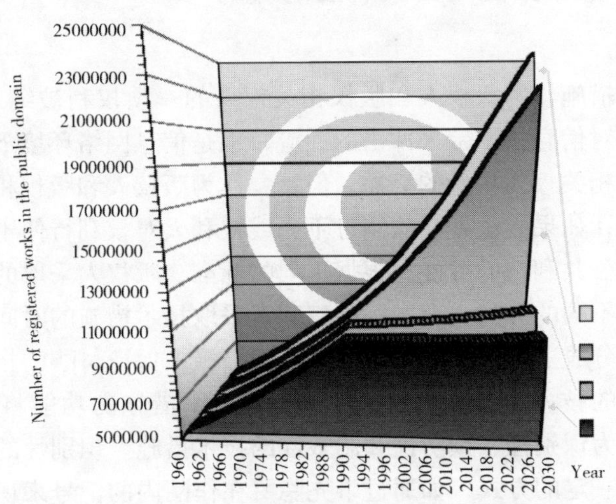

美国 1960—2030 年登记作品数量变化示意图

根据上图中的数据，从 1960 年到 1990 年，美国公有领域作品数量呈明显上升趋势，由 1960 年的大约 5000000 件增加到 1990 年的约 8000000 件；而从 1990 年到 2030 年，数量走势则趋于平缓，公有领域的作品几乎没有任何增加。该图作者还作了四个假设：①如果美国版权法对作品的保护期限保持现有水平，那么到 2030 年时，公有领域的作品与 1990 年相比几乎没有任何增长；②如果挑战 1998 年美国版权保护有效期延长法案的 Eldred 诉 Ashcroft 一案原告胜诉，那么，从 1990 年到 2030 年，公有领域的作品将比现在多约 2000000 件；③如果美国版权法没有在 1978 年和 1998 年对版权保护期限的变动，那么到 2030 年，公有领域的作品将达到 24000000 件；④如果美国版权法仍维持在 1923 年的保护水平，那么到 2030 年，公有领域的作品将多于 25000000 件。

二、技术措施对公共利益的影响

技术措施作为版权人和版权相关权人的一项权利被纳入版权法，是版权法对信息技术带来冲击的回应，也是信息网络环境下保障版权人和版权相关权人权益的必需。但是，作为版权人和版权相关权人的一项权利，如果立法者立法制订不当或权利人对权利行使不当，就会存在损害公共利益的可能，根据不同的标准，版权人采取的技术措施可以进行不同的分类。有人按照权利人采取技术措施的时间和功能将技术措施分成三种：作品发行前的技术措施、保证付酬的技术措施和确认侵权的技术措施；[①] 也有人只按照技术措施的功能将其进行细分，划分为识别性、预防性和制裁性的技术措施。识别性的技术措施可以通过一定的方式，如通过事先隐藏在作品内的记号来识别侵权行为并向版权人报告。预防性的技术措施如加密、功能限定等。“加密”是版权人常用的一种自我保护的技术手段。功能限定软件对计算机的功能进行限定，如不得打印、不得保存文件，预先设定交纳使用费的时间、期限或设定浏览次数，期限一到或次数一到，就无法再使用作品。制裁性的技术措施一般通过在版权作品内暗藏一定的程序，当发生侵权使用时，程序运行，对使用者的计算机产生一定的影响。[②] 笔者认为，这些对技术措施的划分可以归纳为两种，即控制接触作品的技术措施和控制使用作品的技术措施。目前，技术措施的规定和使用至少在以下四个方面对公共利益造成了危害。

1．对合理使用的挤压

合理使用制度是各国版权法中对版权和邻接权进行限制的一种主

① Eric Schlachter. The Intellectual Property Renaissance in Cyberspace: Why Copyright Law Could Be Unimportant on the Internet. *Berkeley Technology Law Journal*, 1997, 12 (1).

② 马治国. 网络版权中技术措施的法律保护. 科技与法律, 2001 (2): 41-46.

要制度，也是维持版权法中的版权人和版权相关权人与社会公众利益平衡的重要机制。宪法赋予公民的许多基本的文化权利在版权法中都是通过合理使用制度来保障的。如为时事新闻报道的目的可以免费使用已经发表的作品，保障了新闻自由和公民的知情权；个人可以为学习、研究或者欣赏目的或者为介绍、评论某一作品或者说明某一问题，免费地适当使用他人已经发表的作品，这一规定保障了公民自我学习以及言论自由的权利；各国版权法还规定为学校课堂教学或者科学研究，可以翻译或者少量复制已经发表的作品，以保证教育事业的顺利发展；而图书馆等为人们提供免费信息服务的场所为特定需要，也可以复制本馆收藏的作品，从而保障人们获取信息、自我学习的权利。合理使用不是任意使用，为了防止对版权人和版权相关权人正当利益的损害，版权法对合理使用设置了条件限制。《伯尔尼公约》第九条第二款规定，成员国法律可以允许在某些特殊情况下复制作品，但要求这种复制不得损害作品的正常使用也不致无故侵害作者的合法利益。该条被认为是对合理使用最基本的限制。根据美国版权法，在考察一种使用是否构成合理使用时，要考虑以下四点：①使用的目的和特点，出于商业性目的使用被排除在合理使用范围之外；②受版权保护的作品的性质，对于不同性质的作品，划分是否属于合理使用的界限也不同；③在使用的作品中，被使用的部分与整个作品的比例关系，若使用部分与整个作品相比所占比例较大则不属于合理使用；④看使用行为对被使用作品的潜在的市场价值有无重大的不利影响，如果有这种影响，则不属于合理使用。这种判断合理使用的方式在美国司法实践中发挥了重要的作用，对其他国家的司法实践也产生了重大影响。

虽然版权人和版权相关权人采取技术措施的目的是针对非法盗版者，而非针对合理使用者，但技术措施提供的保护和法律提供的保护是不同的，版权法在对版权人和版权相关权人进行保护的同时，以明确的法律条文规定了权利的例外和限制，以保障社会公众的利益。但是，技术措施对任何使用却是一视同仁的，其目的虽然在于预防侵权，保护权利人的权利，但在客观上也将合理使用排除在外。如根据合理使用原则，个人有权利为了本人的研究需要适当对作品进行复制，而控制接触作品的技术措施使公众根本无法看到作品，更不用说使用作品了，即使技术措施允许接触作品，但不允许进一步地复制该作品，也使得合理使用权利无法实现。图书馆、教师等为了合理使用目的使用作品也会遭遇同样的困境。有学者详细归纳了技术措施带给公共利益的影响，认为技术措施若规定不当至少在以下三个方面对公共利益造成不利影响：首先，控制公众接触的技术措施，使未经许可的公众无法进入相关的信息源，无法了解该信息源中的信息。而要想获得进入的许可，通常要向权利人或内容提供者支付一定的费用。这就等于，在根本不知道里面有什么的情况下，社会公众就必须向权利人支付费用，这显然是不合理的。其次，对于那些虽然不控制公众接触作品，但控制进一步使用作品的技术措施，可能并不影响合法用户对相关作品的一般意义上的使用，但却使用户无法了解作品的详细情况，剥夺了合法用户的“知情权”。最后，技术措施的采取有可能使阻碍信息沟通，从而使许多人从事大量重复劳动和投入，造成社会资源浪费，妨碍社会的整体发展。①

有鉴于此，为了消除技术措施对传统版权法合理使用制度的冲击，必须制定技术措施的例外条款，规定不构成侵犯技术措施的合理使用例外，保证合理使用制度保护公共利益的作用。在这方面，DMCA 进行了尝试，一方面，该法规定技术措施条款在颁布 2 年后生效；另一方面，规定在这 2 年中和以后的每 3 年，版权登记机构与商业部通信与信息部部长助理会商，反映其意见，向国会图书馆提出建议，国会图书馆根据版权登记机构的建议制定规则，认定根据 DMCA 其权益受到或可能受到不利影响的使用者，规定这样的使用者可以规

① 唐广良. 综论软件保护与相关立法. [2006 - 02 - 15]. http://www.iolaw.org.cn/showarticle.asp?id=1501.

避该法规定的技术保护措施。[1] 我国《著作权法》没有为规避技术措施的行为规定明确的合理例外情形，可能影响公众合理使用作品的权利。

技术措施对公众为个人目的而自由获取、使用作品权利的限制是不可忽视的，公众对技术措施的抵制从长远来看无疑也会影响到数字信息内容的生产、传播、销售和使用。要平衡二者之间的利益，除了在立法方面做出努力外，版权人或版权相关权人使用的技术措施本身对使用者应更加友好。它可以在禁止非授权使用的同时，保证公众的方便使用。互联网的特点在于便捷、快速，技术措施应提供简单而快捷的功能，降低公众的时间、精力成本。同时，数字内容使用者的需求是多样化的，版权人或版权相关权人要给出多种选择，提供信息内容预览、在线阅读、打印、复制等多种途径让用户选择适合自己的使用方式。这种功能将公众的使用行为控制在购买行为发生之时，而非让公众在付费之后受到种种限制。另外，技术措施也应体现出人性化，让使用者体验在先。目前的技术措施更多地体现在对产品访问者的硬性控制上，要减少技术措施对使用者合理使用的不利影响，降低使用者的反感情绪，技术措施应更加具有柔性，注意与公众的沟通。内容提供商可以向公众“给出”样品，以满足使用者体现的愿望，也可以指引公众购买产品。

2. 对言论自由的影响

对言论自由的理解有狭义和广义之说，狭义的言论自由仅指人们采用口头语言的形式或说话的手段的自由。[2] 对言论自由的扩充解释是广于其字面含义的解释，认为言论自由不仅包括通过口头表达思想、意见的自由，还包括以书面形式表达思想、意见的自由，以及学术研究、文艺创作等自由。[3] 目前，学者大都持言论自由的广义说。

---

① DMCA 第 1201 节（a）（1）（A）（B）（C）.

② 甄树青. 论表达自由. 北京：社会科学文献出版社，2000：41.

③ 温辉. 言论自由：概念及边界. 比较法研究，2005（3）：16－24.

在美国司法实践中，宪法上的言论包括纯粹言论及象征性言论(symbolic speech)。所谓象征性言论，是纯粹言论的对称，《布莱克法律辞典》将其解释为：对某一问题表达意见或思想的行为。① 将含有“言论表达”成分的行为表达方式也作为言论自由的内容。在我国，言论自由是我国宪法规定的公民的基本权利之一，与出版自由、科学研究、文学艺术创作、申诉、控告或者检举同为公民的基本权利，所以，从我国宪法本意来看，对言论自由持狭义说，仅指通过言语表达的自由。本书采用广义说。

技术措施对言论自由的影响主要表现在两个方面。首先，它限制了思想、信息的自由流通，从而影响了人们获取思想、信息的自由，阻碍了人们的表达自由和对作品进行评论的自由。版权法对作品的保护遵循思想/表达二分法原则，即版权只保护作品的表达方式，而不保护作品内含的思想，从而保证思想的自由流动。技术措施削弱了该原则的效力。控制接触的技术措施使公众不能看到作品，失去了了解、阅读、欣赏作品的机会以及获取新的思想的机会，从而无法实现围绕该思想的其他创作，以及对作品进行评论和适当引用的自由。在模拟世界中，公众可以到图书馆等机构阅读一本著作，然后，以自己的理解去评论这篇著作，并将自己的评论公开。当一个作品以电子形态存在，并被技术措施屏蔽时，人们无法了解到该作品，评论的权利更无从谈起。或者，即使技术措施没有控制人们接触到作品，允许人们浏览作品，但控制了对作品的复制，人们同样不能行使适当引用的权利。技术措施对思想、信息的自由流通的限制还表现在它使版权有效期限保护原则有失效的可能。版权是一种有限的独占权，当作品保护期届满，版权人对作品的独占权灭失，作品进入公共领域，供人们自由使用，从而增加人们创作的素材。而人们担心技术措施可能导致版权的无限期保护。因为只要版权人对其作品采取加密等有效的技术措施，任何规避、破解其技术措施的行为都是违法的，所以，在未经

① *Black's Law Dictionary* (5th Edition). Saint Paul: West Publishing Co., 1979: 1299.

许可的情况下，任何人都无法获取该作品。这样的结果便可能导致作品永远处于版权人的控制之下，从而使社会公众获取信息的自由受到了不合理的限制。

其次，技术措施阻碍了人们研究、出版和发表的自由。在 DMCA 生效早期，就出现了涉及技术措施损害言论自由的三个比较具有代表性意义的案例。第一个案例是美国唱片工业协会（RIAA）诉普林斯顿大学 Felten 教授案。第二个案例是关于 DVD 防盗技术，此技术是美国电影业开发的，目的是让 DVD 内容只有在经过授权的播放机上才能读取播放。不过此技术在 1999 年被一位 16 岁的挪威少年 Jon Johansen 破解。第三个案例是关于 DeCSS 程序的，为环球电影公司诉 Corley 一案。美国加州上诉法院 2001 年 11 月的判决，推翻了联邦地方法院法官 Lewis Kaplan 做出的禁止黑客杂志 2600 网站链接公布 DVD 破译码的网站的判决，使得好莱坞反盗版阵营遭到挫败。三个案件的共同点就是原告援引《美国数字千年版权法》的第 1201 条“禁止对版权保护技术措施进行规避”来控告被告。其中最典型的是 RIAA 诉普林斯顿大学 Felten 教授一案，该案中，Felten 教授领导的课题组因成功地删除了数字音乐文件中的水印，从而破解了某些“水印”技术，不过在 Felten 教授准备发表其研究成果时，却遭到美国唱片工业协会（RIAA）的律师函，警告 Felten 教授若依计划发表其研究成果将会被告上法庭，Felten 教授因害怕被起诉而放弃了全文发表其研究成果的打算。这些案例表明，如果发表的言论与保护作品的技术措施有关，特别是针对技术保护措施的缺陷和破解方法时，就有可能违反版权法而遭到法律的制裁。在这一点上，技术措施阻碍了发表权的实现，给言论自由设置了严格的限制，影响了人们言论自由权利的实现。

当版权与言论自由发生冲突时，如何进行协调，即应优先保护哪一权利，学者们根据法益优先原则，认为言论自由是宪法赋予每个公民的基本权利，它始于公民出生，是“生来权利”，而版权则是一种民事权利，是公民表达思想、行使表现自由等自然权利的必然产物。

言论自由在基本人权体系中占有突出重要的地位，相对于版权等经济自由等权利，言论自由应当具有“优越地位”。[①]

3. **对技术创新的影响**

版权法与技术发展之间是相互促进的关系，法律规定不应阻止技术的发展与进步，人们也有从技术进步中获得利益的权利。RIAA 禁止 Felten 教授发表其关于破解水印技术的研究成果，不仅侵犯了公民的发表和出版自由，同时也阻碍了技术的进步和创新。法律对技术措施条款规定的不当，或者权利人对权利的行使不当，都会对技术创新造成障碍。《世界知识产权组织版权条约》（以下简称“WCT”）和《世界知识产权组织表演和录音制品条约》（以下简称“WPPT”）在禁止规避技术措施的条款中，对为保护技术措施而禁止的产品、技术、服务等规定方面较为模糊，没有明确哪些产品、技术或服务是被禁止的，是否只要可以规避权利人设置的技术措施，就在被禁止之列，从法律条文中无法得知。WCT 第十一条规定了成员国关于技术措施的义务：“缔约各方应规定适当的法律保护和有效的法律补救办法，制止规避由作者为行使本条约所规定的权利而使用的、对就其作品进行未经该有关作者许可或未由法律准许的行为加以约束的有效技术措施。”WPPT 第十八条有类似的规定。WCT、WPPT 在条文中只是涵盖了权利人采取的技术措施应达到的条件，即要求权利人采取的技术措施必须是：①为行使该条约规定的权利而使用的；②必须是对其作品实施的；③必须是有效的技术措施。而没有对具体禁止哪些行为作出明确规定。美国禁止任何人制造、进口向公众表示提供或提供、买卖任何规避技术措施的技术、产品、服务、设备、部件或其部分，只要这些技术、产品、服务、设备、部件的主要设计和生产目的，以及其重要的商业目的和用途是仅在于规避技术措施的。[②] 该条

---

① 高荣林. 版权与言论自由. 中国知识产权报，2004－10－26. 吴汉东. 网络传播权与网络时代的合理使用. 中国知识产权报，2004－10－26.

② DMCA 第 1201 节 a（2）（A）（B）。

可以说既赋予版权人和版权相关权人运用技术措施禁止盗版和侵权行为的权利，又为技术发展留出了充足的空间，因为它明确予以禁止的仅仅是那些设计和生产的目的以及商业目的就是为了规避版权人采取的技术措施的技术、产品、服务、设备、部件，这样就将以下技术或产品等排除在被禁止之列：①技术或产品等的设计目的和生产目的虽然可以规避权利人采取的技术措施，但主要是用于其他目的和用途，如为了版权法中有权对作品进行合理使用的人规避技术措施，以实现合理使用目的；②主要设计目的和生产目的虽然是为了规避权利人采取的技术措施，但不是为了商业目的，如为了学术研究和技术交流。

尽管法律如此规定，在实践中却是另外一番景象。RIAA 述 Felten 教授案中，Felten 教授的课题组发表其研究成果显然不是为了商业目的，而只是学术研究，但也遭到了禁止。另一件较为引人注目的案例是派拉蒙（Paramount）电影公司诉 321 工作室一案，[①] 就再一次说明了法律规定与实践操作的不一致。2001 年，Robert Moore 和 Rob Semaan 创建了 321 工作室，该公司的目的是开发可以帮助消费者保护他们在数字媒体上的投资的软件，这家公司在陷入诉讼而破产之前是 DVD 产品备份、修复和刻录软件产品的主要供应商，他们的主打产品 DVD X Copy 曾登上了《PC》杂志 2003 最佳销售榜。

2003 年 11 月，派拉蒙电影公司和二十世纪福克斯电影公司在纽约南区法院起诉了 321 工作室，要求法院对 321 工作室的软件销售颁发初步禁令，称 321 工作室侵犯了 DMCA 的“反规避”条款。2004 年 3 月，法院对 321 工作室颁发了初步禁令。321 工作室立即就初步禁令向第二巡回法院提起上诉，要求中止该禁令。2004 年 4 月，由三位法官组成的合议组驳回了 321 工作室的请求。至此，321 工作室由于该禁令以及其他六个不同诉讼的影响遭受了惨痛的打击，被迫关闭。后来诉讼由双方自行解决。该案中，321 工作室的产品显然不是专门用来规避电影制品的技术措施，但其开发同样被禁止，而且该公

① No. 04 - 1360（2d Cir. Apr. 16，2004）。

司也因为陷入诉讼而倒闭。对此案件，学者的评论是，尽管DMCA声称反技术规避条款不会对版权法中长期以来的合理使用和其他免责条款产生影响，且第1201条只适用于版权作品。但事实却又不是这样。对321工作室颁布禁令，使DMCA对合理使用和对公共领域作品的获取变得有名无实。321工作室案为上诉法院提供了解决这些问题的机会，但不幸的是，随着321工作室的破产，这种努力被切断了。①

我国《著作权法》对技术措施条款的规定也不尽详细，该法在第四十七条第（六）项规定，未经著作权人或者与著作权有关的权利人许可，故意避开或者破坏权利人为其作品、录音录像制品等采取的保护著作权或者与著作权有关的权利的技术措施的，应承担侵犯著作权的民事责任、行政责任或刑事责任，法律、行政法规另有规定的除外。此条对版权人或版权相关权人采取的技术措施没有作出条件要求，对被禁止的行为也没有明确列出，在实践中容易导致版权人或版权相关权人的权利扩大，即只要版权人或版权相关权人采取了技术措施，不管这些技术措施的效果如何，任何人都不能规避该措施。实践中也容易导致无论规避者所用规避措施或产品的主要目的是否用于规避版权人或版权相关权人采取的技术措施，只要被用于规避版权人或版权相关权人采取的技术措施，即被认定为违法。这无疑会严重地影响技术的进步，因为任何人都不能预料自己生产或设计的产品将来会被用做何种用途。

① Lutzker A. P. & Susan J. L. Altering the Contours of Copyright-the DMCA and the Unanswered Questions of Paramount Pictures Corp. V. 321 Studios. *Santa Clara Computer and High-Technology Law Journal*, 2005, 21 (3): 561－589.

三、合同限制对版权公共利益的影响

版权与合同的关系向来非常紧密，版权要进入市场进行交易才能使版权人获得回报，而合同保证版权交易双方当事人意思自治的法律后果，当版权交易双方将各自的意思写入合同，这种意思由于合同法的保障就有了法律上的约束力，从而保证了版权交易的安全与市场秩序的稳定。在传统版权贸易和网上版权贸易中，合同都发挥着重要的作用。尤其在网络版权贸易中，网络传输的快捷性、跨国性以及侵权行为的难以控制性，使合同在网上版权贸易中的作用愈加重要。盖勒说道："知识产权法的立法在这种冲突面前已经显得滞后无力，必须回到历史上曾经经历过的借助合同保护及技术保护的辅助。"哥德斯坦也认为，只有把合同保护及技术保护纳入了知识产权法的轨道，其辅助作用才可能发挥，甚至可能变成起主导作用。Nimmer 与哥德斯坦持相同观点，认为合同与知识产权法不仅一直以来是共生共存的，而且在网络环境下，合同与合同习惯将扮演决定性的作用，传统版权法的重要作用将会退化。①

契约自由、意思自治是合同法的基本理念，合同双方当事人有依照自身真实意思约定合同内容的权利。版权合同的标的物是版权人享有的版权，而版权是一种被限制的权利，版权法明确规定了版权的例外和限制条款，以限制版权人的权利效力范围和行使方式，保证社会公众的利益。契约自由和意思自治允许当事人就合同事项按照自己的意志作出约定，在版权交易合同中，版权人有权任意处置自己的权利。但同时版权法为版权设置了限制，因此，合同法的契约自由和意思自治必然与这些例外条款相冲突。在网上版权贸易和传统版权贸易

---

① Raymond T. Nimmer. Breaking Barriers: The Relation Between Contract and Intellectual Property. *Berkley Technology Law Journal*, 1998, 13 (3): 827.

都需要合同进行规范但合同与版权法产生冲突的情况下，网上版权贸易合同对版权法上版权人专有权例外条款的修改和排除程度，以及传统版权贸易合同对版权法案中版权人专有权例外条款的修改和排除程度如何？版权人和用户执行此种合同的能力如何？此类合同是否具有可执行性？如何解决合同与版权法的冲突问题，版权法规定的版权例外与限制条款是否可以为合同约定所取消而形同虚设？

对于版权和合同的协调，美国和欧盟的版权法对规避了版权法规定的例外条款的合同效力进行了规定。《欧盟计算机程序保护指令》第9条规定：任何与第6条或与第5（2）和5（3）规定的例外条款相冲突的合同条款，都应无效；《欧盟数据库法律保护指令》第15条规定：任何与第6（1）和第8条相冲突的合同条款都应无效。澳大利亚版权法第47H规定：合同或合同的条款排除或限制了s. 47B（3）、ss. 47C、47D、47E和47F时，① 或对这些条款有排除或限制的效果时，此合同是无效的。但这些条款是否适用于相应法律中规定的其他例外条款并不明确。

有鉴于此，2001年澳大利亚版权法评价委员会（Copyright Law Review Committee，CLRC）② 应澳大利亚大律师司的要求，在国际上第一次对版权和合同的关系进行了调研，并将合同对版权例外条款的规避问题作为调研的重点，探讨规避版权例外条款合同的可执行性及其影响。CLRC广泛征集各种团体的建议，并亲自对此问题进行了市场调查，最后接到了36份来自于大学、图书馆、知识产权联盟、消

① 47B（3）规定了为正常使用或学习而复制计算机程序的例外条款：（3）下列情况下的复制不视为对计算机程序的侵权：（a）为学习程序的设计思想和运行方式，在运行程序的过程中，作为技术过程的一部分偶然、自动生成的复制；并且（b）此行为由程序复制品的所有人或被许可人实施或代为实施。s. 是section的缩写。ss. 是sections的缩写。47C－47F规定了为备份、制作新的计算机程序、更正错误和安全测试目的而复制计算机程序的例外情况。

② 澳大利亚版权法评议委员会（CLRC）成立于1983年，是澳大利亚大律师司下（Attorney-General）的一个专门咨询组织，为政府提交关于版权法具体问题的报告。截至2005年，该组织已经提交11份参考报告。

费者协会、政府部门、版权产业界及独立学者等提交的报告。在这些提交的报告和自己所得调查数据的基础上，CLRC 对上述问题给出了结论。

与传统版权贸易相比，网上版权贸易有以下特点：①合同通常采取许可使用的形式；②电子形式存在的版权作品更易被未经许可复制；③版权作品可以用技术措施保护；④与最终用户直接签订大量的合同成为可能；⑤跨国合同更为多见。针对网上版权贸易合同是否存在规避版权法规定的例外条款的情况，通过对网上版权许可使用合同的调查，CLRC 发现：①许多合同中明确包含或隐含着排除或修改版权人专有权例外情况的条款；②许多合同禁止包括复制、创作演绎作品、商业使用、发行或发表等对作品的一般的使用方式；③许多合同甚至禁止对作品非实质部分的使用；④许多合同虽然有排除或修改版权专有权例外情况的条款，但这些合同通常有说明条款，即说明某种使用方式不被许可合同所允许，但用户可以通过书面合同得到许可；⑤许多合同特别指出用户在版权法下的权利，并允许个人使用以及非商业使用；⑥合同通常保留随时修改合同任何条款的权利，合同终止后的继续使用一般被认为仍然接受合同条款规定等情况。CLRC 最后得出结论：网上版权贸易合同存在排除或修改版权人专有权例外条款的情况，这种状况打破了版权法的平衡。CLRC 还调查了传统版权贸易中是否存在此类合同，结果发现，此类合同在传统版权贸易中同样存在，并对版权法的平衡造成了影响，但由于网上版权贸易合同独有的特点使传统贸易中的这些合同造成的影响与网上版权贸易合同存在区别。

那么，这些修改或排除版权人专有权例外条款的合同是否具有可执行性呢？对于此问题，为 CLRC 提交报告的各团体大都认为答案是肯定的，即修改或排除了版权人专有权例外条款的合同是可执行的。CLRC 着重探讨了目前网上版权贸易中常用的几种合同的可执行性问题，指出，点击合同（clickwrap contract）、拆封合同（shrinkwrap contract）和浏览合同（browsewrap contract）[①] 的可执行性还不明确。点击合同有较大的可执行性，但拆封合同和浏览合同的可执行性仍有很大的争议。在讨论几种法律原则和其他部门的法律对合同的影响程度时，CLRC 认为公平责任原则最能挑战此类合同的有效性。CLRC 探讨了公共利益与版权合同的有效性问题，认识到在澳大利亚已经发生了以公共利益为由证明侵权行为的正当性的案例。这些案例说明被控行为如果是为了保护公共利益免受破坏、伤害，就可以作为抗辩侵权的理由。

郑成思教授在谈到合同的辅助保护如何纳入知识产权法的轨道时这样说道："把技术保护纳入知识产权法的轨道，世界知识产权组织已通过 1996 年的两个条约去做了，而且已有一部分国家跟了上去。但如何把合同保护纳入这一轨道，还仅仅是哥德斯坦提出的一个尚无答案的问题。不过，在中国，《合同法》既然已经留给知识产权单行法比较大的制订知识产权合同规范的余地，我们还是大有文章可做的。"[②] 既然大有文章可做，我们不妨先了解一下他人的调研成果。在 CLRC 的调研过程中，各团体提出了各自的关于解决合同与版权法冲突的方案，这些方案以及 CLRC 对这些方案的反应如下：

（1）目前在立法方面不采取任何变动。许多团体提交的报告持这种观点，也是美国版权登记处关于此问题的态度。CLRC 同样认识

---

① 点击合同是网站为了明确与用户之间的权利义务关系，而制定的适用于网络的一种格式合同。用户一般在阅读协议条款后，通过选择"同意"按钮完成订立合同的过程。协议条款可以被视为要约，而点击行为可以被视为以行为构成承诺。拆封合同是指计算机软件销售商在出售其软件产品时，经常采用的印刷在封装好的软件包装上或保存于软件包装内的格式合同条款；如果用户购买后拆开封条、打开包装并使用该软件，就意味着用户已同意接受该合同的条款，并受该条款约束。拆封合同的出现与计算机软件业的发展现状密切相关。浏览合同是许多网站在网页的下方以小字体，或通过链接到的页面，规定自己和用户的权利和义务关系的一种合同形式。与点击合同及拆封合同相比，浏览合同不具有强制性，用户甚至有可能根本不知道这一合同的存在。

② 郑成思．知识产权法：新世纪初的若干问题研究重点．北京：法律出版社，2003：114.

到正在处理的问题处于不断发展变化中，所以可以采取“观望”的态度。但认为现有法律给用户的救济制度不能够提供有效、切实的解决方案，澳大利亚现有的法律体系也许可以提供一定的救济，如利用合同法的基本原则、消费者权益保护的有关法律以及宪法的有关规定，对用户的权利进行保护，但这些救济的应用是不确定的。许多版权人提出的不采取任何措施的建议也不可取。CLRC 认为，一个试验性的案例对问题的解决应该很有价值，但这一方法不能解决整个法律的平衡问题。而且让个体用户承担昂贵的诉讼费以及诉讼的风险是不现实的，提起诉讼维护自己的合法权益对于机构用户而言也许值得，但风险管理实践表明一些机构的做法往往是，要么不利用版权法规定的例外条款，要么为他们使用版权作品支付费用，这种做法在小型企业和中型企业中尤其常见。

（2）实行强制性的法定例外条款。在对版权法规定的每一条例外条款进行考察之后，CLRC 发现，不论是从实用的角度着眼，还是从这些例外条款产生的历史背景来看，强制执行所有的例外条款是不可能的。除了 s. 47B（1）① 之外，s. 47H 是否可以适用排除或修改了版权人专有权例外条款的合同，目前并不明确。CLRC 认为应通过立法途径澄清这一问题。许多提交上来的报告对这一问题进行了讨论，有的认为应该强制执行所有的例外条款，即任何合同不能修改或规避这些条款，否则合同无效；而另一些报告则认为只可以强制执行某几项例外条款。最后在 CLRC 处达成的一致看法是，传统的合理使用条款和图书馆、档案馆在特定条件下向公众免费复制作品、教育目的、信息自由流通和言论自由目的的条款，应该规定为强制执行条款。CLRC 认识到合理使用包含的四种例外情况是界定版权利益的一个完整的构成要素。图书馆、档案馆条款与合理使用条款紧密相关，此条

① 47B（1）规定下列复制行为不视为侵犯计算机程序的版权：（a）为设计此程序的目的，而在运行过程中作为技术过程的一部分偶然、自动产生的复制；并且，（b）这种复制行为由程序复制品的所有权人或被许可人实施或代为实施。

款也进一步加强了信息自由流通的公共利益。CLRC 认为在近几年制定的与技术发展相联系的特定例外条款也应该规定为强制执行条款，包括暂时复制的例外条款。CLRC 同时对版权技术保护措施与版权例外条款的关系做了探讨，并不认为用户可以将所有的例外条款作为规避技术保护措施的理由，在许多情况下，向访问网上作品的用户收取费用是合理的，例如，订阅网上报纸如同订阅纸制报纸一样应该付费。CLRC 认为存在争议之处在于版权人对用户出于合法目的、如学习或研究而复制版权作品进行限制的问题。

（3）利用消费者权益保护的有关法律来规范排除或修改了版权人例外条款的合同。CLRC 对此措施的观点是，它不能避免对一些例外条款进行特别对待的不足。

（4）利用大众市场合同（mass-market agreements）。CLRC 认为大型机构可能会利用个别谈判缔结版权许可合同，所以大众市场合同主要会影响到个人和中小企业。CLRC 认为值得研究的问题在于是否只允许通过个别谈判缔结的许可合同修改特定例外条款。这一措施同样会引起一系列的困难，如一个合同在什么条件下才算是通过个别谈判缔结的呢?

（5）制定行为准则（Codes of Conduct），明确规定许可方和被许可方在谈判过程中应遵守的行为准则。CLRC 同时指出了这一措施的局限所在，如制定一部行为准则需要时间，而且在国际版权交易中，这样一部行为准则的执行也会遇到困难。

（6）使用标准合同。这是图书馆界提出的措施。这一措施的实施要求政府发挥一定的作用，起草一个双方都可以接受的标准合同，在政府和业界网站上推广使用。CLRC 在评价这一措施时，指出了其局限性，认为标准合同在实施方面有一定的困难：一是是否采用标准合同取决于许可方；二是标准合同的条款有时难以得到一致的理解，不具有灵活性，而且效率低下。CLRC 认为尽管制定一部行为准则或使用标准合同都不能提供满意的解决方法，但鼓励在法定许可合同和有关版权人专有权例外条款的合同中运用这两种方法。

CLRC 最后总结出了行动建议：

（1）修订版权法，规定任何合同或合同中的任何条款，如果对版权法规定的专有权例外条款，即 ss. 40，41，42，43，43A，48A，49，50，51，51AA，51A，52，103A，103B，103C，104，110A，110B，111A[①]，进行了排除或修改，或对这些条款有排除或修改的影响，那么该合同或条款是无效的。

（2）保持第 s. 116A（3）（4）和（7）[②] 规定的“合法目的”的完整性，禁止版权人为用户获取其作品设置障碍，使用户不能使用规避设备或服务，行使版权法第 ss. 47D，47E，47F，48A，49，50，51A，183 和 VB[③] 部分规定的符合“合法目的”的非侵权行为。

（3）当涉及协议时，所有的建议或措施不应改变版权法案第 s. 9（3）[④]的作用。

（4）当合同涉及其他有关的例外条款时，鼓励行为法典和标准合同的执行和使用。

此报告有其缺陷和不足。首先，CLRC 关于版权与合同关系的报告，在国际上是第一次对此问题进行的调研，难以收集实践中的经验数据，正如报告所指出的：“CLRC 还没有能力收集到关于实践中正在发生的事实的数据”。其次，CLRC 最后提出的对策建议具有原则

① 第 40～43A 规定了合理使用的四种情形，即：为研究或学习目的、为批评或评论的目的、为报道新闻的目的、为司法程序或司法建议目的而使用作品、通讯中的暂时复制。48A～52 规定了图书馆和档案馆使用作品的例外情况，即：国会图书馆或其分馆对作品的复制、图书馆和档案馆为读者复制和传递作品、图书馆和档案馆间的馆际互借、在图书馆或档案馆间复制或传递未发表作品、在澳大利亚档案馆间复制和传递作品、为保存或其他目的而复制和传递作品、出版保存在图书馆或档案馆内的未发表作品。103A～104 规定了录音、电影作品的合理使用情形。110A、110B 规定了图书馆和档案馆对录音、电影作品的合理使用情形。111A 规定通讯中对视听作品的暂时复制不视为侵权行为，但此通讯行为本身即侵权行为的除外。

② 116A 规定了进口、制造规避侵权的设备或设备零件的侵权情况及例外条款。

③ 第 183 条规定了联邦政府或州政府使用版权作品的例外情况。Part VB 规定了教育机构和其他机构复制和传递作品的例外情况。

④ 9（3）规定版权法案不影响与违反信任或保密的有关法律的实施。

性，并没有得出具体的方案，对合同与版权关系问题的解决还需要进一步的探讨。

在国内及国际版权交易实践中，已经出现大量的排除或限制版权例外条款的合同。如图书馆和国内外电子学术期刊出版商的版权贸易中，版权法赋予图书馆的为保存版本的需要而复制本馆馆藏文献的合理使用的权利，常为图书馆与出版商签订的合同所排除或限制。而且，目前市场上的合同形式逐渐多样化，既包括传统的纸制文本合同，也包括拆封合同、点击合同、浏览合同等电子形式的合同，这些合同在软件等电子出版物的销售中和网络上广泛使用。虽然许多国家已经立法确定了电子合同的有效性和可执行性，但拆封合同、点击合同和浏览合同的效力还不确定。这些合同用于版权贸易中，使排除或限制版权人专有权例外条款的合同效力问题更加复杂。CLRC 对版权与合同关系的调研是政府行为，且调查的对象具有广泛性，所以在澳大利亚国内造成了相当的影响，引起了人们对此问题的关注。由于对此问题的调研在国际上是第一次，所以对其他国家也具有借鉴意义。

CLRC 关于版权与合同的报告虽然最终给出的建议具有原则性，没有完全解决合同对版权法的挑战，但有一点是明确的，即在传统版权贸易市场和网上版权贸易市场上，都存在着大量的或排除或限制了版权例外条款的合同，这些合同削弱了版权法中的合理使用条款和其他例外条款的效力，使这些条款体现的公共利益难以得到保障。而对于用户而言，大的机构用户也许具备利用谈判和起诉以维护自身权益的条件，但对于中小用户和分散的个人用户来说，他们要么放弃了版权法中合理使用的权利，要么选择继续支付有关费用，从而导致规避版权例外条款的合同在事实上的效力。利用法律明确这些合同与版权法的关系，即对这些合同的可执行性问题做出规范的时机已经成熟。建议在借鉴 CLRC 调研报告的基础上，对我国版权贸易市场中的这些合同存在和执行的实际状况做出调查，并结合版权法的具体规定，确保版权例外条款的效力不被合同削弱。

四、数据库保护对公共利益的影响

对数据库进行版权保护在《伯尔尼公约》中就有规定，该公约第二条第五款规定：文学或艺术作品的汇编，诸如百科全书和选集，凡由于对材料的选择和编排而构成智力创作的，应得到相应的但不损害汇编内每一作品的版权的保护。可见，该公约对数据库的保护仅限于由作品构成的数据库。TRIPS 第十条第二款规定，数据或其他材料的汇编，无论采用机器可读形式还是其他形式，只要其内容的选择或安排构成智力创作，即应予以保护。这种保护不延及数据或材料本身的保护，不得损害数据或材料本身已有的版权。TRIPS 将对数据库的版权保护延伸到了作品以外的不具有独创性的数据或材料，并明确将电子数据库纳入版权法的保护范围。对保护条件的规定与《伯尔尼公约》相一致，都要求在内容的选择或编排体现独创性。世界知识产权组织的网络版权条约——WCT 也将数据汇编（数据库）纳入版权保护范围。该条约第五条规定：数据或其他资料的汇编，无论采用任何形式，只要由于其内容的选择或排列构成智力创作，其本身即受到保护。这种保护不延及数据或资料本身，亦不损害汇编中的数据或资料已存在的任何版权。由于 WCT 自身规定为《伯尔尼公约》第二十条意义下的专门协定，所以对数据库的规定与《伯尔尼公约》保持一致，只是更加明确地将任何形式的数据库都纳入版权法的保护范围，而且将非作品组成的数据库纳入保护范围。很明显，相对于《伯尔尼公约》，WCT 与 TRIPS 在数据库保护上更近一步。这三个国际条约的共同之处是均要求数据库在内容的选择或编排上必须具有“独创性”，才能受到版权法的保护。且均明确规定数据库保护范围仅限于数据库本身，而数据库中的内容，如果是有版权的作品，则版权仍属于原版权人；如果是无版权的材料，则数据库版权人对该材料不享有任何权利，故不能阻止他人使用。这种只保护独创性的内容选择或编排，而不延及内容的方法，既保障了数据库制作者的智力投资，又保证了竞争者和社会公众对数据库内容的获取和利用。

为了协调成员国对数据库的法律保护，推动欧盟统一大市场的建立和发展，以及促进欧盟内部数据库制作商的投资，以与美国数据库制作商相竞争，欧盟于 1996 年颁布了不同于《伯尔尼公约》和 TRIPS 的《数据库法律保护指令》，该指令不仅统一了欧盟成员国对数据库版权保护的标准，而且确立了一种新的独立于版权保护之外的数据库“特殊权利保护”。欧盟建立数据库特殊权利保护的根本目的是保护数据库制作者在数据库上的投资，保护的标准取决于是否在数据库内容的获取、证明或表现上有实质性的投资。该指令颁布后，欧盟要求成员国在 1998 年 1 月 1 日前以法律、法规或行政条款的方式贯彻到国内的立法中，随后，欧盟成员国相继根据指令对本国法律作了修改和补充，使该指令在欧盟内部得以全面实施。时至今日，欧盟数据库特殊权利保护指令规定的有关界定和原则已经在司法实践中得以贯彻和检验。美国是数据库制作和贸易大国，它在 Feist 案确立了数据库保护应遵循版权的“独创性”原则，但这一原则的确立并不符合其国内数据库产业界的利益，特别在欧盟上述指令通过以后，美国在过去的几年中陆续提出了数项数据库保护提案，寻求保护的最佳方式。

国际上，欧盟在其内部建立起数据库特殊权利保护以后，为了将这一保护模式纳入知识产权国际保护体系，随即向世界知识产权组织提出了数据库特殊权利保护的建议。世界知识产权组织接受了该建议，并在成员国外交会议上公布了《关于数据库知识产权条约的实质性条款的基本建议》（即数据库条约草案），至今，有关的会议和讨论还在继续。该条约草案包括前言和 13 个实质性条款。其中第一条（一）、（二）项规定：缔约国应对在内容的收集、整理、检验、核实、组织上有实质性投资的数据库给予保护。不管数据库存在的形式或载体如何，也不管是否可以为公众所获得。第三条规定了数据库制作者享有的权利，规定数据库制作者有权许可或禁止对数据库内容的摘取或利用。该条约草案对“实质性投资”的界定与欧盟《数据库法律保护指令》相类似，指在数据库内容的收集、验证、组织上的任何质的或量的人力、资金、技术或其他资源的重要投资。

如果该草案最终讨论通过，在国际上建立数据库特殊权利保护体系，将对各国的数据库法律保护带来很大的影响。因为，目前大多数国家根据《伯尔尼公约》、WCT 和 TRIPS 的规定，对数据库给予版权保护，而特殊权利保护与版权保护有着较大的区别：

（1）在保护条件上。《伯尔尼公约》、WCT、TRIPS 等在本质上将数据库作为作品予以保护，而作品能获得版权保护的基本条件是其独创性，所以，数据库能得到版权保护的条件只能是独创性。而特殊权利保护不要求数据库具有独创性，只要求有“实质性投资”。

（2）在保护对象和范围上。版权保护的是数据库本身，不延及数据库的内容。TRIPS 第十条第二款明确规定，对汇编作品的版权保护“不延及数据或材料本身，且不得损害数据或材料已有的版权”。特殊权利保护的对象恰恰是版权法保护所不及的地方，即数据库的内容。这使得数据库特殊权利保护背弃了版权保护的基本原则，是与版权保护的另一本质区别。

（3）关于权利的内容。数据库版权保护的权利内容，应该是符合数据库特点的版权权利内容，一般包括复制权、发行权、展览权、改编权等专有权，以及对权利的限制。条约则赋予数据库制作者特殊权利，制止对数据库内容的全部或实质部分的摘取权，而不论该数据库是否享有版权。

数据库特殊权利保护的目的在于保护数据库投资者的利益，如果在国际上确立将对科学界、教育界和社会公众对数据和信息的获取产生不利的影响，所以世界知识产权组织提出的条约草案受到了科学界、图书馆界等的质疑和批评。我们借助国际图书馆协会联合会（简称“国际图联”，IFLA）和世界气象组织（World Meteorological Organization，WMO）以及公共领域联合会（Union for the Public

Domain，UPD）对 WIPO 数据库草案的意见，来考察数据库的特殊权利保护对公共利益可能带来的影响。

国际图联认为，条约的目的是保护数据库制作者的经济权利，在这个过程中没有考虑合法用户的利益。在对数据库的保护时间上，应该对所有类型的数据库采用单一的保护期限，欧盟采取的 15 年保护期限过长。按照数据库的性质，在 15 年内，绝大多数数据库会被更新或修改，根据草案将进入另一个 15 年的保护期。这样，就会导致对数据库的保护在事实上会一直持续下去。

世界气象组织代表科学界对数据库特殊权利保护提出了批评，WMO 从自身实践出发，提出由 WMO 协调的气象学方面的国际合作的一个基本要求和特点是气象学数据和产品的自由和无限制交换，这对抗击洪水、干旱和其他自然灾害，保护生命和财产安全的气象服务的有效提供有着重要的作用，也是 WMO 成员的最高追求。气象及相关数据库的国际贸易和竞争的刺激将会影响气象服务和相关服务的提供。对于数据库特殊权利保护，WMO 提出，应认识到数据和信息的全面、公开交换对保护生命、财产、环境和其他全球性问题有非常重要的作用，气象数据和其他环境数据的国际交换不应被束缚，对这一点必须达成共识，并应该被包含在任何国际性的数据库保护机制中。对商业性数据库制作者的法律保护不应该导致对科学界合法追求的限制。应该对“公共利益”和“合理使用”的概念达成一致。在一段合理的期限之后，受保护数据库应该进入公共领域。

公共领域联合会作为公共利益的又一代表，认为不应该给事实和其他公共领域的信息以激进的新权利。新的数据库条约将给体育联合会许可使用运动项目分数的权利，给证券交易所对股票价格和其他金融数据永久的权利，还会限制对科学杂志制作文摘或网页，因其可能侵犯数据库摘取权。条约没有认识到数据库法律保护问题的复杂性，数据库提供商既是信息的制造者也是信息的消费者。应该考虑到网络的特点对社会发展作出的贡献，不要任意破坏网络文化。从网络内容的使用和发布的增长速度来看，网络是发布信息的繁荣地带，而非对商业性内容提供业的威胁。

对非独创性的数据库采用特殊权利保护，将为学术界、科学界和社会公众带来不利影响。特殊权利保护通过规定数据库制作者的"摘取权"和"利用权"，对组成数据库的数据和材料进行保护，会压缩公共领域的空间，减少可用的免费信息和数据量，通过无限期的延长数据库保护期限，将导致数据库制作商对信息和数据的事实垄断。特殊权利保护还会对科学界和学术界信息的自由流动和利用产生不利的影响，阻碍科学研究，从长远来看，会降低科学和教育机构的研发能力。

是否有必要对数据库采取特殊权利保护，首先要看在现有知识产权法律框架下或利用技术保护措施是否能够充分保护数据库制作者的合法利益，如果他们的利益已经可以得到保护，就没有必要再给数据库制作者其他的新权利。目前看来，版权法和反不正当竞争法已经可以阻止其他数据库的制作商利用同样的数据或材料进行不正当竞争，从而保护了数据库制作商的经济利益。但是，从目前世界知识产权组织的做法来看，甚有一种将"数据库特殊权利保护"进行到底的势头，如果在国际范围内建立了非独创性数据库的保护标准，应仔细起草法律条款，对非独创性数据库的保护规定详细的例外条款，避免对信息的垄断和对科学界等的不利影响。发展中国家在谈判过程中要发挥出其应有的作用，因为要讨论的数据库保护制度，是发达国家按照自己的利益提出的，在短期内提高数据库的保护标准，将使作为技术进口国的发展中国家因为高标准的数据库法律保护而向外国权利人支付更高的费用。对发达国家而言是最佳的保护制度在发展中国家并不一定如此，发展中国家和经济转型国家应采取措施，使实施这种制度的社会成本降到最低，建立起专有权的例外制度，保护并促进本土创新。

第三节 对版权制度中公共利益的维护

伴随着版权保护的强化和信息网络技术的发展，以及自由创作、资源共享理念的兴起，一种反知识产权思潮悄然而生，这种思潮中不仅包括倡导版权覆灭和消亡论，更多的是通过现有版权制度的灵活运用，实现版权制度应达到的公共利益，其中影响较大的是 OA、Copyleft 和 CC 等。

一、OA——一种全新的学术交流模式

OA（open access）即开放存取已经在学术界、图书情报界和学术出版界引起了不小的波澜。它的出现与学术期刊出版市场上出现的“学术期刊危机”有关。目前，在学术期刊出版市场，出版商已经成功控制了绝大部分的市场份额。从学术期刊的市场供应来看，随着公司兼并等商业行为，学术期刊出版日益集中在少数的出版商手中，使得期刊价格不断攀升。从需求方面而言，学术期刊之间往往不像普通商品一样有替代关系，它们之间更多的是互补关系，即科研人员所需的学术期刊之间没有可替代性，他们对权威期刊以及一般期刊的需求都是绝对的。然而，作为肩负为科研人员提供文献保障职责的图书馆，其用于购买期刊的经费有限，且相对于商业化运作的出版商而言其谈判议价能力较弱。另外，出版商对电子学术期刊使用的技术措施和合同上的限制，对学术交流造成了极大的不便。这些因素导致了学术期刊危机。为了解决这种危机，国际学术界、图书情报界开始构建学术交流的新模式，那就是开放存取。引用开放存取计划的开创者对 OA 的公共定义，即 3B 定义（Budapest，Bethesda 和 Berlin），所谓开

放存取，就是作者授权全世界范围内的所有用户，为合理目的在任何数字媒体上免费、无条件地获取他们需要的文献，允许用户公开复制、利用和传播、演示这些作品，允许在所获取作品的基础上演绎新的作品。[①] 开放存取运动是在版权法的现有框架内实施的，它承认作者享有完整的版权，但对这些版权的管理根据不同的开放存取运作模式而有所不同。有的运作模式允许作者享有完整的版权，有的与作者协商将版权转让给了开放存取出版组织，还有的只是将部分版权转让给开放存取出版组织。

开放存取模式目前包括开放存取期刊和开放存档。开放存取期刊即 OA 期刊（Open Access Journal，OAJ），OAJ 基于 OA 的出版模式，可以是单纯在网络上出版发行的电子期刊，也可以是纸质期刊。根据 OA 的要求，开放存取期刊出版的费用支付模式不同于传统期刊出版，传统期刊出版通常是由订户付费，而开放存取出版模式则采取“作者付费出版，读者免费使用”的模式，无偿提供给用户使用。

开放存取直接源自于学术期刊危机，旨在缓解由于期刊价格攀涨而引起的科技信息获取障碍，从而促进研究成果的扩散和共享，避免不必要的重复研究。由于开放存取期刊的出版模式灵活，比传统期刊更节约出版时间，也有利于提高研究人员的研究效率。开放存取对我国学术界的意义显得更加重大，正如中国科学技术协会副主席胡启恒院士所指出的：发展中国家的优秀科技成果多数在国外商业性学术期刊发表，这往往使本国作者的知识产权落到国外出版商手里，使得这些绝大多数情况下由本国公共投资所产出的科研成果，成为国外出版商的私有资产。这些出版商再以很高的价格将其卖给发展中国家，赚取高额利润。同时，发展中国家的许多研究人员却因为当地图书馆经

① 参考贝特斯达宣言、布达佩斯倡议和柏林开放存取宣言：*Bethesda Statement on Open Access Publishing*，*Budapest Open Access Initiative*，*Berlin Declaration on Open Access to Knowledge in the Sciences and Humanities*。

费不足而无法获取这些信息。[①] 我国的这种情况也非常明显，由于国外很多商业性的学术性期刊较国内同类期刊国际知名度高，很多研究人员为了获得研究成果的国际认知以及提升自身的知名度，倾向于将研究成果发表在这些期刊上。特别是一些由政府资助的科技项目研究成果，由于其较高的理论和应用价值，也较容易为外国期刊所接受，而这些研究论文一旦被外国出版商买断版权，就完全由其掌控，他人甚至作者本人再行使用也要受控于出版商。这就是胡启恒院士所指出的由本国公共投资所产出的科研成果成为国外出版商私有资产的情况。同时，我国研究人员对国外期刊特别是国外数据库的依赖程度越来越高，已经成为不可或缺的研究信息资源和研究工具，加之一些国外出版商出版的学术期刊具有不可替代性，导致其垄断地位和高昂的价格，一些国际学术期刊的价格每年都有上升，其涨幅已经超出很多研究机构的承受能力。如世界头号出版集团励德爱思唯尔近几年来一直提价，其价格涨幅平均超过 15%，中国高等教育文献保障系统代表中国高校用户与其就价格问题多次谈判，但最终由于该出版商不肯让步而谈判失败。OA 模式有助于解决以上问题。由于 OA 采取作者付费出版、读者免费使用的政策，只要作者愿意自费将自己的研究成果通过 OA 期刊出版，或存储在 OA 知识库中，其他研究人员就可以免费获取，解决由于研究人员本人或所在研究机构无力支付导致无法获取上述研究成果的问题。当 OA 评审机制逐步完善并越来越吸引知名科学家和优秀研究人员的时候，OA 在这方面的作用将更明显。开放存取运动不仅给我们提供了改变胡启恒院士所指出的不公平现状的机会，而且提供了一个更便捷地借鉴国外先进科技的环境。[②]

目前，国际国内的开放存取运动都取得了较大的进展，在我国，一部分传统期刊转变成为完全 OA 期刊或部分 OA 期刊，自然科学领

---

① 国际出版巨鳄大幅提价，部分高校面临学术断粮．[2008－06－04]．[2009－07－30]．http：//news.21cn.com/domestic/yaowen/2008/06/04/4805280.shtml.

② 何琳．我国开放存取发展现状和建设策略研究．图书情报工作，2009（1）：53.

域的学术期刊在 OA 方面发展较快，人文社会科学领域也正在跟上。开放存取知识库方面则发展迅速，其中以收集论文预印本的知识库发展较快，出现了中国科技论文在线、中国预印本服务系统、奇迹文库等比较著名的预印本网站，并且建立了一些国外学术论文预印本的中国镜像站，如中国数理科学电子预印本镜像库。大学、研究机构在创建 OA 知识库方面的表现比较积极。在开放存取学术资源集成利用方面，由中国图书进出口（集团）总公司开发并提供的国外期刊网络检索系统 cnpLINKer（cnpiec LINK service）即中图链接服务，收录了国外 1000 多家出版社出版的包括 OA 期刊在内的数万种期刊的目次和文摘数据，实时更新并为用户提供全文检索服务。另外，由中国教育图书进出口公司建立的 Socolar 系统，对世界上重要的 OA 期刊和 OA 仓储资源进行全面的收集、整理并提供统一检索的集成服务平台，是目前最大的开放存取资源集成检索平台。

正如笔者在第一章所言，版权法调整的是作品在创作、传播和使用过程中的社会关系，其中最为基本的关系是创作者、传播者和使用者之间的关系，主要涉及的利益群体包括创作者、传播者和使用者。OA 作为基于现有版权制度并对现有版权制度进行创新、灵活运用的学术交流机制，对版权制度的上述利益三方都产生了的影响。

狭义的使用者（广义的使用者包括创作者、传播者，因为创作者和传播者在一定意义上都是作品的使用者）在传统版权制度中处于创作者、传播者、使用者三者关系的最末端，作品在经过了创作和传播程序后使用者才能接触到智力作品。使用者虽然处于版权链条的最末端，但从作品的创作和传播的目的来说，使用者在三者中的地位却非常重要，他实现了创作和传播的目的和价值，也实现了智力作品的增值。OA 缩减了作品的出版传播环节，更加突出作品创作的直接和最终作用，其初衷即为了科学研究人员的自由使用、免费使用，所以也更加突出了使用者的地位，有利于使用者在快速掌握他人研究成果的基础上，创作出自己的作品。在这一意义上，OA 机制中使用者更加接近于创作者。

在对创作者的影响上，OA 体现了对创作者精神权利的尊重。开放存取运作基于现有的版权制度之上。各国的现有版权法都承认作者是唯一的、原始的、完整的著作权人，作者对其独创性作品享有版权法赋予的精神权利和财产性权利，作者完全掌握这些权利并可以自主处置。正是作者保留了精神权利而放弃了财产性权利，才使 OA 得以在现行版权制度中运行。根据 OA 的定义和目标，作者的作品在因特网上可以被免费获取，允许任何用户阅读、下载、拷贝、传递、打印、检索、超级链接该文献，并为之建立索引，用作软件的输入数据或其他任何合法用途。OA 要求用户在使用文献时需要保持文献的完整性，有的 OA 机构要求他人全部或部分引用论文时必须注明有关版权信息，这一点类似于版权法中的合理使用机制，即在免费使用他人作品时，必须指出作品的出处、作品名称和作者姓名等信息。但合理使用是版权法对著作权人权利的限制，是强制性的，不论著作权人的个人意愿如何。而在 OA 中，公开自己的作品并允许他人自由使用则是出于作者的自愿，是作者愿意与他人共享其研究成果的体现。

支持作者放弃财产性权利的动力，是与他人共享自己的研究成果，加快研究成果的交流速度，促进科学事业的发展，从道德的意义上讲具有奉献性。但 OA 一般并不会减少论文作者的经济收入，这是因为，科学论文的发表多数不是为了经济利益，创作者公开发表自己的研究成果或是为了发表某种看法，或是为了传播自己的思想，或是为了发布自己的研究结论。所以，从经济上进行考虑，作者将自己的论文成果提交给 OA 出版，并不会有经济方面的损失。然而，OA 期刊与传统期刊不同，传统期刊在出版发行的过程中，经过长期发展，其质量和影响力一般比较稳定，作者将作品发表在某一期刊上，一定程度上代表了这篇文章的创新程度和价值，其质量与影响力又直接与该文章所能为作者带来的声誉或其他经济性的利益，如职称评定、职位晋升等相关。而 OA 期刊作为一种新事物，多数期刊还未建立起稳定的出版和评审模式，影响力也尚未得到广泛认同，甚至许多科学家和科技工作者对这一新事物还比较陌生，这一点会局限作者参与OA的积极性。

另外，由于OA期刊的出版同样有成本，所以很多OA出版机构要求论文的作者自费出版，这也是OA的基本特点，即“自费出版，免费获取”，这可能是抑制作者积极参与OA的又一因素。传统出版模式中，虽然收取版面费几乎成了杂志社的普遍做法，但也不乏有杂志社不收取这部分费用还给予作者稿酬的情况。对比之下，作者可能会选择将其成果发表在传统期刊上，特别是那些没有得到机构和政府资金支持的研究人员和很多年轻的研究人员。将使用者的便利完全建立在创作者的经济成本之上不具有发展的长远性，根据目前有关机构和个人的调查结果，研究人员对收取论文发表费或处理费确实是非常在意的。[①] 在OA期刊方面，过度依赖作者的付费也会对期刊本身的可持续发展不利，期刊必须找到其他的经费支持方式才能彻底解决财政问题。

OA对传统期刊的出版很明显是一个冲击，其初衷就是利用OA特有的出版模式化解期刊高价危机，消除传统期刊出版模式不利于学术交流的方面，促进学术研究成果的快速传播。如果全面OA了，就意味着学术期刊业原本已建立起来的完善的经营方式、传播方式和商业秩序等都将发生根本的改变。在稿源方面，如果OA理念全面普及开来，创作者将倾向于将研究成果投向OA期刊或放入机构知识库或自我存档，会对传统期刊的稿源产生很大影响，从而影响到读者群体的关注度和使用率。

尽管OA对传统期刊出版产生了一定的影响，但国际出版界并没有抵制这一出版模式，而是采取了积极的接纳态度。目前，随着开放存取的理念和技术越来越成熟，传统期刊界逐渐认为OA出版模式将

---

① 杜亮，陈耀龙，王梦书等．我国医学工作者对“开放存取（Open Acess）”认知态度——《中国循证医学杂志》作者群调查结果分析．中国科技期刊研究，2009，20（2）：254.

是未来期刊出版业一个新的发展方向，[①] 并积极实践之。国际上很多传统期刊开始关注 OA，并对自己的作者群和读者群进行访问调查或进行开放式的问卷调查，为自己是否实施 OA 作决策参考，另一部分传统期刊已经开始转变为完全 OA 期刊或部分 OA 期刊。我国的学术期刊出版社对 OA 出版模式目前观望与实践并行，一部分学术期刊出版单位面对 OA 趋势正在积极思考是否转变出版模式，也有一部分学术期刊已经开始着手实施，并在实践中探索优化的经营模式。

对于商业性的学术期刊出版商，营利是其最终目标，非营利性的学术期刊出版者也要进行成本收益核算，以确保长期发展。OA 改变了传统期刊以订购为基础的经营模式，但实施 OA 的学术期刊出版者正逐渐在实践中建立了很多新的赢利点。目前，营利性的商业性学术期刊和非营利性的学术期刊出版者建立的收费渠道一般包括：作者付费、会员费、接受各方资助、广告收入、印刷版期刊的订阅费、信息增值服务费等。[②] 尽管如此，OA 期刊的经费问题仍然是传统学术期刊出版者是否开展 OA 的重要考虑因素，而目前已经实施 OA 的出版者也认为必须找到可以让 OA 长期持续发展的新路径。

根据 OA 的定义和初衷，在学术出版界实施 OA，最大的受益者是版权利益格局中的使用者。对作者和期刊出版者来说，OA 存在一定的挑战性，所以，OA 以后的发展着重要解决的是对作者的收费模式，应探索一种或多种作者乐于接受的收费模式，激励作者的发表热情。对于出版者来说，经费来源或盈利模式和更优化的服务是要重点解决的两大问题。可以预见，随着 OA 的推广和深入，必将有更多的利益相关方加入到 OA 中，如电信部门、移动网络运营商、综合性和专业性的搜索引擎服务商等，如何协调各方利益也是 OA 将来面临的

① 孔繁军，游苏宁．关于开放存取出版模式的问卷调查．中国科技期刊研究，2005，16（5）：648－649．

② 牛晓宏．浅谈学术期刊开放存取出版的盈利模式．知识经济，2009（2）：178－179．

问题。

OA 与版权制度的宗旨和目标相一致，两者都是为了繁荣科学文化事业。版权制度旨在激励作者的创作热情和给予传播者传播智力作品的动力，但随着经济社会的发展变化，版权制度自身对创作的激励作用不太明显，而且该制度越来越为传播者所利用，智力作品的版权被传播者控制，对作品的创作和使用都产生了不利的影响。在学术研究领域，这种情况表现为学术期刊出版商对学术研究成果的控制，影响了学术信息的传播和交流。正是在此情况下，OA 应运而生，但 OA 同时对学术期刊出版领域的版权秩序产生了影响，如何建立新的版权秩序以确保 OA 目标的实现是 OA 在版权领域应该考虑的问题。

二、Copyleft——软件领域内对版权制度的挑战

Copyleft 是美国自由软件基金会提出的软件版权许可模式，美国自由软件基金会（Free Software Foundation，FSF）是一个致力于推广自由软件的美国民间非营利性组织，由理查德·斯托曼（Richard Stallman）于 1985 年建立。其主要工作是执行 GNU 计划，开发更多的自由软件，以及实施通用公共许可证（General Public License，GPL）。自由软件基金会除对它拥有版权的软件进行维持外，还负责处理一些违反 GNU 通用公共许可证的事件，以使这些事件不通过法院即可得到解决。

Copyleft 从字义上与 copyright 相对，其实它并非抛弃或颠覆了现有版权制度，而是在现行版权法框架内实施的一种新的版权理念，目的是为了保护自由软件的创新和传播。用 FSF 自己的话说："自由软件运动是利用自由软件作出的一个具有政治意义和伦理意义的抉择，以确保其他人能学习和分享我们所有的知识的权利。自由软件已经变

成学习型社会的基础，使我们可以有一个让其他人分享我们知识的途径。"[①] FSF 力争维护软件用户的权利："我们一直在为电脑用户的基本自由而战斗"。[②]

Copyleft 从本质上来讲是一种许可证，是使一个程序成为自由软件的通用方法，同时也是使这个程序的修改版本和扩展版本成为自由软件的通用方法。在 copyleft 下，任何人可以使用、复制、修改一个软件，并可以发行修改后的版本，但同时，发布软件复制版或修改版的人，必须将作者赋予使用者的自由传递下去，任何使用者不得剥夺更下游使用者的自由，也就是修改后的软件可以进行商业经营，但不得阻止他人对该修改后的软件再进行修改和创新。

通用公共许可证是持有自由软件理念的程序开发者较常用的一种版权许可证，最初版本由自由软件基金会创始人理查德·斯托曼撰写，该许可证在 2007 年发布了最新版本第三版 GPLv3。该基金会为了实施自由软件运动还有宽通用公共许可证（GNU Lesser General Public License，LGPL）和自由文档许可证（GNU Free Documentation License，GFDL）。我们以 GPLv3 的主要内容来观察自由软件运动在合约方面的具体体现。在对许可证中将使用到的基本名词术语进行定义后，该许可证明确了可授予自由软件使用者的基本权利。使用者在接受了 GPL 许可后，可以不受限制地运行未修改的程序，同时该许可证承认版权法授予使用者的合理使用和其他类似的权利。接受了 GPL 的使用者在许可证有效期间可以不受限制地制作、运行、传播没有发表的覆盖作品，使用者还可以向他人传输该程序，要求他人对该程序作出专门的修改或为自己提供运行该程序的设备，但该过程必须在使用者的指示和控制之下，并禁止这些人制作除此之外的程序副本。该许可证保护用户不受版权法规定的技术措施权利的限制。版权

---

① What is free software and why is it so important for society? [2009-08-05]. http://www.fsf.org/about/what-is-free-software.

② http://www.fsf.org/. [2009-08-09].

法中规定的技术措施权利是版权法赋予版权人和版权相关权人的一项新权利，即任何人不经许可不得破解版权人和版权相关权人为保护其作品而实施的技术措施，否则即为侵犯版权。在GPL下，要促进一件软件作品的广泛传播和再创新，接受GPL的使用者不可避免地会遭遇软件版权人出于多种目的而设置的技术措施，在此情况下，GPL规定任何对本程序的覆盖程序不应被视为有效技术手段的一部分。当使用者发布覆盖程序时，也应放弃任何禁止破解技术措施的权利。使用者可以通过任何媒介发布原程序源代码的未被修改过的完整副本，但要在每个副本的显著位置发布一个合适的版权通告，发布人可以为每件副本收费或者免费提供，也可以以提供技术支持或者责任担保来收取费用。当接受了GPL协议的程序员修改了原程序并要发布修改后的源代码时，GPL规定他必须做到以下四点：①发布修改说明，修改人必须在修改版本中附加修改了文件的明确说明，以及具体的修改日期；②传递GPL条款，发布修改后的作品时，必须在显著位置说明该作品按照GPL条款许可给任何第三方；③提供整体作品，将作品作为一个整体按照GPL协议许可给任何拥有副本的人；④接口的法律通告，如果修改后的软件包含交互的用户接口，每个用户接口必须显示适当的法律通告。另外，GPL规定了下游接收者的自动授权，被许可人没有分许可的权利和义务，后来的接受者自动从原始许可证颁布者那里获得许可，同时被许可人没有强求第三方履行许可证条款的义务。许可人可以选择是否发布担保条款和免责条款。

Copyleft是一种新的版权体系，是在承认软件版权的前提下放弃了传统版权体系下的复制权、修改权，并借助具体的许可证来实施。他人要获得自由软件的前提是遵守GPL，如果不遵守GPL的条款和条件就没有相应的复制、修改等权利。而作品在没有GPL的情况下，版权法就自动发生效力。在接受了GPL后，使用者必须承认该作品始终是自由的，即使对此作品进行了修改，也不能用传统的版权体系来改变其自由属性。修改后的作品发布后，其他接受者自动从原始许可证颁发者那里接到受这些条款和条件支配的复制、发布或修改程序的许可证。这样一来，copyleft 便巧妙地借助版权与许可合同这两种工具实现了让公众享有使用作品的自由。

自由软件运动重在推广一种自由的价值理念，但是这种自由带有伦理的、道德的和政治的意味，而不是金钱方面的。FSF 为自由软件下的定义为："自由软件关乎自由，而非价格。要理解这个概念，你应该联系到言论自由，而非免费的啤酒。自由软件是用户运行、分发、学习、交换和更新软件的自由，更进一步说，它指的是软件使用者在以下四个方面的自由：出于任何目的运行软件的自由；在获得源代码的前提下，学习软件运行机理并将其改变以使其更具有适用性的自由；分发软件副本给周围人的自由；修改软件并向公众发布修改版的自由。"①

由于"free software"中的"free"兼有"免费"和"自由"的含义，GPL 协议中的条款又很少涉及商业和价格问题，所以很多人将 GPL 的条款中的"free software"理解为免费软件。而从上述 GPL 条款和自由软件运动的实践可以看出，尽管自由软件通常以免费的形式分发，但自由软件运动推广的是一种软件界的自由理念，并非发布的所有软件都是免费的，所以将自由软件理解为免费软件是一种误解。实践已经证明，自由软件同商业营利并不相悖，目前，基于 GPL 可以明显看出的几种模式可以盈利，包括：利用分发，收取一定的分发的成本费用，尽管通过分发一个软件维持长期盈利的可能性很小；利用提供担保条款，收取一定的对价；利用自由软件产生很多不同作品，可以收取该产品相应的商标许可费；此外，提供对自由软件的技术支持服务，已经成为现在 Linux 商业公司的主要生存手段了，服务类的盈利模式比重在加大。② 另外，遵循 GNU/GPL 规制的新型软件

---

① The Free Software Definition. [2009 - 08 - 12]. http://www.gnu.org/philosophy/free-sw.html.

② 详解 GPL 许可. [2009 - 08 - 12]. http://www.yuanma.org/data/2009/0408/article_3610.htm.

支持服务公司除了上述营利方式外，还通过上市融资、提供教育和培训服务获利。①

尽管有一些公司在利用自由软件盈利，但自由软件重在推广一种理念和保护软件用户的基本权利，而非一种商业盈利模式，其发起人也未将其与赚取利润过多地联系起来。但软件的开发和提升与市场紧密相关，一些自由软件的开发者也希望利用自由软件赚取经济利益，所以，在20世纪90年代，自由软件运动中的一些工作人员开始寻找一种新的开发、营销软件的商业模式，使这一模式既可以结合市场，又可以保证软件用户的基本权利，一个非营利性的组织——开源软件促进会（Open Source Initiative，OSI）在1998年正式建立，开源软件（Open Source Software）的理念应运而生。根据OSI对开源软件的定义，开源软件不仅仅表示开放程序源代码，从发行角度定义的开源软件必须符合如下条件：①自由再发行，即不能限制任何团体销售或赠送软件，软件可以是由不同来源程序集成后的软件中的一个部分，许可证不可要求支付版税或其他费用。②程序的源代码，程序必须包含源代码。如果产品在发行时没有包含源代码，则必须在非常醒目的位置告知用户如何通过网络免费下载源代码。③衍生程序，许可证必须允许对程序进行修改和演绎，并允许这些程序按照与初始软件相同的许可证发行。④原创作者源代码的完整性，只有当许可证允许在程序开发阶段，为了调试程序的目的将“补丁文件”与源代码一起发行时，许可证才能允许源代码以更改后的形式发行。修改后的版本，需要以不同的版本号与原始程序作出区别，保障源码的完整性。⑤无个人或团体歧视。⑥对软件的使用无专业领域歧视。⑦许可证的流转，伴随程序的权利必须适用于所有的程序分销商，而无需这些分销商之间再附加其他许可证。⑧许可证不能针对某个产品，如果程序是某个软件发行版中的一个部分，伴随该程序的权利不只限于这一发行版，

① 沈阳，李极光，陈路．自由软件的销售：低价格低利润软件商业模式分析．云南师范大学学报，2002，34（3）：36－40.

分销商都应拥有初始软件所具有的所有权利。⑨许可证不排除其他软件，即许可证不能限制伴随该许可证软件一起发行的其他软件，如不能要求所有与之一起发行的其他软件都是开源软件。⑩许可证必须保持技术中立，许可证条款在任何技术格式下都是有效的。[①]

从开源软件的定义来看，开源软件与自由软件在许可证流转、开放源代码以及软件用户再分发软件的权利等方面都有类似的地方。但从开源软件的初衷及实践来看，其与自由软件的侧重点是不同的，自由软件重在维护软件用户复制、修改、学习等基本权利，开源软件则侧重一种新的软件开发与销售商业模式。在自由软件创始人理查德·斯托曼看来，自由软件运动和开源软件运动有相同之处，也有很大区别。他认为，开源软件的一些支持者将开源软件作为自由软件的市场营销运动，用实际利润吸引商业投资者，在此过程中他们避免宣传商业投资者们不喜欢听的对或错的理念。开源软件与商业价值紧密相关，但几乎所有的开源软件都是自由软件，这两个概念描述的差不多是同一类的软件。但它们代表的基本价值理念是不同的，开源软件是一种开放模式，而自由软件是一种社会运动，自由软件运动是一种社会伦理，尊重用户的自由，开源软件的哲学则是如何使软件更实用、更好。理查德·斯托曼同时认为，尽管自由软件和开源软件在基本的目标和价值观上存在差异，但在很多情况下两者异曲同工，效果相仿，且在一些软件开发项目中，自由软件运动的工作人员同开源阵营的工作人员也是携手合作的。但他批评开源软件阵营过多地倾向于商业可接受模式，却避而不谈用户的自由，担心长此下去，软件用户最终会为了一些实际利益而被重新拖回到专有软件时期。[②]

如今，开源理念在全球迅速普及开来，开源软件作为一种产业在我国也蓬勃发展起来。中国开源软件推进联盟主席陆首群认为自由软

---

① The Open Source Definition. [2009 – 08 – 07]. http://www.opensource.org/docs/osd.

② Richard Stallman. Why "Open Source" misses the point of Free Software. [2009 – 06 – 22]. [2009 – 08 – 15]. http://www.gnu.org/philosophy/open-source-misses-the-point.html.

件与开源软件的本质区别体现在软件作品作者按许可证对被许可人授予权利的宽严、松紧的程度不同；自由软件许可证是对被许可人权利限制最为严紧的。自由软件侧重于政治、文化、伦理、哲理和价值观，开源软件也应以此为自己的指导思想，具有与自由软件相同的价值观。他同时认为应该对自由/开源软件作一体化对待，而不应挑动开源软件和自由软件之间的分裂。自由软件与开源软件合则两利，分则俱败。①

在软件领域开放源代码意味着知识的免费、自由分享、获取、交流与学习，这种共享性与商业的趋利性存在一定的矛盾，但开源软件理念的普及、技术上的成熟以及政府层面的推进，促进了开源软件的商业化运作。目前，开源软件如何为企业带来利润成为其发展的重要议题，开源领域的专家、学者和企业家都在寻找更适合开源软件发展的商业模式。据总结，目前开源软件领域主要常见的盈利模式包括：利用开源软件为能够直接产生收入的专有软件来创造或维持一种市场地位的多种产品线模式；以技术服务盈利的模式；应用服务托管模式；软件、硬件一体化模式；出售开放源代码的附加产品的附属品模式；以品牌和服务占领市场的盈利战略；快速抢占市场为其后的产品销售打下基础的市场战略模式。② 开源软件作为一种新生事物、一个市场的后到者，与专有产权的商业软件相比，在营销上存在一定的差距，但开源软件在商业化运作过程中不断地向专有产权软件学习。而随着开源理念的流行，专有产权的软件企业逐渐重视开源软件，在产品的开发和营销中引入了一些开源的因素，开源和有产权的软件模式已经开始融合，软件带给用户价值的提升将最终推动这种混源模式。

自由软件和开源软件是因软件领域专有软件的知识产权人利用现有知识产权制度保护其专有权利、过度限制用户权利而引发的反作

---

① 陆首群. 自由与开源，合则利，分则败. 信息系统工程，2007，(11)：80.

② 开源软件如何获利？［2009－08－15］. http://www.cublog.cn/u/849/showart_202514.html.

用。为了维护其经济利益和市场竞争地位，专有软件知识产权人采取闭源许可，在销售软件时不发布程序的源代码；对可能的破解措施则采取数字版权保护 DRM 措施，禁止用户对软件进行破解，而且这种保护措施得到了现行知识产权法的认可。目前，市场上的专有软件对用户隐私和安全的另外一个威胁就是后门程序，用户的个人信息和电脑操作行为很容易被软件制作者操控。在专有软件时期，用户的使用行为受到许可合同、版权法和技术措施的严格控制，用户的一些基本权利没有得到保障。自由软件和开源软件都是对这种严格控制的一种反对。自由软件运动捍卫和保护软件用户复制、学习、分发的基本权利，而开源软件则开放软件源代码，允许个人用户和企业用户对软件进行学习和分享，从而促进软件的适用性，提高其性能。自由软件和开源软件在一定意义上是知识产权强化保护的结果，都与公共利益紧密相关。

三、CC——版权作品分享的新模式

Creative Commons（CC）在我国的正式翻译为“知识共享”，它的实质是一个非营利性组织，同时也是版权实施的一种灵活方式，致力于让任何创造性作品都有机会被更多人分享和再利用。2001 年，CC 由斯坦福大学法学院劳伦斯·莱斯格教授倡议和发起，在美国公共领域中心的资助下成立。哈佛大学法学院网络与社会伯克曼研究中心和斯坦福大学法学院为 CC 提供了人员、办公条件，总部设于美国旧金山。CC 为版权人提供了一种灵活的版权保护和实施方式，在传统版权法“保留所有权利”的基础上创造了“保留部分权利”的版权许可使用模式，权利人可以放弃一部分权利，使公众自由地以这种方式使用作品，但其保留的另一部分权利则是受版权法保护的，从而一方面实现了权利人的版权利益，另一方面也使公众获得实惠。目前，这项许可模式已经推广到很多国家和地区，并有不同的名称，如在我国台湾地区通常被称为“创用 CC”，在我国香港地区被称为“共享创意”，而在我国内地许多学者倾向于使用“创造共用”或“创作共享”。CC 的实施是通过 CC 组织负责撰写并发布的一系列许可方式，CC 在其网站上提供了 11 种网络数字作品（文学、美术、音乐等）许可授权机制供版权人选择，在 CC 2.0 以上的版本，又被简化为 6 种许可方式。这一系列许可方式是通过 CC 组织创造出的特定的简洁标识表达出版权人权利保留和权利让与的意思表示，如用“BY”与特定图形表示作者只保留署名权，使用者可以复制、发行、展览、表演、放映、广播或通过信息网络传播该作者的作品，但必须按照作者或者许可人指定的方式对作品进行署名。CC 是在目前国际版权保护特别是美国的版权保护明显扩张的背景下兴起的，是基于现行版权制度而又对其进行的创新使用，目的就是促进作品的流通和再利用，用私权力谋求公共利益。

CC 被认为是一项保卫文化自由与共享的政治运动，其起源于美国 1998 年的《版权期限延长法案》（*Sonny Bono Copyright Term Extension Act*，简称“CTEA”），以及针对该法案合宪性与否而提出的著名诉讼——Eldred 诉 Ashcroft 案，该案也称“米老鼠案”，究其缘由是因为美国之所以出台版权期限的延期法案，背后有迪士尼公司等大的娱乐、电影公司的推动。迪士尼公司的米老鼠等卡通形象版权的版权保护期限即将届满，如果版权法不延长保护期限，这些为该公司带来巨大利润并仍有营利价值的卡通形象就会进入公共领域，不再受该公司的任何控制而可以由其他公司和社会公众自由使用，所以，迪士尼公司为了保护其版权，竭力推动国会延长版权的保护期限。但是，版权期限的延长却使得其他依靠公共领域作品以及即将进入公共领域作品生存的公司遭受损失，原本不再需要获得版权人授权及付费的作品，由于版权期限的延长却不能无偿使用。Eldred 诉 Ashcroft 案的原告 Eric Eldred 就是该法案的利益受损者之一。1995 年，新罕布什尔州退休的电脑程序员 Eric Eldred 为了使他的女儿对霍桑（Nathaniel Hawthorne）的名作《红字》产生兴趣，决定将这一作品放到他的网站上，并配以图片和解释性文字，虽然他的这一做法并没有奏效，但 Eric Eldred 从此有了一个爱好并开辟了一项事业，他决定通过扫描将公共领域的作品放在他的数字图书馆中，供网民自由使用。然而，1998 年他的事业受阻，国会通过了版权延期法案，将原有的版权保护期限延长了 20 年，这样他打算使用的一些原本要在 1998 年进入公共领域的作品，因为这一法案的通过还要再等上 20 年才能进入公共领域。Eric Eldred 于是将当时的司法部部长 Ashcroft 告上法庭，莱斯格教授任原告的代理律师。莱斯格教授认为《版权期限延长法案》违反了宪法，国会没有将版权保护期限无限期延长的权利，宪法只是规定国会有权利赋予创作者在有限期限内享有专用权，并没有赋权国会无限期地延长保护期限的权利，该法案侵犯了原告在《宪法第一修正案》中的基本人权。该案最终上诉到美国最高法院，该法院绝大多数法官认为版权延期法案没有侵犯原告在《宪法第一修正案》中的权利，指出在作品出版之际，作品的思想、原理和事实等都不受版权法保护而可以由公众自由使用，这使《宪法第一修正案》与版权法形成了一个平衡点。该院同时推翻了原告关于国会权利滥用的诉求，认为《版权期限延长法案》的出台并没有超越宪法版权条款中赋予国会的权利，并认为延长版权保护期限是国会实施其立法权利的理性做法，指出国会之所以延长版权保护期限是因为欧盟成员国将版权保护期延长到了作者终生加死后 70 年，为了保护美国作者的利益，国会也将美国的版权保护期限延长到与欧盟一样。《版权期限延长法案》为美国作者提供了创造和传播作品的更多激励，且国会通过该法案是基于美国人口、经济和技术的变化之上的。最高法院推翻了原告的全部诉讼请求。① 该案虽以莱斯格教授代理的原告败诉结案，但却促使莱斯格教授本人对美国版权制度进行了一次全面的审视，并直接推动了 CC 的诞生。

创作共用于 2001 年正式开始运行，莱斯格教授是创始人和主席。

① 537 U. S. 186 (2003).

创作共用协议的最初版本也在2002年12月发布。莱斯格教授与其他CC组织的人员认为传统的版权制度通常位于两种极端，一端是“保留所有权利”，另一端则是“不保留任何权利”的公有领域。CC协议则在这两者之间为创作者提供多种可供选择的授权形式及条款组合，使创作者在保留某些权利的同时，可与其他人分享其作品。原本的创作共用协议是基于美国的法律体系的，所以在CC国际化的进程中，这些协议可能无法全面地切合其他国家现存的法律。为了解决该问题，创作共用组织推出了IC（International Commons）计划，调整法律用词以适应各国国情，各国有关的组织将其翻译、修改成可在该国司法领域适用的版本，完成在本国的本地化，该项目旨在推动CC的国际化进程。

CC提供给创作者四种最基本的授权方式，包括BY、NC、ND和SA。BY的含义为署名，创作者授权使用者可以对其作品进行复制、发行、展览、表演、放映、广播或通过信息网络传播，但必须按照作者或者其许可人指定的方式对作品进行署名。NC（NonCommercial）为非商业性使用，表示创作者允许使用者自由复制、散布、展示及演出其作品，但不得为商业目的而使用该作品。ND（NoDerivs）为禁止演绎，即创作者授予使用者自由复制、散布、展示及演出其作品的权利，但使用者不得改变、转变或改作其作品。SA（ShareAlike）翻译为相同方式共享，在这一协议下，创作者允许使用者自由复制、散布、展示及演出其作品，但如果使用者改变、转变或改作了该协议下的作品，就必须遵守与本作品相同的授权条款，才能发布由其在本作品基础上创作的衍生作品。这些基本的授权模式可以随意组合，从而产生16种组合模式，其中4种组合由于同时包括互相排斥的“ND”和“SA”而无效。由于授权者一般都要求署名权利，所以在这些组合中，没有署名条款的5种协议被淘汰，这样简化后剩下的6种协议就包括：署名（BY），署名（BY）—禁止演绎（ND），署名（BY）—非商业性使用（NC），署名（BY）—非商业性使用（NC）—禁止演绎（ND），署名（BY）—非商业性使用（NC）—相同方式共享（SA）以及署名（BY）—相同方式共享（SA）。目前，世界各地数百万计的网页、众多的博客作者、小说家、音乐家、画家、论文作者、课程内容开发者、电影等视频创作者等都在采用CC协议将内容与公众共享。CC组织也开发了电子数据库用以存放使用了CC协议的作品，供检索使用。该组织也在其网站上制作了简单可行的在CC协议下发布作品的程序，方便创作者理解和使用CC协议发布作品。各地的CC网站也对该发布和搜索界面进行了链接，以方便本国创作者使用CC协议。在检索CC作品方面，CC组织与各大搜索引擎服务商合作，Google，Yahoo等都可以用以检索CC作品。

CC模式的最大特点是其对现行版权制度的补充性。如上所述，现行版权法只涉及作品的两种状态，一是保留所有权利的状态，各国版权法都为版权人规定了一系列专有权利，这些权利为版权人专有，除了法律规定的特殊情况，其他人未经许可被禁止使用作品。版权法为这些权利设定了保护期限，超过保护期限的作品即进入了作品的第二种状态，即公有领域。在不承认作者精神权利的国家，超过法律规定的保护期限，作品完全进入公有领域，为公众自由使用；在承认作者精神权利的国家，作品保护期届满后，除保留作者部分的精神权利外，其他权利即失效。除此两种状态以外，现行版权法对作者如何放弃全部权利、如何放弃部分权利等问题均未涉及。使用者要么完全遵守法律，取得作者授权使用作品或在满足一定的条件下无需取得授权但需支付费用使用作品，要么就要冒着侵犯版权的法律风险而使用作品。当然，各国版权法为版权保护设置了例外规定，即合理使用，但合理使用本身是一个不断发展变化且很复杂的制度。首先，各国版权法以列举方式规定的合理使用行为并不能穷尽所有的本应视为合理使用的行为，随着经济社会、技术的发展，合理使用行为的方式在不断增加，每种新技术的诞生都可能伴随着新的作品使用，如计算机网络技术的发展，出现了很多在印刷时代不曾存在的网络使用行为，新的作品使用方式对合理使用制度产生了一定的挑战。其次，合理使用规则本身是复杂的，尽管目前很多国家都参照美国判例法中创造的合理使用行为判断“四要素”，但这四个要素中的每一个要素都有很大的弹性，判断标准本身的弹性使得一个行为是否构成合理使用难以认定。很多案件都是围绕涉案行为是否构成合理使用展开的，认定为合理使用，行为人就不需负任何责任，而不被认定为合理使用，行为人就需承担侵权责任。版权法对作品权利状态处理的欠缺以及合理使用规则的不明晰，是 CC 产生的基础之一。CC 通过不同的协议使作者在保留一部分权利的同时，放弃另外一部分权利，以使作品可以广为传播和再利用。

CC 的另外一个特点就是创作者使用的自愿性。是选择全面保护其作品的版权，还是选择 CC 协议放弃一部分版权，完全由创作者决定。创作者利用 CC 的动机是不同的，一部分选择利用 CC 协议的创作者具有奉献和共享精神，他们在自愿使用 CC 协议的同时，希望可以收到精神上的回馈。也有一部分创作者使用 CC 是因为他们是完全的反版权主义者。还有一部分创作者希望使用 CC 推广自己的作品，提高知名度。创作者对 CC 协议使用的自愿性还体现在创作者可以自由选择使用 CC 协议中的某个授权方式或多种授权方式的组合，CC 组织提供的多种授权方式满足了创作者的这一自由。

CC 提供的各种授权协议具有法律效力。CC 协议是基于现行版权法的，承认并尊重 CC 协议授权者的版权是 CC 协议的基础。目前，各国版权法均将各种基于创作的权利赋予了创作者或者其他版权人，这就使版权人有权利处置这些权利。当然，各国版权法关于版权让与或放弃的规定不尽相同，一些国家不允许放弃版权中的精神权利。CC 协议在国际化进程中已经注意到各国的法律规定以及法律传统，对以美国法为基础的原始协议进行了修改以契合不同国家的法律。CC 协议可以看做一种要约，当使用者接受了该要约，创作者与使用者之间的许可使用合同即成立。使用者要遵守创作者的授权许可范围，如果未能遵守该授权协议，使用者的行为仍落入版权法的管辖范围，侵犯了创作者的版权。

CC 的积极作用是显而易见的，除了能促进信息和知识的广泛传播，方便他人基于现有作品再创作以外，CC还是现有版权制度的有益补充，可以减少版权交易成本，提高交易效率。在现有版权制度中，由于作者保留全部权利，要使用一件作品必须获得版权人的许可。这在实际操作中是比较困难的，一些作品的版权人不甚明确，有的作品经历了多次权利转让，版权人几经更换，版权主体难以确定。即使版权人易于确定，但由于地理距离、通讯等方面的因素，使用者与版权人取得联系并签订协议仍是一件费时费力的事情，跨国授权更是如此。也有一些作品，由于创作时间不清等原因导致其权利状态不明，公众无从知晓其是否已经进入公共领域。在这些情况下，使用者要么花费大量的时间精力寻找版权人，要么冒法律风险不理会版权问题。对于创作者来说，现行版权制度也不利于作品的广泛传播。即使创作者愿意将自己的作品回馈给社会，或放弃一部分版权以便于他人使用其作品，现行版权制度也没有提供这样的机制。而CC以清晰、简洁、易懂的协议为创作者提供了一个授权的通道，创作者可以选择使用已经由专业人士撰写好的具法律效力的协议，明确表示保留哪些权利、放弃哪些权利的意愿。CC对于网络版权许可也有较大意义。网络上的许多版权使用的都是默示许可，但除非有相应的法律条文，否则很难确定默示许可到底允许人们或搜索引擎做什么，这里就存在很多不确定的因素。但是，真正的许可证就可解决这一难题。把作品置于真正的许可证下，并把使用条款表述清楚，默示许可就失去存在的必要性。[①] 斯坦福大学法学院教师、合理使用项目的执行理事Anthony Falzone将CC使授权范围明确化的优点比喻为计算机的图形界面，认为CC好像Windows，尽管其有缺点，但比起MSDOS还是简单多了。[②]

---

① Jonathan Bailey. 5 Lesser-Known Benefits to Creative Commons. [2009-08-20]. http://www.blogherald.com/2009/01/05/5-lesser-known-benefits-to-creative-commons/.

② Kathlyn Clore. Innovation Journalism: Copyright and Creative Commons. [2009-08-05]. http://www.ejc.net/magazine/article/innovation_journalism_copyright_and_commons/.

另外，CC 还有利于创作者推广其作品，为创作者带来利益。放弃一部分使用权使作品得以广泛传播和使用被认为是一种推广作品的好方法，可以提高作品和作者的知名度。对于新生作家、摄影家、艺术家等创作者，CC 是一个易于使用的推广作品的工具。如一位不知名的作家创作了一部小说，利用 CC 协议在网络上供网民自由下载阅读，作品的作者或销售者可以利用点击率提高作者本人和网站的知名度，也可以带动纸本图书的销售。对于网站特别是新建立的网站而言，采用 CC 协议的网站可以更容易被 Google 等搜索引擎搜索到，从而提高网站的访问量和点击率。

CC 不仅有利于作品的创作者和使用者，有学者还认为，对于信息传播者而言，其意义也是非凡的。因为创作共用授权许可协议具有世界性和一致性，对数字作品来说，不同的协议组合方式都可以实现计算机自动识别。这些协议组合可以有效地降低互联网服务提供商（ISP）与内容提供商（ICP）保障版权或打击侵权行为的风险与成本，有效地避免信息传播者与版权人、信息使用者的版权纠纷，最终达到保障信息传播者权利的目的。①

CC 的社会意义巨大，它的发展逐渐成为一种社会文化理念的运动。它提倡并推动的获取、交流、共享、提高的理念，有利于信息和知识的流通，有利于人们在心中确立分享主义的意识，而分享主义更使互联网接近其本质。目前，互联网也在兴盛分享主义，链接、转载、博客、各种论坛组、维基等等都是分享主义的体现，但在信息和知识的分享过程中存在着混乱，版权人是否愿意授权的意愿以及授权的范围都不确定，使很多分享行为存在法律风险。如网络转载，我国《著作权法》第三十二条第二款规定，作品刊登后，除著作权人声明不得转载、摘编的外，其他报刊可以转载或者作为文摘、资料刊登，但应当按照规定向著作权人支付报酬。这条解决了传统报刊之间的作

① 洪伟达，马海群．面向信息权利的著作权制度效率改进——以创作共用为视角．图书馆论坛，2008，26（6）：235.

品转载问题，却没有涉及网络转载问题。2000年，最高人民法院出台的《关于审理涉及计算机网络著作权纠纷案件适用法律若干问题的解释》规定报刊和网络之间以及网站之间可以相互转载和摘编作品。该司法解释第三条规定：已在报刊上刊登或者网络上传播的作品，除著作权人声明或者上载该作品的网络服务提供者受著作权人的委托声明不得转载、摘编的以外，网站予以转载、摘编并按有关规定支付报酬、注明出处的，不构成侵权。但网站转载、摘编作品超过有关报刊转载作品范围的，应当认定为侵权。2004年，最高人民法院在修订该司法解释时，对第三条进行了修正，修改为："已在报刊上刊登或者网络上传播的作品，除著作权人声明或者报社、期刊社、网络服务提供者受著作权人委托声明不得转载、摘编的以外，在网络进行转载、摘编并按有关规定支付报酬、注明出处的，不构成侵权。但转载、摘编作品超过有关报刊转载作品范围的，应当认定为侵权。"法律仍然允许报刊、网络之间的相互转载。2006年11月，最高人民法院对该司法解释进行了第二次修正，这次修正将第三条直接删除，以与同年6月出台的《信息网络传播权保护条例》保持一致。《信息网络传播权保护条例》并没有直接对网络转载进行规定，而在第六条罗列了8种合理使用的行为，网络转载问题没有了明确的法律依据。这一方面使作品转载者的网络转载行为存在较大的法律风险，另一方面版权人由于维权成本过高其权利也得不到相应的保障。CC在一定程度上可以规范包括网络转载在内的作品使用行为，维护网络使用的秩序。作品使用者可以在版权人明确授权的范围内对作品进行使用，版权人也有了版权法之外的表达自己意愿、维护自己权利的又一工具。

然而，CC虽然具有维持网络使用秩序的功能，但它却不能杜绝不规范的网络使用行为，一些开始使用了CC协议的网站因为这一原因选择放弃CC协议而保留全部权利。如LiveSino网站，它自称为LiveSide的中文版，是一个主要关注微软Windows Live及微软其他相关产品资讯、体验、技巧、采访、开发和视频下载的博客，该博客决定放弃原来采用的CC协议，同时表示再也不鼓励各类对LiveSino文章的转载行为。其理由是，一些网站从LiveSino转载的文章被修改得面目全非，还有些网站甚至没有将文章链接到该网站，而是修改到了其他网站的链接。网站经营者认为这与CC协议有一定的关系，所以，为了保护LiveSino这一品牌，最终放弃了CC。[①] 尽管导致LiveSino放弃CC的原因包括不负责任的修改文章和伪造链接而不是直接因为CC，但也反映了CC在维持网络秩序方面的局限性。

在使用CC的自愿性方面，CC协议的设计存在缺陷，即没有明确协议是否为可撤销的。创作者一般不能预见作品的前景，包括传播的广泛度、知名度与商业价值，当创作者选择使用CC协议时，是否意味着不管该协议的运行效果如何，或不管创作者是否愿意继续使用CC协议，协议都是不可撤销的？如一位名气不大的创作者选择使用了CC协议的BY即署名授权方式，允许使用者在担负署名的义务后，自由复制、传播甚至为商业目的使用其作品，以获得其作品的广泛传播及由此带来的知名度。当该创作者获得了一定的知名度后，其作品价值上升，该创作者不愿意其作品被商业性使用，也不愿意其作品被演绎，那么该创作者是否可以放弃CC协议，或选择其他授权方式，如BY-NC、BY-ND、BY-NC-ND呢？这些都是CC协议所没有明确的。CC协议不明确的可撤销性问题一直是其遭受诟病的一大缺陷。CC协议是否是有期限的以及该期限是否可由创作者自由设定，也是CC协议没有明确的。在这些问题没有解决之前，CC协议使用的自愿性就带有了一定的强制性。笔者认为，CC在改进过程中应该注意对这些问题的解决，可以考虑由作者或版权人设定CC协议的期限，当作者或版权人认为其原先设定的期限需要改变时，如可以试用一年CC的BY-NC协议来推广其作品，一年期满后可决定维持该协议或将该协议更换成其他CC协议或放弃CC协议。他们也可以在一定条件下修

---

① Picturepan2. LiveSino放弃Creative Commons协议.［2009-08-20］. http://livesino.net/archives/2156.live.

改这一期限，如将原先设定的 10 年更改为 5 年。当然，这样做虽然使作者或版权人的权利得到了更好的保障，却影响了 CC 协议的稳定性，也会为使用者带来不便。但这一不便可以通过合同的不可回溯性来部分解决，即如果作者或版权人更改或放弃了 CC 协议，对于更改和放弃以前的使用者的使用行为都不具有约束力。如何让使用者知晓那些原本使用的 CC 协议已经更改或放弃应该是一个技术问题，如可以建立一个数据库，该数据库的有关实时授权信息可以随时关联到伴随作品的 CC 图标上，当使用者点击该图标或将鼠标移到该图标上时，就会显示该作品最新的授权方式和时间范围。当然，作为一个技术性问题，相信技术专家会给出更好的解决方案，但前提是不应破坏目前 CC 协议简洁易懂的优点。

CC 组织和创作者一般不能预见作品的具体使用方式，而且不同专业领域的作品，对其使用的方式是不同的，所以 CC 协议只能在现有技术基础上拟定一般性的协议，这就使当出现新的作品使用方式时，可供选择的协议显得有限，而且协议不能完全体现某个专业领域的特征，也就不能完全满足一部分创作者的意愿。CC 是否允许这部分创作者在一般性的 CC 协议基础上，附加自己的授权限制，使一部分 CC 协议成为开放性的协议。笔者认为，开放性协议虽然会满足创作者的个性化意愿，但会破坏 CC 协议的统一性、简洁性和可控性，需要进一步的研究。

也有人质疑 CC 的执行效果，认为互联网的实际规则就是拿来主义，如果有人真的想使用他人的作品，绝大多数情况下并不会理会 CC，而是直接拿来。CC 协议从理论上来讲可以使原本不确定的授权更加明确化，降低作品创作者、传播者和使用者的法律风险和成本，减少诉讼事件，但 CC 协议的执行也会产生新的版权问题，导致新的法律诉讼。CC 协议的可执行性问题同样是广受质疑的。一位美国的研究人员认为，CC 是基于合同的，而在美国，合同是州法而版权法是联邦法律，当创作者在合同中的授权行为违反了版权法时，由于版权法优位于合同法，协议就是无效的。正如笔者在本书第三章的论述，在其他国家，版权与合同的关系目前都还不确定，违反了版权法的合同效力问题没有彻底解决。所以，基于合同的CC协议如果存在违反版权法的条款，这些条款是否有效？这直接关系到了合同的可执行性问题。另外，CC协议与点击合同、拆封合同一样，都缺少合同法所要求的双方同意和明确的意思表示要件，这一点也影响了CC协议的可执行性。[①] CC协议本身的许多用语也有待于更加明确，如NC非商业性使用和ND禁止演绎，什么情况下是商业性使用，什么使用行为又是非商业性使用，CC在两者之间并没有进行区分，会导致协议执行过程中的偏差，许可者的意愿可能被扭曲，而使用者的使用行为又有了新的法律风险。这一点在ND上同样存在，“演绎”一词带有极强的专业性，对于普通公众而言不易理解，CC为避免上述问题的出现，也应对其进行词义上的明确。

创作共用运动原先的支持者、一些CC项目推广人员，在CC项目的执行过程中发现了创作共用实际运行中出现的问题，并对创作共用等反版权运动进行了深入的反思。比利时Namur大学副教授、同时担任比利时创作共用项目负责人的Severine Dusollier先生从创作共用运动的目的和创作共用使用的方法和策略着眼分析，认为创作共用的目的是反对现行不断扩张的版权制度，最终推动版权制度的变革，而其使用的方法是版权法中的许可合同。许可合同是目前操控版权制度的版权工业惯常使用的、用以控制使用者的重要手段之一，使用者在版权制度内的应有权利往往为许可合同所屏蔽，许可合同和技术措施使版权工业牢牢控制住了使用者的使用行为。许可合同强化了信息的商品属性以及专有性，也意味着没有授权者的许可共享作品是被禁止的。创作共用、自由软件运动运用的许可合同的传染性[②]以及对下

---

① Lynn M. Forsythe, Deborah J. Kemp. Creative Commons: for the Common Good? *University of La Verne Law Review*. Rev. April, 2009: 346 - 379.

② CC的SA（Share Alike）授权方式和自由软件运动中使用的许可合同都要求下游使用者在接受许可合同后，发布演绎作品时要将其从许可合同中得到的授权传递给更下游的使用者。这种授权的强制延续被称为许可合同的传染性。

游使用者的捆绑性，重复了版权工业的惯常做法。Severine Dusollier将创作共用运动使用的许可授权方式比喻为工具，将版权制度比喻为房子，利用奥德·洛德（Audre Lorde）[①] 的著名论断“主人的工具将永远不会拆除主人的房屋”，认为创作共用利用许可合同不可能达到其最终的理想，即改变版权制度。但他同时指出，不能小瞧创作共用的实施对版权制度产生的颠覆性的影响。创作共用对版权制度的实施不同于现有的版权实施方式，长期主导版权的“控制”和“报酬”理念其实只是一种习惯，如果将这种“控制”和“报酬”思想仅仅看做一种选择而非必需，那么版权扩张的趋势将会被遏制。[②]

的确如此。长期以来我们都习惯于恪守固有的观念，重复同样的行为，在实施版权制度方面亦是如此。目前，我们遵循着版权的“控制”、“禁止”、“许可”和“报酬”思维，而当创作共用运动普及开来，当选择和分享成为人们的一种习惯时，版权制度会被悄悄地改变，可以说创作共用真正实现了其终极目标。

然而，像任何领域的改革方案一样，有的可以摒弃掉改革前该领域存在的不合理的抑或是无效率的做法，带来积极的有益的社会作用；而有的改革方案实施后的效果会在绕圈之后归于改革前的起点；还有的改革方案的推行效果与初衷产生偏差，致使改革后的状况甚至比以前更坏。我们在推广创作共用崭新理念的同时，也应该对它进行谨慎地反思，对其运行效果进行全面评估，并要对其未来影响进行预测。创作共用已经由理念变成实践，并在实施其国际化推进，很多国家已经建立了 CC 机构国内组织。而不同于一些改革方案的是，创作共用是没有进行试点试验的，即没有在一个特定领域或特定地区进行过实施效果的试验。所以，一旦推行开来，其影响是不可控制的，这样就更有必要对其进行深入的评判和研究。在我国同样如此。目前，

---

① 奥德·洛德（Audre Lorde）是美国早期的女性主义启蒙者、作家、诗人和活动家。

② Severine Dusollier. Contract Options for Individual Artists: Master's Tools v. The Master's House: Creative Commons v. Copyright. *Columbia Journal of Law & the Arts*, 2006: 271 -297.

中国人民大学已经建立了CC机构，负责创作共用运动在我国的推广及实施。但我国在文化创作和传播领域的国情与美国存在差异，所以在推广该项目时也要切实地评估我国创作、传播领域的真实情况，紧密关注国际上创作共用发展的状况，探讨其运行中出现的新问题。对于创作共用的理论研究方面，学界多还限于其历史、初衷、理念和实施方案的介绍，未来的研究应结合我国国情分析其潜在缺陷和风险，以使该项目的执行更加有利于我国科学文化事业的发展。

创作共用运动是在反对版权过度保护主义的背景下应运而生的，该运动的支持者认为目前的版权保护过度地倾向于版权人。而实际上，真正的创作者又很少从版权的强化保护中获得利益，这部分利益大多由版权企业等传播者取得。从目前创作者和传播者的关系来看，个体创作者和雇佣创作者的地位和谈判能力是弱于传播者的，特别是相对于版权工业企业，他们的话语权更显得不足。如在出版领域，除了知名创作者在作品出版过程中处于强势地位外，一般的创作者还是处于弱势地位，对于知名出版商更是如此。在这种情况下，正如笔者在本书第一章所论述的，传播者日益控制了作品的版权，这是目前版权保护的特点之一，也是创作者、传播者、使用者三者关系的重要特点之一。国际上，出版商要求创作者转让版权的做法由来已久，这种做法也渐由我国的出版者采用，要求作者在投稿之后即转让作品的版权或是让渡作品收入商业数据库进行网络传输的权利。这样一来，版权强化保护带来的利益就从创作者那里转给了传播者，传播者和其他版权企业更具有了版权立法寻租的原动力。而传播者和版权企业一旦掌握了版权，就加强了对创作者和使用者的控制。立法、合同、立法认同的技术措施已经成为传播者和版权企业控制版权的三大法宝，造成创作者难以控制自己的作品以及使用者难以获取版权作品的局面。

创作共用立足于“使用者”对现行版权制度进行了批评，并力求重建创作者、传播者和使用者之间的关系。该运动为创作者提供简单易行的工具，使创作者可以控制自己作品的传播方式，并通过鼓励创作者放弃一部分版权为后续的创作者提供便利，从此重新构建了创作者与使用者之间的直接对话，而削弱了中介即传播者的作用。在这一点上，创作共用与 OA 类似，OA 通过创作者自费出版来解决由于学术期刊出版商的控制而导致的学术信息交流困难，而创作共用则通过一系列的许可协议允许使用者直接分享作品。两者都对出版等版权企业产生了冲击，在 OA 迅速发展的情况下，许多学术期刊出版者开始思考转变经营模式和营利模式，以兼顾 OA 理念和维持利润。创作共用运动带给版权企业的冲击不止转变经营模式那么简单，因为创作共用倡导的“自由文化”一旦蔚然成风，许多创作者尤其是知名创作者直接放弃全部或部分版权，将使版权企业的版权资源减少，就会对其经营和营利产生巨大影响。但这种影响是潜在的，目前还未彰显出来。然而，创作共用能否完全解决目前版权制度中的问题，仍需要深入的分析和时间的检验。

目前，版权制度中存在的问题至少包括：创作者的权益保护；版权保护利益向传播者的转移；公众对信息和知识的获取。应该说，版权制度主要就是为解决上述三方面的问题而设立的，但目前由于该制度自身的缺陷而没有解决好。创作共用作为版权制度的补充，在解决创作者权益保护的问题方面，作用不是非常明显。创作共用只是鼓励创作者放弃一部分版权给下游的创作者，以使他人可以站在上一个创作者的肩膀上进行更好的创作。虽然笔者和其他研究人员同样认为创作共用确实可以使一些创作者的影响力和知名度提高，现实中也出现了创作者利用 CC 协议免费提供网络下载而使作品成名的事例，但 CC 协议是否可以经受得住市场的检验，可否在为创作者带来精神利益的同时带来经济利益还是未知。从目前大多数研究人员的观点来看，都倾向于认为 CC 会对创作者的经济地位带来负面影响。创作者可以简单地划分为以创作为生和不以创作为生两种，对于后者而言，CC 协议对其经济方面的影响可能不为他们所重视，反而可以为他们带来精神上的享受，但对于以创作为主要经济来源的创作者，采用 CC 协议则可能对其经济收入产生不利影响。总之，CC 组织应关注 CC 协议的执行对创作者的影响，收集案例进行更多的实证分析，区分 CC 协议在不同领域的可行性，确保不同领域的创作者都不至于受到太多不利的影响。

从创作共用的社会效果来看，其为社会带来的创作总产出相比于完全执行版权制度的创作总产出也应予以评估。创作共用的初衷是便利使用者在现有作品之上的再创作，正如要对创作者进行分类一样，也应对使用者予以归类，以考量创作共用对不同使用者的作用。科学技术作品的使用者即再续创作者主要是科学技术人员，而一般科普作品的使用者则主要是一般社会公众，小说的使用者大多应是小说爱好者，而音乐的使用者大多是音乐的欣赏者。可以发现，不同领域的使用者其使用目的是不同的，有的使用以再创作为目的，也有的使用行为完全是娱乐性的、消费性的，是否会在 CC 作品上进行再创作是未知的，即使进行了再创作，是否会继续使用 CC 协议将共享精神传承下去让他人共享其作品也不确定。所以，是否会形成莱斯格教授希望的自由文化（Free Culture）还依赖于众多的再续创作者。CC 作品创作者对使用者的赠与从理论上来讲可以带来更多的创作产出量，因为几乎任何创作都需要立于他人的创作或思想之上。但 CC 作品的再续使用者是否愿意将其作品回馈于社会，还依赖于再续使用者个人。

总之，倡导以使用者为中心，只能部分解决版权制度中的现有问题，而不能从根本上彻底消除版权过度保护对版权人和使用者的不利影响。创作者的利益保护机制仍然没有很好地建立起来，虽然这一点并非创作共用运动的主要作用范围，但在其实施过程中仍要关注对创作者的经济影响，注意维护创作者与其作品之间的紧密联系，防止在共享过程中割裂了创作者与作品的关系，从而影响了尊重知识、尊重原创的社会风气，影响创作者的创作动力。让使用者主导版权制度并没有切入到问题的实质，所以笔者也不赞同一些学者提出的用“使用者权利”代替版权法中的合理使用。应该说，只有较好地维护和保障了创作者的权益，版权制度才真正起到了作用。而任何对版权制度进行改革或改进的运动，只有注意和把握好了这一点，才会可持续地发展下去。

在发现了CC现实和潜在的缺陷和风险后，研究人员纷纷提出了解决方案。马利萨·斯凯弗（Maritza Schaeffer）研究了CC在视觉艺术领域的应用范围和作用方式后，提出了该领域内CC的两个替代方案。一个是被作者称为“在莱斯格和迪士尼之间达成平衡”的安迪·沃霍尔基金会[①]提供的授权方式。该基金会赞成艺术作品的商品化，但同时促进艺术的非商业性的获取。其现任主席认为当一个艺术家的作品被其他艺术家和学者使用时，他可以是莱斯格，当被商业使用时，又可以成为迪士尼。该基金会建立审查机制，对每一个商业性使用其管理作品的个案进行审查，每一份审查分为两个步骤，首先看使用作品的主体是谁以及使用目的是营利还是非营利的；其次，如果使用主体目的是为了营利，就要看是如何营利的。在促成艺术商品化的同时，该基金会通过低公布运价使学者们可以容易地获得作品。由此，该授权机制一方面包含了CC的共享思想，另一方面保留了艺术家控制其作品的权利。马利萨·斯凯弗提出的另外一个替代方案是专门的权利许可组织，这种组织尤其适合于那些具有较高市场需求度的作品。当一个艺术家的作品受到传统印刷媒体、网络媒体、广告机构或电影或电视组织的青睐，复制率很高时，就可以将许可事务交予艺术家权利协会（Artists Rights Society，ARS）处理。作者可以决定是否允许复制，ARS还让作者参与到授权过程中，使作者可以建议授权条款和条件，还可以要求被许可方在出版之前提供样本以审查是否符合要求。这种授权方式虽然不能像CC那样减少交易成本，但马利萨·斯凯弗认为，这对于那些不想放弃控制自己作品的艺术家而言却十分重要，因为他们可以选择许可给谁使用、怎样使用以及使用的质量。[②]

---

① 安迪·沃霍尔基金会是一个国际知名的艺术基金会，成立于1987年，通过整理、研究、出版和展览艺术品，赞助艺术团体、机构和艺术家个人推动视觉艺术事业的发展。

② Maritza Schaeffer. Contemporary Issues in the Visualart Realm：How Useful are Creative Commons Licenes? *Jouranl of Law & Policy*，2008（17）：359－398.

有研究者将创作共用的实施问题、确定性问题以及法律冲突问题归结为它仅仅是一个私人方案而非公共性的改革方案，并质问既然目前我们已经设计了一套法律体系，通过这套法律体系授予创作者专有权利以激励创作和推动信息与知识的公共供给，我们为什么不能给创作者设计一种增加公共信息和知识储量的法律途径呢？该研究人员认为应在立法体系中提供一种更为简洁的方案使创作者可以自我限制法律提供的保护或者放弃版权。创作共用对创作者来说还存在不确定性和交易成本，因而并非最有效的方案。①

研究人员提出的版权改革方案既包括对版权法进行全面的改革，也包括对现行版权制度嵌入版权登记系统或要求版权人履行一些形式手续以得到版权保护。帕米拉·萨缪尔森教授认为美国目前的版权法过于复杂和僵硬，应该着手考虑制定一个更为简洁的、更加具有综合性的以及更平衡的版权法。萨缪尔森建议制定一部版权示范法，认为该部示范法至少包括七个基本元素：保护客体、著作权人和作品版权保护的适格性、专有权利、专有权的期限、权利的限制和例外、侵权认定标准、侵权救济。萨缪尔森针对以上七个方面提出在示范法中应注意的问题，如澄清版权保护的客体范围和适格标准、认识版权手续的重要性并重新建立起版权登记和标识制度、仔细剪裁专有权的种类、缩短版权保护期限、确定侵权标准以及重新思考现行的一些救济方式。萨缪尔森还细述了版权改革过程中将会遇到的一些其他挑战，提出在起草版权示范法的过程中要考虑重建政策制定过程和相关制度，并对如何保持示范法与国际义务一致性问题，以及如何控制版权利益相关者对起草过程的影响等提出了建议。在谈到创作共用时，萨缪尔森充分肯定了该运动，认为其为作品的共享和再利用提供了非常有用的机制。但她同时认为重建版权法的手续形式要求体系在更为复杂的社会中能发挥更大的作用，应建立一个集中的作品登记、储存机

① Adrienne K. Goss. Codifying a Commons: Copyright, Copyleft, and the Creative Commons Project. *Chicago-Kent Law Review*, 2007 (82): 963 - 996.

构以便联系版权人、清算版税以降低交易成本。①

不同于萨缪尔森教授全面改革版权制度的倡议和想法，斯坦福大学法学院副教授克里斯多弗·斯普里格曼（Christopher Sprigman）认为可以从版权法对创作者登记手续要求方面着手，对现行版权制度进行平和的、更具现实操作性的改变，以达到版权制度的初衷。斯普里格曼通过考察美国1976年版权法以前的版权强制性登记制度，认为该制度体系下的版权登记、版权标识和版权续展要求对保持版权人利益和公众获取作品之间的平衡有很大的作用，并能降低许可过程中搜寻和识别版权人的成本，而且那些不希望版权保护的作品可以顺利进入公有领域为他人所用，将版权法保护的重点放在那些有市场价值的作品上去。1976年以后的版权法，注册登记和标识作品不再作为版权保护的必要条件以与《伯尔尼公约》的要求保持一致，斯普里格曼认为这一举措的影响远超过《版权期限延长法案》，而且，在获取、复制、传播非常便利的数字时代，使版权法成为再利用作品的主要障碍。在近期内改变《伯尔尼公约》不现实的情况下，斯普里格曼创造性地提出一种新型版权手续制度，即名义上自愿而实质上强制那些具有商业价值的作品进行登记，不进行登记的作品将自动转入永久性的“默示许可”领域，为转入该范围的作品设定非常低的版税，以此突出保护重点，过滤掉市场价值不明显的作品，重建版权法的平衡。②

莱斯格教授也建议仿照互联网域名的注册制度，建立起版权作品的登记和续展机制。他认为版权局作为中心注册机构，职责在于建立一个版权作品数据库，并制定出注册服务提供者的资格标准。由注册服务提供者相互竞争以提供价格最低和最简易的登记和续展系统，从而降低版权人进行版权登记手续的成本，也为作品使用许可合同的签

① Pamela Samuelson. Preliminary Thoughts on Copyright Reform. *Utah Law Review*, 2007: 551 – 584.

② Christopher Sprigman. Reform (aliz) ing Copyright. *Stanford Law Review*, *November*, 2004, Vol. 57: 485 – 574.

订提供便利。[①]

对版权过度保护影响的消除以及对创作共用内在不足的修正，可以通过将创作共用的部分元素与其他方案结合，并将结合后的方案法律化来解决。有研究人员建议修改版权法，将 GPL 的一些方面纳入版权法，保证 GPL 实施过程中的一致性和公示性，如可以在圆圈内放字母 L 表示有限版权的声明，版权法可以规定这种标识表示版权人已经声明放弃了一些权利。[②] 也可以直接以 CC 提供的符号机制制定起一部法案，这部法案可以规定，NC 外加一个圆圈意味着版权人已经授权非商业性的使用，圆圈内加 PD 则表示版权人已经将其作品放入公共领域，而圆圈内加 ED 可以表示该作品在教育领域可以被自由使用，BY 依旧如 CC 所标识的署名要求，即在署上版权人名称后可以自由使用该作品。这种法定化的符号系统可以与登记系统一起建立起有限版权作品的数据库。上述机制可以有效解决创作共用实施过程中的默示使用、第三方使用以及不确定性等问题。如 CC 符号中广受批评的 NC，“商业性使用”与“非商业性使用”之间的区别就不会处于不确定的状态，因为法案既可以提供一个具有法律意义的标准定义，也可以应用现行立法中的定义。[③] 当立法消除了 CC 中的不确定性，许可使用范围被清晰定义后，版权人就更加乐意授权他人进行有限的使用。

---

① Lawrence Lessig. *Free Culture: How Big Media Uses Technology and the Law to Lock Down Culture and Control Creativity*. New York: the Penguin Press, 2004: 289 – 290.

② Robert P. Merges. A New Dynamism in the Public Domain. *University of Chicago Law Review*, 2004, Vol. 71: 201 – 202.

③ Adrienne K. Goss. Codifying a Commons: Copyright, Copyleft, and the Creative Commons Project. *Chicago-Kent Law Review*, 2007, Vol. 82: 993.

四、OA、Copyleft、CC与版权公共利益

可以说，以上三种模式的共同点是都利用了现有的版权制度，但也都对现有版权制度进行了变革，是利用现有的版权制度再反过来挑战它。它们之间另外的一个共同点就是实现了作品在传播领域的自由，都旨在建立一个不受版权限制或受到较少限制的学术交流机制和作品流通机制，使作品得以广泛传播和利用。但是，值得思考的是，虽然实现了版权在第二层面即传播层面以及第三层面利用层面的良好运转，版权制度的第一层面即创作层面能否保持顺利呢？也就是说，这三种模式的版权管理机制是否能够激励创作？是否会对创作者的利益产生损害？如果该运动使创作丧失了动力，或者减少了这种动力，那么创作出的作品质量会不会下降，数量会不会减少，会不会使传播和利用成为无源之水呢？或者如果考虑得更加深入一些，可否质疑这一运动呢？

丹麦格陵兰大学法学院的艾斯德尔·胡恩（Esther Hoorn）和Pleiade管理和咨询公司的马努斯·范·德·哥拉夫（Maurits van der Graaf）合作对OA和版权的关系在OA出版商和作者之间进行了一次全面的调查。通过调查发现，作者对学术研究性的文章比较乐于采取OA出版，而对于其他类型的作品如评论文章、图书等兴趣就小得多。而且，作者不仅愿意让自己的研究文章通过OA进行出版，也愿意看到自己的文章能产生最大化的影响。所以，OA模式，即作者付钱出版和全世界获取的模式对于作者而言有明显的好处。OA的努力是为了实现所有用户合法的、为学术目的而使用的权利，然而，分清合法的为学术目的的使用和商业目的的使用是很困难的，因为大学和研究机构正在开展越来越多的商业性的教育活动。另外，通过调查得出结论：作者并不愿意将对作品的商业性使用权利转让给OA出版商。对于经OA出版的作品，是否有必要进行版权实施情况和侵权情况的监

视，往往依赖于版权许可合同的约定。如果作者认为有必要，这个责任通常落在 OA 出版商身上。[①] OA 模式如何与版权人相协调，更好地利用版权法，需要进一步的研究。

在对 CC 的评价中，国际作家与作曲家协会联合会（CISAC）认为，CC 作为一种新型的版权许可方式，旨在提供一个版权的替代方案，使版权人允许对他们版权作品的再利用。但事实上，CC 为那些想不经过版权人许可就使用作品的网络用户带来了巨大的利益，而留给创作人极少的利益。对于那些想以写作为生的创作者而言，一旦签订了 CC 协议，将来还可否恢复版权是不清楚的。CISAC 提出质疑说 CC 模式是不能带来创造力的。[②]《福布斯杂志》也说：劳伦斯·莱斯格不是创作者真正的朋友。他对版权的攻击只能帮助那些想不劳而获的人大胆宣称复制就是创作，因为对那些人而言，不直接再利用他人的作品，他们就写不出什么东西。[③] 英国音乐权利协会主席 Emma Pike 2005 年发表了一篇题为《CC 的本质》（*What you need to know about Creative Commons*）的文章，文章写道，CC 是劳伦斯·莱斯格的创造。在他的眼里，CC 就像公园一样是一个公共空间，人们可以合法地免费获得版权作品。Pike 警告作者在签订 CC 协议之前，应寻求法律咨询。作者应该明确 CC 是不给报酬的，有效期持续整个版权保护期限，且是全球性的、不可取消的。实际上，通过签订 CC 协

① E. Hoorn & Maurits van der Graaf. Towards Good Practices of Copyright in Open Access Journals: A Study Among Authors of Articles in Open Access Journals. 该报告全文可以在 http://www. jisc. ac. uk 和 http://www. surf. nl 两个网站上获取，检索日期 2006 年 1 月 18 日。调查报告的主要结论同样可以在两人合写的文章获得。E. Hoorn & Maurits van der Graaf. Copyright Issues in Open Access Research Journals: The Authors' Perspective. *D-Lib Magazine*, 2006, 12 (2).

② The Fine Print behind the Creative Commons License. [2006-02-03]. http://www. cisac. org/web/content. nsf/Builder? ReadForm&Page = QuickFind&Lang = EN&Query = cc&Archived = false.

③ Let's Have Less of Lessig. [2006-02-22]. http: //www. forbes. com/2004/04/02/cz _sm _0402manes _print. html.

议，就等于在全球范围内永久性地放弃了版权。CC是用户的宪法，可以为网络上的用户提供难以衡量的好处，但对创作界而言却正好相反。Pike还进一步指出，有两类人愿意签订CC协议，一类是那些不以音乐谋生的纯粹的音乐爱好者，另一类是已经在音乐界颇有建树的顶尖艺术家，通常把他们的作品捐赠给公众。而对在这两者之间的作家和音乐家而言，CC不能提供任何实惠，但一些人还是被他们的花言巧语拉下了水。[①] 在摄影界，也有呼吁放弃CC的呼声。认为CC协议可以减少职业摄影师的收入，原本让使用者获益的CC正在成为大企业谋利的资源，CC真正改变的并非个人使用，而是商业使用，商业公司才是从CC系统中获益最大的一方。在没有CC的时候，商业公司以及广告公司要使用摄影作品，必须与创作者联系，获得许可并支付报酬，而CC出现后，成千上万的摄影师或有意或无意地永久放弃了自己的图片版权，摄影师原本为了高尚的理想主义目的作出的牺牲，立刻成为商业公司掠夺的宝库。[②] 有研究者甚至指出，使用CC有风险，在使用之前应做出谨慎的判断，更提出了是否使用CC的五个标准：一是个人的满足度。即你对他人复制、传播你的作品是否有一种满足感，如果他人即使是非商业性使用你的作品，没有你的许可你是否仍会感到沮丧。二是商业模式。要看你的商业经营模式是否严重依赖作品副本的销售，是否会轻易地被免费散发副本替代市场。三是作品类型。要考虑作品的免费复制品会不会替代销售版本。例如，PDF格式不会替代物理载体的图书，而免费MP3的品质则与销售版的一模一样。另外，还要看作品的属性是否容易被改变，当被复制时作品原本的属性、格式会不会丢失。四是作品的用户类型。在使用CC之前，要思考你的作品用户的教育程度如何，是否可以较好地理解CC协议并知道如何遵守该协议，还要考虑他们会不会也使用

① Emma Pike. What you need to know about Creative Commons. *M*, 2005 (15).

② 摄影师，请拒绝Creative Commons. [2009-08-20]. http://www.leica.org.cn/post/512/.

CC 协议。五是搜索引擎可为你带来的利益。要考虑拟使用 CC 协议的作品在搜索引擎中的排名对你是否重要，对作品的链接相比较于对作品进行复制是否对你更有好处。尽管作品是否被正确地链接和传播看似一件小事情，但如果你的网站是新建立的且知名度不高，这个因素是非常重要的。①

Copyleft 受到了类似的评价，被指责剥夺了程序员的合法权益。而且没有解决激励软件创作的动力问题。另外，有学者指出，使用自由软件、开源软件和 Copyleft 这样的概念本身就容易导致人们的混淆和误解。这对教导 Copyleft 的新用户 Copyleft 的哲理和重要性不利。Copyleft 的哲理被淡化，而正是作为其理论基础的哲理才是最重要的。另外，开放源代码容易导致缺乏统一性，以及不同版本间的混乱。最重要的是，版权法中的固有问题即版权人利益和公众获取信息和思想的权利之间的平衡问题仍然没有解决。Copyleft 并不是版权的翻版，也不是版权的终结。事实上，它支持使用版权，区别只是在于与版权的目的不同而已。这个目的的存在及获得的成功对软件出版商和版权人而言是个巨大的威胁。不管版权管理系统变得多么复杂，复制仍是作者和版权人的祸害。②

---

① Jonathan Bailey. Is Creative Commons Right For You? [2009 - 08 - 20]. http://www.plagiarismtoday.com/2009/06/23/is-creative-commons-right-for-you/.

② Paul Lambert. Copyleft, Copyright and Software IPRS: is Contract still King? *European Intellectual Property Review*. 2001, 23 (4): 165 - 171.

第四章　对我国著作权法中公共利益的评价及立法建议

第一节　国际版权条约对公共利益的维护

事实上，对于 WTO 的任何成员国而言，国内的版权法尤其是版权法对版权例外和限制的规定，都不是任意的，而是必须在《伯尔尼公约》和 TRIPS 的框架之内。我国是这两个条约的成员国，所以讨论我国《著作权法》中的公共利益，有必要先对这两个公约中的公共利益空间进行探讨。1886 年在伯尔尼通过的《保护文学和艺术作品伯尔尼公约》，是国际版权历史上第一个重要的国际性的版权条约，该条约名起头虽为“保护文学艺术作品”，但其也为公共利益留出了空间，主要表现为对版权保护的独创性标准和保护期限做出了规定，且规定了版权保护的例外条款。《伯尔尼公约》签署时规定的文学艺术作品的最低保护期限为 10 年，1908 年该公约进行了第一次修订，确定了作品整个版权保护期为“作者有生之年加死后 50 年”，并坚持至今。

《伯尔尼公约》维护公共利益的主要做法体现在其第九条第二款规定的对版权进行限制的最低标准，及第十条和第十条之二对合理引用、教学解说使用及转载、转播和报道时事新闻期间不可避免地使用版权作品的情况。

《伯尔尼公约》第九条第二款规定：“本同盟成员国法律得允许在某些特殊情况下复制上述作品，只要这种复制不损害作品的正常使用也不致无故侵害作者的合法利益。”该条通常被称为“三步检验法”，被认为是对合理使用最基本的限制。关于“三步检验法”适用的范围，尽管该检验法从字面上看只限于对复制权的限制，但世界知识产权组织指出：适用于任何限制。任何限制，甚至属于轻微的保留一类的限制，均不得超出三步检验标准规定的限度。[①] 该条为 TRIPS 第十三条“限制与例外”所融合和吸收，TRIPS 第十三条规定：“全体成员均应将专有权的限制或例外局限于一定特例中，该特例应不与作品的正常利用冲突，也不应不合理地损害权利持有人的合法利益。”该条是 TRIPS 协议一个重要的弹性条款，是成员国制定国内版权例外条款的基本法律依据。但关于该条规定，一般被认为是对版权限制的限制，是为了判断成员国对版权例外和限制规定的是否合理。也有专家明确指出，这里的“限制与例外”实际上是发达国家对 WTO 成员国的版权法中可能存在的合理使用的限制。[②] 但该条规定的原则性，仍给成员国留下较大的执行空间。然而，对该条的执行并不是任意的，最终还受制于 WTO 的审查。在欧盟诉美国版权法不符合《伯尔尼公约》和 TRIPS 的 WTO 争端案中，争端解决专家小组的最终报告对第十三条的三个合并的条件，即限制或者例外限于某些特别情况；不得损害作品的正常利用；不至于给权利人的合法利益造成不合理损害，进行了详细的阐述。[③]

WCT、WPPT 两个网络版权条约也吸收了《伯尔尼公约》对权利限制规定的三步检验法，将这一法则带进了网络环境。WCT 第十条

---

① 转引自许超. 入世对我国著作权法的影响. 郑成思，韩秀成. 中国入世知识产权纵横谈. 北京：知识产权出版社，2000：95.

② 唐广良. TRIPS 协议对版权保护的特别规定我国入世后面临的版权保护问题. 郑成思，韩秀成. 中国入世知识产权纵横谈. 北京：知识产权出版社，2000：116.

③ （法）伊夫·戈比亚克著.《与贸易有关的知识产权协定》第十三条意义上的版权例外和限制. 刘板盛，译.［2006－03－28］. http://www.ncac.gov.cn/servlet/servlet.info.InfoServlet?action=gblist&id=357.

规定："1）缔约各方在某些不与作品的正常利用相抵触，也不无理地损害作者合法利益的特殊情况下，可在其国内立法中对依本条约授予文学和艺术作品作者的权利规定限制或例外。2）缔约各方在适用《伯尔尼公约》时，应将对该公约所规定权利的任何限制或例外限于某些不与作品的正常利用相抵触，也不无理地损害作者合法利益的特殊情况。" WPPT 第十六条第一款规定，缔约各方在其国内立法中，可在对表演者和录音制品制作者的保护方面规定与其国内立法中对文学和艺术作品的版权保护所规定的相同种类的限制和例外。紧接其后，第十六条第二款规定，三步检验法适用于 WPPT 中所规定的权利的所有限制或例外。对于 WCT 中的条款，与之相关联的议定声明也同样应受到重视："不言而喻，第十条的规定允许缔约各方将其国内法中依《伯尔尼公约》被认为可接受的限制与例外继续适用并适当地延伸到数字环境中。同样，这些规定应被理解为允许缔约方制订对数字网络环境适宜的新的例外与限制。另外，不言而喻，第十条第二款既不缩小也不扩大由《伯尔尼公约》所允许的限制与例外的可适用性范围。"这个议定声明同样也适用于 WPPT 中有关限制的条款规定。

《伯尔尼公约》第十条规定了对版权作品的引用权和教学解说使用的权利，为成员国规定这两种合理使用情形提供了依据。该条第一款规定："从一部合法公之于众的作品中摘出引文，包括以报刊提要形式引用报纸期刊的文章，只要符合合理使用，在为达到目的的正当需要范围内，就属合法。"该条第二款规定，成员国法律以及成员国之间现有或将要签订的特别协议可以规定，为达到目的的正当需要范围内使用，并符合合理使用的情况下，可以合法地通过出版物、无线电广播或录音录像使用文学艺术作品进行教学解说。该条第三款为前面两款提到的摘引和使用附加了条件，要求说明出处，如原出处有作者姓名，也应同时说明。

《伯尔尼公约》第十条之二第一款规定，各成员国的法律可以允许通过报刊、广播或对公众有线传播，复制发表在报纸、期刊上的讨论经济、政治或宗教的时事性文章，或具有同样性质的已经广播的作品，但以对这种复制、广播或有线传播并未明确予以保留为限，且这种转播和转载均应明确说明出处。该条第二款规定，成员国可以在国内法律中规定，在报道时事新闻时，对于在报道的事件过程中看到或听到的文学艺术作品，在为报道目的正当需要范围内予以复制和公之于众的条件。

1971 年修订《伯尔尼公约》时因发展中国家强烈要求增加的《伯尔尼公约》的附件，是关于发展中国家强制许可权的特别条款，它规定，发展中国家出于教育和科学研究的需要，可以在《伯尔尼公约》规定的限制范围内，按照《伯尔尼公约》规定的程序，发放翻译或复制有版权作品的强制许可证。该条既为版权强制许可使用的法律规定，也是成员国在国内版权法中规定强制许可使用制度的法律依据。强制许可是指在特定条件下，由版权主管机关根据情况，将对已发表作品进行特殊使用的权利授予申请获得此项权利的使用人的制度。在国际版权公约和实践中，又被称为强制许可证。这一制度在后来的 TRIPS 和 WCT 中也有规定。根据这几个国际版权公约的规定，申请方申请版权强制许可证必须遵循公约规定的严格的程序限制，强制许可的对象和内容也都受到了严格限制。

TRIPS 签署之前，在遵循了《伯尔尼公约》最低保护标准后，各国采取什么样的版权政策，几乎是各国国内之事。然而，当 WTO 将版权与国际贸易挂钩、TRIPS 被 WTO 成员国一揽子接受后，情况发生了很大的变化。TRIPS 规定的执法程序和争端解决方案，使一个国家的版权政策不再是一国之内的事情，如果一个成员国认为另一个成员国的版权政策不符合《伯尔尼公约》和

TRIPS 的规定，就可以上诉到 WTO 的争端解决专家小组。[①] 这是与《伯尔尼公约》非常不同的地方，《伯尔尼公约》没有规定任何特别的司法权，而 WTO 对司法权却是有规定的。根据 TRIPS 第九条第一款的规定，成员必须保证其国内法与《伯尔尼公约》1971 年巴黎文本第 1 ~ 21 条（除精神权利外）包含的标准相符合。根据这些条款，TRIPS 准许在成员国的国内版权法中规定对权利人专有权的限制条款，但这些条款必须符合《伯尔尼公约》和 TRIPS "三步检验法"的限制。各国如何规定版权的限制和例外条款，已成为国际版权贸易事件，为各国版权界共同关注，并要与《伯尔尼公约》和 TRIPS 关

---

① 1999 年 1 月 26 日，欧共体及其成员国要求就美国 1998 年修订后的《版权法》的第一百一十条第五款与美国进行磋商。在多次磋商后始终未能达成协议。欧共体成员国于是要求在 WTO 范围内成立一个特别小组。受到争议的美国《版权法》第一百一十条第五款，主要是针对在公共场所使用通常为公开销售的、供私人使用的某种型号的声音或者图像的普通接收器的人免除其侵害版权的责任。1998 年修订时，第一百一十条第五款新增加了 B 项，指的是"商业企业使用的例外"。这种例外涉及的是广播或转播机构传送由电台、电视台或电缆配送网络、卫星发送机构播放的让公众接收的含有非戏剧音乐作品的演奏或表演。这种例外适用于饮食店或饮料专卖店以外的店铺，如果传送发生在这家店铺而毛面积又不足 186 平方米。如果毛面积等于或者大于 186 平方米，只要演奏是以受限制的方式进行，这种例外也适用于同类店铺。对于饮食店或饮料专卖店的情况，适用于同样的例外，大致的区别是，需考虑的店面毛面积的大小。

欧共体成员国认为，第一百一十条第五款 A 项和 B 项规定的例外跟《伯尔尼公约》（1971 年）第十一条第一款第二项和第十一条之二第一款第（三）项相一致的《与贸易有关的知识产权协定》第九条第一款不兼容，而且无法根据《伯尔尼公约》（1971 年）和《与贸易有关的知识产权协定》以任何或明或暗的让人能够接受的例外或限制的名义去作解释。这些措施损害版权持有人的合法权利，并因此而取消和损害欧共体成员国的权利。因此，欧共体成员国要求特别小组注意美国没有履行与《伯尔尼公约》（1971 年）第十一条之二第一款第（三）项和第十一条第一款第（二）项相一致的《与贸易有关的知识产权协定》的第九条第一款规定的义务，并建议美国按《与贸易有关的知识产权协定》规定的义务修订国内立法。

美国则坚持认为，第一百一十条第五款与他们所承担的《与贸易有关的知识产权协定》规定的义务完全兼容。争端解决专家小组就该案于 2000 年 6 月 15 日提交了一份《结论与建议》，称涉案条款的一部分与 TRIPS 不相符合，美国应当让其国内立法与该条约一致。2000 年 8 月 24 日，美国通知争端解决机构，他们将落实特别小组的《结论与建议》。

于版权例外条款的法律规定相一致。

TRIPS 对公共利益的维护常常被学者称为弹性条款，这些条款包括该协议的“目标与原则”、第十三条的“限制与例外”及“强制许可”规定。

TRIPS 协议第七条和第八条规定的该协议的“目标”和“原则”，是 TRIPS 对公共利益的总体性体现。第七条“目标”规定：“通过知识产权的保护与权利的行使，促进技术的革新、转让与技术的传播，以有利于社会及经济福利的方式，促进技术知识生产者与使用者间互利互惠，并促进成员间权利与义务的平衡。”TRIPS 第八条“原则”规定：“成员在其国内法律及条例制定或修改中，采取必要措施以保护公众的健康与发展，以增加对其社会经济与技术发展至关重要之领域的公共利益，只要该措施与本协议的规定一致。”

TRIPS“目标和原则”的规定，体现了该协议对公共利益的关注，被认为是“将对私权的保护和推动经济发展与社会福利的公权联系起来，为协议的解释和实施提供了重要的整体框架，是衡量成员方保护实施知识产权的国内政策是否充分和有效的总体标准，并成为发展中国家在 TRIPS 时代保持对知识产权政策的国内法控制的法律基础。”①第八条还为成员国在对其国内经济社会与技术发展至关重要的领域采取特殊政策提供了法律依据。

TRIPS 协议第六十七条规定了发达国家和发展中国家的技术合作和金融合作，该条规定：为利于本协议的实施，发达国家成员应根据要求并依照相互协商一致的条款与条件，提供使发展中国家成员和最不发达国家成员受益的技术和金融合作。这类合作应包括协助后者制定保护知识产权、知识产权执法以及防止知识产权滥用的国内立法，还应包括支持建立或健全与此有关的国内官方及代理机构，其中包括对人员的培训。由于该条要求发达国家与发展中国家和最不发达国家成员进行技术和金融合作，鼓励向最不发达国家进行技术转让，所以

① 师华．从 TRIPS 协议弹性条款谈起．政治与法律，2004（2）：84－89.

有学者认为这是给予发展中国家和最不发达国家的一个优惠。但从TRIPS实施以来的情况看，该条规定不仅因为没有可操作性是“在TRIPS协议更有利于保护发达国家成员的总体趋势下，不得不做出一点照顾发展中国家成员的样子罢了”[①]，而且是发达国家促使其他国家强化保护知识产权、保护国内版权企业利益，意欲插手其他国家知识产权政策制定和执法的表现。

尽管学者们呼吁立法者要充分把握TRIPS协议现有的弹性条款，制定有利于本国利益的知识产权法律制度。但WTO的特别小组认为，按照世界贸易组织的通常做法，不宜根据国内立法所追求的目标或主观目的去对法律文本作出解释。只是为了对“限制的范围……或对其定义的清晰性”作出推导，这些目标才会有用。[②] 对弹性条款的运用受到WTO争端解决机制的制约，可能会遭到来自其他国家的非难。尽管如此，作为发展中国家的我国，仍然应在版权方面进行制度创新，充分研究TRIPS协议的弹性条款，在不违反TRIPS协议的前提下灵活运用弹性空间，同时注意已有版权争端案例，汲取他国的经验方法，制定符合我国国情的版权政策。

第二节　公共利益在我国现行著作权法中的体现

我国《著作权法》对公共利益的维护主要体现在立法目标、公共利益保留原则以及权利限制上，其中对著作权人和著作权相关权人权利的限制主要通过著作权保护条件、保护期限、合理使用制度和法

---

① 郑成思．世界贸易组织与贸易有关的知识产权．北京：中国人民大学出版社，1996：299.

② 参见WTO DISPUTE DS160．[2006－03－02]．http://www.wto.org/english/tratop_e/dispu_e/cases_e/ds160_e.htm.

定许可制度实现。下面对我国《著作权法》中维护公共利益的相关机制进行分述。

一、立法目标

我国《著作权法》在总则第一条规定了该法的立法目标和宗旨，该条规定："为保护文学、艺术和科学作品作者的著作权，以及与著作权有关的权益，鼓励有益于社会主义精神文明、物质文明建设的作品的创作和传播，促进社会主义文化和科学事业的发展与繁荣，根据宪法制定本法。"这一表述与修订前的1991年《著作权法》对立法目标的表述一致。在该表述中，除"根据宪法制订本法"一句外，前三句是层层递进的关系。保护文学、艺术和科学作品作者的著作权以及与著作权有关的权益，其目的就是为了"鼓励有益于社会主义精神文明、物质文明建设的作品的创作和传播"，而当越来越多的有利于社会主义精神文明、物质文明建设的作品被创作出来和广泛传播，也必然会促进社会主义文化和科学事业的发展与繁荣。可以说，从这段表述来看，我国《著作权法》的首要任务是保护作者的著作权和与著作权有关的权益，唯其如此，才能鼓励有益于社会主义精神文明、物质文明建设的作品的创作和传播，从而促进社会主义文化和科学事业的发展与繁荣。但是，对著作权和与著作权相关的权益的保护，是服务于保护目的的，著作权制度的设立必须能够达到鼓励作品的创作与传播并最终促进社会主义文化和科学事业的发展与繁荣。所以著作权保护要受到保护目的的制约，如果保护没有有效地达到目的，就有必要调整对著作权及其相关权的保护机制和程度了。

在著作权法的发展历史上，对著作权以及著作权相关权的保护常常会发生保护程度与保护目的不相一致的情况。当对著作权的保护程度过弱时，就会影响作者的收益，从而削弱其创作热情，尤其对于那些依靠创作为生的人和旨在谋取经济利益的版权企业而言更是如此；

而保护程度过强，如给予创作者很高的版税，就会减少传播者向创作者取得许可以对作品进行传播的动力，从而不利于作品的广泛传播。同时，对创作者和传播者的著作权和著作相关权给予过强保护，又会影响使用者对作品的获取。总之，著作权的保护程度过强或过弱都不能达到鼓励作品的创作与传播、促进科学文化事业繁荣发展的目的。

著作权立法目标对公共利益的维护，还在于它可以用来解释《著作权法》中的其他法律条文。《著作权法》规定的立法目标就是这部法律的宗旨和要达到的目的，其他条款的规定要在此目的范围以内，要符合立法精神和目的。它虽然不具有可诉性，不能作为诉讼的依据和侵权抗辩的依据，但它对其他条款的限制解释的作用，同样可以使其达到维护其所体现的公共利益的目的。

二、版权保护期限

《著作权法》通过为著作权和与著作权相关的权利设置一定的年限限制，一方面避免使著作权成为一种永久的权利，促使作者在有限的时间内尽量广泛地传播自己的作品，另一方面又保证公众可以在保护期限届满后自由使用作品，从而保证思想和信息的自由传播和流动。我国《著作权法》与国际通例一致，为著作权和著作权相关权设定了有效期限，除作者的署名权、修改权、保护作品完整权等精神权利的保护期不受限制以外，作者的发表权和财产性的权利都有时间限制。我国《著作权法》规定，公民的作品，其发表权、著作权财产权的权利保护期为作者终生及其死亡后五十年，截止于作者死亡后第五十年的12月31日；如果是合作作品，截止于最后死亡的作者死亡后第五十年的12月31日。法人或者其他组织的作品、著作权（署名权除外）由法人或者其他组织享有的职务作品，其发表权、著作权财产权的权利保护期为五十年，截止于作品首次发表后第五十年的12月31日。对于电影作品和以类似摄制电影的方法创作的作品、摄影作品，其发表权、著作权财产权的权利保护期为作品首次发表后的五十年。[①] 我国《著作权法》还对出版者、表演者、录音录像制作者、广播电视组织等邻接权人享有的邻接权的保护期限作了规定。出版者享有对其出版的图书、期刊的版式设计权，该权利的保护期为使用该版式设计的图书、期刊首次出版后的十年；对于表演者的权利保护期限，《著作权法》规定，表演者除享有的表明表演者身份和保护表演形象不受歪曲这两项精神权利不受期限限制外，其他财产性的权利，包括许可他人从现场直播和公开传送其现场表演，并获得报酬；许可他人录音录像，并获得报酬；许可他人复制、发行录有其表演的录音录像制品，并获得报酬；许可他人通过信息网络向公众传播其表演，并获得报酬等权利的保护期为五十年，截止于该表演发生后第五十年的12月31日。录音录像制作者对其制作的录音录像制品，享有的许可他人复制、发行、出租、通过信息网络向公众传播并获得报酬的权利，保护期为五十年，截止于该制品首次制作完成后第五十年的12月31日。广播电台、电视台禁止他人对其播放的广播、电视进行转播、将其播放的广播、电视录制在音像载体上以及复制音像载体的权利保护期为五十年，截止于该广播、电视首次播放后第五十年的12月31日。[②]

三、保护条件限制

独创性是各国版权法及国际版权公约普遍认可的作品受版权保护的条件，指一个作品要得到版权法的保护，不论其是否发表，都必须具有独创性。独创性包括两层含义，一是作品必须是创作者独立创作的，而不是抄袭、剽窃他人的作品而来。即使创作出的作品与他人的

① 《著作权法》第二十条、第二十一条。

② 《著作权法》第三十五条、第三十八条、第四十一条和第四十四条。

雷同或完全相同，但只要能够证明是独立创作的，符合了一定的原创性高度后，就能受到版权法的保护。二是作品必须有一定的创作高度。一件作品即使是创作者独立完成的，但如果没有创造性或创造性的高度不够，也未必能受到版权法的保护。如某人独立地对一众所周知的历史事实进行了描述，或对客观新闻事件进行了描述，但因其没有进行创作，不具有创造性，因此不能受到版权法的保护。独创性条件要求创作者创作的作品尽量与他人的作品相区别，具有自己的特点和个性，鼓励人们发挥创造潜力，从而在客观上使科学、文学和艺术作品更加丰富和多样。

版权法只保护具有独创性的作品和作品中具有独创性的部分，对于后者，版权法在对作品进行保护时，范围只及于作者的独创性部分，而剔除公共信息和知识，即独创性部分以外的部分不在版权法的保护范围之内，可以为他人自由使用，从而保证了思想和信息的自由流通。

虽然独创性作为版权保护的必备前提为各国版权法及国际版权公约所认可，但《伯尔尼公约》、WCT 和 TRIPS 都没有对独创性进行独立、明确的规定，三者都只是在数据库保护的相关条款中，明确了该原则。如《伯尔尼公约》第二条第五款规定，文学或艺术作品的汇编，诸如百科全书和选集，凡由于对材料的选择和编排而构成智力创作的，应得到相应的但不损害汇编内每一作品的版权的保护。WCT 第五条规定，数据或其他资料的汇编，无论采用任何形式，只要由于其内容的选择或排列构成智力创作，其本身即受到保护。这种保护不延及数据或资料本身，亦不损害汇编中的数据或资料已存在的任何版权。TRIPS 也使用了“智力创作”用语。我国《著作权法》同样没有对独创性原则作出明确规定，但该法第三条使用了“创作”一词，规定：“本法所称的作品，包括以下列形式创作的文学、艺术和自然科学、社会科学、工程技术等作品……”在第十四条对“汇编作品”的规定中，使用了“独创性”一词，规定在内容的选择或者编排上体现出独创性的汇编作品受著作权法保护。而我国 2002 年的《著作权法实施条例》第二条明确了该原则，使用了“独创性”一词，规定：“著作权法所称作品，是指文学、艺术和科学领域内具有独创性并能以某种有形形式复制的智力成果。”第三条也对“创作”进行了界定，规定：“著作权法所称创作，是指直接产生文学、艺术和科学作品的智力活动。”可以看出，在我国著作权立法中已经明确了该原则，但没有对该原则做出解释。

四、保护客体的排除

我国《著作权法》第五条规定三种类型的作品不适用于著作权法保护。第一种是法律、法规，国家机关的决议、决定、命令和其他具有立法、行政、司法性质的文件及其官方正式译文。人们普遍认为这些文件是国家意志的体现，不能看做任何人创作的结果，而且这些文件所包含的信息属于任何普通公民都有权获取的信息范围，不能为任何人所独占。第二种是时事新闻。《著作权法实施条例》第五条第（一）项规定时事新闻是指通过报纸、期刊、广播电台、电视台等媒体报道的单纯事实消息。这一定义将时事新闻与新闻通讯、新闻观察、新闻评论等区分开来，单指由时间、地点、人物和事件等客观要素组成的事实信息，不搀杂任何评论和创作性因素。时事新闻由于没有独创性，所以不能作为作品受著作权法的保护。第三种是历法、通用数表、通用表格和公式。

五、公共利益保留

我国《著作权法》第四条第一款规定，依法禁止出版、传播的作品，不受本法保护。第二款接着规定，著作权人行使著作权，不得违反宪法和法律，不得损害公共利益。该条就是我国

《著作权法》中的公共秩序和公共利益保留原则，著作权人行使著作权，不能损害公共秩序和公共利益。这一条体现了对公共利益最概括的保护。

六、合理使用制度

合理使用是版权法中的一项重要制度，是对版权和邻接权的主要限制，它是指在特定条件下，使用已经发表的作品，可以不经版权人同意，也不必向版权人支付报酬。根据学者的考察，合理使用制度发端于英美国家的判例法，1740—1839 年，英国法官在司法实践中草创了有关合理使用的范围、功用及法理基础。1841 年，美国法官约瑟夫·斯特瑞（Joseph Story）在审理 Folsom 诉 Marsh 一案的审判中，集以往相关判例法规则的大成，系统阐述了合理使用制度的基本思想，被认为是版权法的发展历史上第一次对该制度进行的系统表述。此后，合理使用制度在判例法中逐渐被丰富和系统化，形成了较为成熟的一系列规则，在经历了由判例法到成文法的演变过程后，目前已经得到各国版权法的普遍认可。①

合理使用制度被认为是版权人和版权相关权人利益与公共利益的最佳调节器，该制度通过给予个人、公共机构等主体为非营利性目的、在特定条件下适当自由使用作品的权利，以保证个人的一些基本权利及公共利益。

各国在立法中对合理使用制度使用了不同的称谓，适用的情形也不尽相同，但一般都将一定条件下的个人使用、新闻报道使用、转载和转播使用、教学使用、公务使用、图书馆使用、免费表演、公共场所陈列作品的使用等作为合理使用看待。② 我国《著作权法》第二十

① 吴汉东．著作权合理使用制度研究．北京：中国政法大学出版社，2005：18－21.
② 胡开忠．知识产权法比较研究．北京：中国公安大学出版社，2004：148－152.

二条规定了合理使用制度，在下列情形下对著作权人、出版者、表演者、录音录像制作者、广播电台、电视台的权利进行了限制，有效地保障了公共利益。

1. 个人学习、研究或欣赏的使用

我国《著作权法》第二十二条第一款第（一）项规定，为个人学习、研究或者欣赏，使用他人已经发表的作品属合理使用范围。关于该条，有学者认为，国际上通常将个人学习、研究而复制公认为合理使用，而为个人欣赏的复制则被认为不合理，所以应顺应世界版权法的发展趋势，为更好地保护著作权人的利益，删除“欣赏”一词。① 这一看法得到一些人的赞同，且确有一些国家的版权法将“个人欣赏”排除在合理使用之外，如英国、澳大利亚、德国的版权法。但笔者认为，应根据我国国情和具体情况深入考察再做出结论。我国现行《著作权法》仍将为个人欣赏而使用作品纳入合理使用之列。个人使用应当具备两个条件：一是必须为使用者自己的个人使用，而不为传播给他人的使用；二是必须为非营利性的使用。

赋予个人为学习、研究等非商业性目的而在一定范围内免费使用作品的权利，有利于为个人的学习、研究提供宽松的环境和条件，保证个人在学习、研究过程中对信息、资料的获取和使用，保证个人自我学习和研究的顺利开展。

2. 适当引用

我国《著作权法》第二十二条第一款第（二）项规定，为介绍、评论某一作品或者说明某一问题，在作品中适当引用他人已经发表的作品属于合理使用。适当引用早在《伯尔尼公约》中就有规定，其第十条第一款规定，在说明引文出处，指出作者姓名的情况下，从一部合法公之于众的作品中摘出引文，包括以报刊提要形式引用报纸期刊的文章，只要符合合理使用，在为达到目的的正当需要范围内，就

① 胡开忠．著作权的限制与反限制//梁慧星．民商法论丛．北京：法律出版社，1997：577.

属合法。对作品适当引用的规定，有利于人们对信息的采集和传播，有利于人们实现出版和言论自由的权利，也有利于实现版权法繁荣文学艺术创作的目的。公民通过对一部已经发表的作品进行批评、讽刺，借以表达自己的看法和观点，尤其能够体现公民的言论自由。而且许多新的思想往往产生于对他人的作品进行批评和评论中，批评和评论有利于人们多方面、多角度地思考问题。批评和评论的方式多种多样，既可以是口头的，也可以是书面的，还可以是其他任何形式的，如制作电影、动画、flash、电脑视频短片等等。

我们借曾经被广泛关注和讨论的《一个馒头引发的血案》（以下简称《馒头》）一案来讨论我国《著作权法》中的适当引用。我国著名导演陈凯歌投巨资制作了电影《无极》，该片自上映以来，遭到了许多观众的负面评价。2006 年初，上海一个公司的青年职员胡戈制作的一个片长 20 分钟左右、名为《馒头》的搞笑视频短片在网上迅速传播。这个视频短片借用央视某一法制节目的演播形式，通过对电影《无极》的画面进行重新组合和配音，对《无极》的人物、情节进行了完全不同于原片的解释，将《无极》的情节讲述成了由一个馒头引发的一场血案，制作了一部令人捧腹的小短片，后该片通过网络以极快的速度流行开来。《无极》制作方不满胡戈的行为，认为其侵犯了《无极》的著作权，将其告至法庭。该案一出，立刻引起众多网友、文艺界和法学界人士的极大关注，并纷纷参加了讨论，争辩胡戈的行为到底是侵犯了《无极》的著作权还是《著作权法》上的合理使用。关于该问题，出现了两种不同的观点。认为侵权的一方主张胡戈的行为侵犯了我国《著作权法》中规定的保护作品完整权，即保护作品不受歪曲、篡改的权利和著作权人的改编权。认为胡戈的《馒头》是对电影作品《无极》的歪曲和篡改。主张侵权一方中还有人认为胡戈侵犯了《无极》的改编权。按照我国《著作权法》的规定，著作权人享有对自己的作品进行改编以及禁止他人未经许可对自己的作品进行改编的权利，如果他人想对原作进行改编，必须取得原著作权人的许可。认为胡戈没有侵权的一方中，有学者主张胡戈的行为纯粹属于文化问题，不赞成将文化问题作为法律问题去解决，认为文化的发展不可能缺少批评和讽刺，而且批评和讽刺向来都是很重要的文学题材，电影中也出现过许多伟大的讽刺作品，认为《馒头》一案恰恰说明了我国还没有建立起来一个好的文艺批评的环境。① 更多的人从著作权法的角度主张胡戈的行为属于我国《著作权法》第二十二条规定的合理使用行为，属该条中规定的“为个人学习、研究和欣赏”和适当引用目的的合理使用范围。但根据我国《著作权法》，这种观点显然站不住脚。因为根据我国《著作权法》第二十二条的规定，为个人学习、研究、欣赏必须限于学习、研究、欣赏者本人，本案中，胡戈将《馒头》短片上传到网络上，已经超出了个人学习、研究和欣赏的范围，不属于合理使用。至于适当引用，正如很多人指出的，《馒头》使用了《无极》中的很多镜头，超出了适当引用的范围，而且，即使是适当引用的合理使用，也必须要做到“指明作者姓名、作品名称，并且不得侵犯著作权人依照本法享有的其他权利”，而《馒头》短片中并未注明作者的姓名，也没有指出作品的名称。

从以上简要的分析中，我们看到，根据我国《著作权法》，《馒头》无疑侵犯了《无极》的著作权，应停止侵权、赔礼道歉、消除影响甚至要赔偿损失。但是正如上述某学者指出的那样，《馒头》属正常的文艺批评。与传统的文艺批评相比，《馒头》不过是利用了新的技术手段而已，核心仍然是对《无极》的一种评论和批评。这种利用新的网络技术以爆笑、搞怪、恶作剧为主要特征的另类创作，被称为“恶搞（kuso)”。“恶搞”文化最初由日本游戏界传入我国台湾，再经由网络传到香港、继而全中国，成为一种经典的网络次文化。“恶搞”文化的流行被认为显示了现代社会中人们广泛的娱乐需求，人们抱着娱乐、消遣的心态，选择网络这个既方便快捷又能迅速

---

① 影视圈绝口不评“馒头案”，文艺评论家支持胡戈.［2006－02－16］. 华夏时报. http://www.chinatimes.cc/news/list.asp?id＝47416.

传播的平台来抒发情感。[①] 从作品类型来讲，《馒头》可以归类为版权法中的滑稽模仿作品。根据学者的考察，滑稽模仿（parody）在文学发展中历史悠久，可以追溯到古希腊，那时指对史诗的滑稽模仿与改造。很长一段时期内，滑稽模仿被认为是不严肃的低劣文学形式。直到20世纪后半叶，文学批评家才试图对其进行重新评价。[②] 滑稽模仿被认为是后现代文学的常用手法，“它突出被戏仿对象的弱点，具有破坏性，是一种意图明显、分析清楚的文学手法。…… 通过戏仿，作者意在嘲弄被戏仿对象，使它显得滑稽可笑，夸张变形，从而达到讽刺的目的，否定、讽刺、批判传统的历史价值观和文学模式。纵观西方文学史，虽然戏仿可以追溯到亚里士多德，但是能够熟练应用这一手法的作家却不多见，主要原因是戏仿不是简单的模仿，具有相当的难度。‘戏仿很难做到，既要近似原型，又要刻意扭曲其主要特征，一定要保持这两者的微妙平衡。因此，一般作家视之为次要的艺术手法，因为只有具有独创性的作家才能成功地运用这种手法。其实，绝大部分的戏仿都出自才华横溢的作家之手。’”[③] 对一部已经公开发表的作品进行滑稽模仿，是人们喜闻乐见的一种文艺方式，由于该创作方式要“近似原型”，会涉及对原作的引用，就无疑与版权联系了起来，许多国家的版权法也因此对其进行了规定，如《西班牙知识产权法》第三十九条规定：“对一部已发表作品进行模仿性滑稽表演不应当被视为那种需作者同意才能进行的改编，但其先决条件为，该表演没有与原作混淆之危险，而且无损于原作及其作者。”《法国知识产权法典》L. 122条第五款规定：“作品发表后，作者不得禁止：……）不违反有关规定的滑稽模仿、讽刺模仿及漫画。”中

① 胡戈的馒头，陈凯歌的肉包，谁更无耻？[2006-02-22]. http://news.163.com/special/0001139T/chenkaige0213.html.

② 郭立颖. 从“互文性”谈滑稽模仿在20世纪西方文坛的发展. 解放军外国语学院学报，2003（5）：86-89.

③ 张龙海. 戏仿、语言游戏、神秘叙事者、拼贴——论汤亭亭《引路人孙行者》中的后现代派艺术技巧. 外国文学，2005（5）：100-105.

国澳门特别行政区《著作权及有关权利之制度》第二条规定滑稽模仿属原创作品："……任何作品只要属原创作品，即属受保护作品；原创作品尤指：……讽刺性之模仿及其它文学或音乐作品，即使灵感系来自其它作品之题目或主题。"

模仿滑稽作品的特点决定了它的存在必须依赖于已经存在的作品，但问题在于，为了创作滑稽模仿作品，创作者引用版权作品到什么程度上才不至于侵犯版权。美国联邦最高法院在1994年的Campbell诉Acuff-Rose Music一案中对版权法中的滑稽模仿进行了系统的总结，将滑稽模仿纳入版权法中的合理使用进行调整，要求滑稽模仿作品必须要有转化性（transformative），所谓转化性即添加某些具有更深入的或不同特征的新东西，用新的表达、含义或信息改变原作，并认为，新作品的转化性越强，合理使用的可能性越强。有学者总结出，当滑稽模仿作品具有以下特征时视为合理使用：第一，在创作目的上，是通过改变原作的某些特征对其进行某种调侃或嘲弄，或对一定的社会现象进行评论，达到一种幽默或讽刺的效果。第二，滑稽模仿不能对原作及作者造成不合理损害。第三，在外部特征上，滑稽模仿作品不能与原作混淆。①

模仿滑稽作品不仅具有娱乐价值，而且还起到了批评作用，可以指出人类共有的缺点，以及某人的作品、某类作品或某作品具有的缺点，讽刺生活中存在的问题。版权法鼓励模仿滑稽作品的创作，体现了对言论自由的保障。《馒头》属于滑稽模仿作品，它在影片《无极》的基础上，借用该片的一些镜头，通过新的表现形式，创作出了与原作含义完全不同的新的作品，符合滑稽模仿作品的特征。

我国《著作权法》没有规定滑稽模仿作品，如果将《馒头》看做《无极》的改编，无疑侵犯了后者的著作权，但是，如果依照现行《著作权法》判定《馒头》侵权成立，就会影响滑稽模仿这种文

① 耿胜先．著作权法中的滑稽模仿——从《一个馒头引发的血案》是否侵权谈起．[2006－03－01]．http://www.acla.org.cn/pages/2006－03－02/p43489.html.

学创作形式的发展，有悖于著作权法的立法本意，也会抑制像胡戈这样有创作才华的人的创作热情，更不利于人们自由地表达自己对社会现象的看法。所以，从促进科学文化事业的繁荣、鼓励人们创作潜能的发挥以及保障人们言论自由的实现来看，司法者应该不拘泥于现行法律规定，在不损害著作权人利益的同时保障公共利益的实现。

关于适当引用，我国《著作权法》第二十二条第一款第（三）项规定，为报道时事新闻，在报纸、期刊、广播电台、电视台等媒体中不可避免地再现或者引用已经发表的作品，也为合理使用，以保证媒体的新闻自由和公众全面准确地获取时事新闻的权利。

3．转载、转播

《伯尔尼公约》第十条第二款第（一）项规定，各成员国的法律可以允许通过报刊、广播或对公众有线传播，复制发表在报纸、期刊上的讨论经济、政治或宗教的时事性文章，或具有同样性质的已经广播的作品，但以对这种复制、广播或有线传播并未明确予以保留的为限。然而，这种转播和转载均应明确说明出处。我国《著作权法》为保障报纸、期刊、广播电视等媒体对时事报道的自由以及保证人们方便获取政治、经济和宗教方面的时事信息，在第二十二条第一款第（四）项规定，报纸、期刊、广播电台、电视台等媒体可以刊登或者播放其他报纸、期刊、广播电台、电视台等媒体已经发表的关于政治、经济、宗教问题的时事性文章，但作者声明不许刊登、播放的除外。

4．教学使用

由于教育的重要作用，为课堂教学和科学研究，可以少量的免费翻译和复制他人已经发表的作品，为各国版权法的通行做法。我国《著作权法》第二十二条第一款第（六）项规定，为学校课堂教学或者科学研究，翻译或者少量复制已经发表的作品，供教学或者科研人员使用属于合理使用，但不得出版发行。这里的学校教育被界定为公益性的教学活动，在商业性的课堂教学中翻译或复制他人的作品，不被认为是合理使用。我国《著作权法》只将翻译和少量复制两种行为纳入合理使用范围，排除了如表演等其他的使用方式；而且翻译和复制他人的作品不得出版发行，否则即为侵权。

5. **图书馆等机构的复制**

图书馆是收集和传播知识、信息的机构，是供人们获取知识和信息的公益性机构，它的宗旨是为最广大范围的人们提供最多的知识和信息。图书馆承担着保存人类文化遗产、开展社会教育、传递科学知识、开发人们智力资源等社会职能。① 图书馆的职能使其与版权法有着密切的关系，要受到版权法的调控，同时也要求版权法给予合理使用的空间，以使图书馆的社会作用得以充分发挥。所以，各国的版权法都将图书馆的某些活动纳入合理使用范围。我国《著作权法》第二十二条第一款第（八）项规定，图书馆、档案馆、纪念馆、博物馆、美术馆等为陈列或者保存版本的需要，复制本馆收藏的作品是合理使用行为。

6. **免费表演**

我国《著作权法》第二十二条第一款第（九）项规定，免费表演已经发表的作品，只要该表演未向公众收取费用，也未向表演者支付报酬，即属于合理使用。这里的免费表演有严格的条件限制。首先，免费表演既不能向公众收取费用，也不能向表演者支付报酬。如某酒店为了开业庆祝而邀请某知名歌星向路过或聚集的公众免费演唱歌曲，虽然没有向观众收取费用，但如该酒店支付给了该歌星报酬，歌星对他人歌曲作品的演唱行为就不是合理使用行为。而在某些情况下，如歌星为赈灾的义演，虽然这种性质的演出不给演员支付报酬，或者演员所得报酬全部支援给灾区群众，但因为向观众收取门票，所以也不是合理使用。只有既未向公众收取费用，又未向表演者支付报酬的非营利性表演才是合理使用。如学校为百年校庆而由该校的教职员工进行的演出。其次，免费表演的作品必须是已经发表的，未发表

① 国际图联（IFLA）1975 年在法国里昂举行的图书馆职能科学讨论会上对图书馆职能达成的总结。

的作品不适合合理使用，如果作品未发表，即使符合免费表演的上述第一个条件，也不是合理使用。最后，免费表演，应尊重著作权人的其他权利，指明作者的姓名、作品的名称。我国《著作权法》将免费表演纳入合理使用有利于丰富人民群众的文化生活。但对于这一规定，有学者认为与《伯尔尼公约》存在较大差距，应借鉴一些国家的做法，对免费表演作出一定限制，即规定不得以营利为目的，包括直接或间接的营利目的。诸如公司、企业为宣传商品而举行的“免费”演出，旅店、饭店为招待顾客而“免费”演奏音乐作品，都应排除在合理使用范围之外。[①]

7. **公共场所艺术作品的使用**

为了保证人们自由学习、自由研究和自由欣赏艺术作品的权利，我国《著作权法》规定，对设置或者陈列在室外公共场所的艺术作品进行临摹、绘画、摄影、录像属于合理使用。室外公共场所的艺术作品主要指设置在广场、街道、路口、公园、旅游风景点及建筑物上的绘画、雕塑，书法作品等。合理使用公共场所的艺术作品必须注意：第一，临摹、绘画、摄影、录像的艺术作品必须设置或者陈列在室外公共场所；第二，使用作品的方式只限于临摹、绘画、摄影、录像，而不能用直接接触的方式使用这些艺术作品，如拓印。设置或陈列在公共场所的艺术作品本身具有为了让公众欣赏的公益目的，而且既然陈列或设置在室外公共场所，就难免有人临摹、绘画或者以此为背景拍照、录像，如果让一个以陈列在公共场所的雕塑为背景拍照的人向该雕塑的著作权人取得许可，在事实上也是行不通的。因此，对陈列在公共场所的艺术作品的使用属于合理使用，是各国的立法通例。

8. **将已发表作品改编成少数民族语言文字和盲文出版**

我国是由56个民族组成的大家庭，是一个典型的多民族国家，由于历史的原因，少数民族绝大部分居住在我国经济欠发达的西部和

---

① 吴汉东．论合理使用．法学研究，1995（4）：43－50．

北部的边疆地区。少数民族在使用语言方面有以下三种情况：一是自己没有通用的语言，如回族、满族一般都使用汉语。二是本民族内使用多种语言，如裕固族有东部裕固语和西部裕固语；瑶族内部分别使用勉语、布努语、拉珈语；高山族使用布嫩语、排湾语、阿眉斯语等。三是本民族使用多种民族的语言，如锡伯族除了本民族语言外，还能用维吾尔、哈萨克、蒙古、俄罗斯等民族的语言和文字。因此，我国56个民族使用的语言文字，实际上就不止56种，据统计约在80种以上。在少数民族使用的文字方面，有的民族在古代就创造了自己的文字，并且从古至今一直使用这种文字；有的民族使用过古文字，其间又换用其他文字；有的民族使用几种文字；但由于历史的各种原因，有的民族还没有创造和使用文字，如土家族。[①] 由于经济、历史和语言文字等各方面处于弱势的原因，少数民族的科学文化并不发达，需要吸收汉民族文化。为了促进少数民族科学文化的发展，我国《著作权法》第二十二条第一款第（十一）项规定，将中国公民、法人或者其他组织已经发表的以汉语言文字创作的作品翻译成少数民族语言文字作品在国内出版发行属于合理使用。这项规定包含的、对合理使用的限制有：①翻译的作品必须是中国公民、法人或者其他组织创作的，而不能是外国人或无国籍人士创作的作品；②必须是汉语言文字作品，而不能是上述创作主体创作的其他语言文字类型的作品；③必须是已经发表的作品；④翻译成少数民族的语言文字作品必须在国内出版发行，而不能在国外出版发行，否则不构成合理使用。

盲人不能像正常人一样靠视力阅读，而只能用手触摸凸点盲文文字进行学习、阅读，这种生理缺陷使他们成为社会的弱势群体，为了帮助盲人更多更好地学习科学文化知识，参与文化生活，彰显人道主义精神，各国版权法都对盲人使用版权作品做出了例外规定。我国《著作权法》第二十二条第一款第（十二）项规定，将已经发表的作

---

① 我国少数民族的语言和文字. [2006-03-01]. http://www.edu.cn/20011115/3010039.shtml.

品改成盲文出版属于合理使用。这条规定没有第十一条“将中国公民、法人或者其他组织已经发表的以汉语言文字创作的作品翻译成少数民族语言文字作品在国内出版发行”的限制，可以将任何人，无论是中国人还是外国人的已经发表的任何类型的作品改编成盲文出版。

七、法定许可使用

法定许可使用制度也属于对版权及版权相关权进行限制的一项制度，是指根据法律规定，在特定情况下，使用他人已经发表的作品可以不经过权利人的许可，而只需向权利人支付报酬，同时尊重权利人在版权法中享有的其他权利。法定许可制度限制版权人或版权相关权人的目的在于鼓励和促进已发表作品的广泛传播。我国 2001 年修订后的《著作权法》对 1990 年《著作权法》中的法定许可内容进行了调整，分别在第二十三条、第三十二条、第三十九条、第四十二条和第四十三条中做出了规定，对报刊、表演者、录音制作者和广播组织对已发表作品的特定方式使用规定适用法定许可。第二十三条规定，为实施九年制义务教育和国家教育规划而编写出版教科书，除作者事先声明不许使用的外，可以不经著作权人许可，在教科书中汇编已经发表的作品片段或者短小的文字作品、音乐作品或者单幅的美术作品、摄影作品，但应当按照规定支付报酬，指明作者姓名、作品名称，并且不得侵犯著作权人依照本法享有的其他权利。对著作权人的这项限制同样适用于对出版者、表演者、录音录像制作者、广播电台、电视台。该条体现了我国《著作权法》对教育事业发展的支持和保障。第三十二条第二款规定，作品刊登后，除著作权人声明不得转载、摘编的外，其他报刊可以转载或者作为文摘、资料刊登，但应当按照规定向著作权人支付报酬。报刊之间的转载和摘编在我国 1990 年《著作权法》颁布之前就已经是报刊界的一个惯例，这种做法也有利于作品的传播，所以2001年《著作权法》保留了1990年《著作权法》关于报刊转载和摘编法定许可的规定。第三十九条第三款规定，录音制作者使用他人已经合法录制为录音制品的音乐作品制作录音制品，可以不经著作权人许可，但应当按照规定支付报酬，但是著作权人声明不许使用的除外。第四十二条第二款规定，广播电台、电视台播放他人已发表的作品，可以不经著作权人许可，但应当支付报酬。第四十三条规定，广播电台、电视台播放已经出版的录音制品，可以不经著作权人许可，但应当支付报酬。当事人另有约定的除外。具体办法由国务院规定。

法定许可使用制度意在鼓励已经发表的作品的传播和使用，侧重于促进社会公共利益。而且为了尊重著作权人的意愿，我国的法定许可制度还设置了著作权人的权利保留制度，即如果著作权人声明不允许他人使用其作品时，不适用法定许可，使用著作权人的作品就必须取得著作权人的同意并支付报酬。可以说，该项制度既尊重了著作权人的意愿，又保证著作权人的经济利益可以得到实现，取得了很好的效果。因此，该制度曾被用在解决网络著作权问题上，2004年1月开始实施的最高人民法院《关于审理涉及计算机网络著作权纠纷案件适用法律若干问题的解释》将该项制度延伸用于网络转载上，将在报刊和网络之间相互转载、摘编已经发表的作品纳入法定许可制度的调整，该解释第三条规定，已在报刊上刊登或者网络上传播的作品，除著作权人声明或者报刊、期刊社、网络服务提供者受著作权人委托声明不得转载、摘编的以外，在网络进行转载、摘编并按有关规定支付报酬、注明出处的，不构成侵权。但转载、摘编作品超过有关报刊转载作品范围的，应当认定为侵权。但2006年11月最高人民法院对该司法解释进行了第二次修订，为与同年6月出台的《信息网络传播权保护条例》保持一致，将第三条进行删除。《信息网络传播权保护条例》在第六条第（七）项对互联网上的转载行为进行了规范，规定向公众提供在信息网络上已经发表的关于政治、经济问题的时事性文章的行为属于合理使用，可以不经著作权人许可，不向其支付报酬。

第三节 我国现行著作权法对公共利益维护的不足

一、我国著作权法立法受到国际压力

目前，版权学术界普遍认为版权法诞生于欧洲，英国1709年制定的《安娜法令》被认为是现代版权保护制度的雏形和起源，版权法的各项具体制度随后也是在西方资本主义国家逐渐发展成熟的。可以说，现代版权法是起源于国外并成长于国外，在外国的经济社会土壤中成长。我国近代第一部《著作权法》被认为是在西方帝国主义的枪口下产生的。19世纪下半叶，西方帝国主义经济开始在中国膨胀，知识产权问题逐渐凸现，在与中国的通商中，外商意识到给中国施加一个知识产权法律体系的必要性。同时，国人在寻求强国富民之道时，也吸纳了西方意义的版权观念。在内外部因素的作用下，清政府在1911年颁布了《大清著作权律》。[①] 我国现代著作权法的发展历程也在很大程度上显示了外国压力的痕迹。20世纪80年代，中美之间开始就知识产权问题进行磋商，1989年中美两国签订了《谅解备忘录》，该备忘录签订以后，1990年我国颁布了《著作权法》。20世纪90年代，美国为了维护自己的经济利益，积极推动关贸总协定乌拉圭回合谈判，力主缔结一个与贸易有关的知识产权公约。1994年，以美国为主的发达国家通过各种手段，迫使不发达国家接受了他们提出的条件，《与贸易有关的知识产权协议》即TRIPS协议就此诞生。我国加入世界贸易组织以后，为了履行加入WTO时的承诺，和

① 李雨峰．枪口下的法律——近代中国版权法的产生//郑成思．知识产权研究（第15卷）．北京：中国方正出版社，2004：221－264．

TRIPS 的要求保持一致，于 2001 年修订了《著作权法》，使我国的《著作权法》达到了国际保护标准。所以，追溯我国著作权法的渊源，可以看出明显的引进的痕迹，以及迫于西方国家尤其是美国压力的痕迹。由于给我国施加知识产权压力的国家都是版权业发达的信息输出国家，他们国内保护知识产权的标准以及他们力主倡导的国际知识产权保护标准，都是按照自己的利益需要，根据本国的经济社会发展水平提出的。我国在国际压力下制定的知识产权法，无形中忽略了本国的经济社会状况，抬高了保护标准。作为一个信息输入的国家，抬高知识产权保护标准，无疑会对本国的利益造成损害。

二、现行著作权法规定的不足

（一）公共利益保留的规定不明确

我国《著作权法》第四条第二款虽然明确规定著作权人行使著作权时，不得损害公共利益，使该条成为维护公共利益的最基本的根据，但我国《著作权法》、《著作权法实施条例》及相关司法解释都没有明确“公共利益”的具体含义和内容，致使该条的规定形同虚设。另外，该条虽然从理论上讲可以作为维护版权公共利益的最为基本的依据，但该条是否可以作为侵权抗辩的理由并不明确，我国目前也并未出现相关司法判例。从该条的表述，似乎可以这样认为：著作权人的个人利益一定应服从公共利益，著作权法中的公共利益优先于著作权人的个人利益。但从第一章关于公共利益和个人利益的关系分析来看，作出这样的解释似乎不妥，因为公共利益并非在任何情况下都无一例外地优位于个人利益，当正当的个人利益和公共利益发生冲突时，虽然要以公共利益为主，但如果个人利益受到损害，法律还应当建立起对个人利益的补偿机制，使个人利益的损失降到最低。

（二）合理使用范围有待扩充

我国现行《著作权法》至少在三个方面有待于扩充合理使用的范围。在教学使用的相应条款里，我国现行《著作权法》规定，为学校课堂教学或者科学研究，翻译或者少量复制已经发表的作品，供教学或者科研人员使用属合理使用。这里的合理使用方式仅限于翻译和少量复制，而参考国外的版权立法和课堂教学实际，还应给予课堂教学更多的合理使用空间。英国版权法给予学校教学宽泛的合理使用范围，在规定教学活动中的合理使用时，将教学活动中的“复制文学、戏剧、音乐或艺术作品以及复制录音、影片、广播或电缆节目”、“汇编”、“以教师和学生以及其他与该单位的活动有直接联系者为观众表演文学、戏剧或音乐作品”、“为教学活动录制广播或电缆节目或制作其复制件”、“教学人员可为教学目的从已出版文学、戏剧或音乐作品中影印复制一些片段”。可见，英国版权法中对于教学活动的合理使用范围要不止翻译和少量复印，而给了教学机构很宽的合理使用空间。《美国版权法》第一百零七条和第一百一十条也分别规定了教学中的复制使用和演出使用。《法国著作权法》第四十七条、第五十二条和第五十三条也规定了“为教育目的播放”、“学校举办活动中的表演”和“教学活动中的复制”。相比之下，我国《著作权法》规定的教学使用仅限于翻译与复制，范围过于狭窄，笔者建议参照国外立法扩充教学活动中的合理使用范围，将“教学活动中的表演”、“广播、电影、电视节目等的播放”、“广播、电影、电视节目等的录制”作为教学活动中的合理使用予以规定。

滑稽模仿作品是一种能起幽默娱乐消遣作用和批评讽刺作用的作品形式，滑稽模仿作品的创作有利于人们运用这一作品形式表达自己的观点，应该鼓励这种形式的作品的创作。滑稽模仿作品的特点要求该类型作品的创作必须依赖原作，而我国现行《著作权法》没有对滑稽模仿作品作出例外规定，“适当引用”的合理使用也并不能解决滑稽模仿作品在创作过程中对原作的引用问题，建议《著作权法》

在修订时将这一作品形式纳入版权的例外和限制条款中。

关于图书馆的合理使用，我国《著作权法》允许图书馆为陈列或者保存版本的需要而复制本馆收藏的作品。按照该规定，图书馆适用合理使用条款的条件是：在使用主体方面，必须是本馆，在使用目的方面必须是为了陈列或保存版权的需要，在使用范围方面必须是复制本馆自有的馆藏。但在图书馆的文献信息服务实践中，一个图书馆收藏的有著作权的作品，其他图书馆可能由于客观原因不能收藏，所以为了保证其他图书馆可以将该作品提供给用户使用，建议《著作权法》给予图书馆另外一项合理使用的权利，即可以将本馆拥有的、而其他图书馆没有并通过正常途径难以获得的作品进行复制，以供其他图书馆保存和替换需要。

（三）对残疾人的关注不够

残疾人属于社会中的弱势群体，我国《著作权法》对残疾人的关注只体现在第二十二条第一款第（十二）项，即将已经发表的作品改成盲文出版看做合理使用。可见，我国《著作权法》对残疾人的关注仅仅限于盲人，方式也仅仅是可以将已经发表的作品改编成盲文出版。笔者认为，我国《著作权法》对残疾人的关注是远远不够的。不仅盲人在使用作品时存在困难，其他身体有残障的人如聋哑人、肢体残废的人等在使用作品时也有困难，不能如正常人一样学习、阅读、欣赏作品。为了使残疾人能够更好地享受科学文化发展带来的利益，《著作权法》有必要为所有的残疾人提供宽松的使用作品的条件。我们先了解一下国外的版权法给残疾人的优惠。《德国著作权法与邻接权法》第45a“残疾人”一条中规定：“本法允许以非营利性目的对作品进行复制并且将这些复制件仅仅向残疾人进行发行的行为，这些人由于残疾的原因而不能通过已经可用的使用类型对作品进行有效使用或者使用起来非常艰难，为了让他们能够对作品进行接触也有必要对作品进行复制与发行。对于复制与发行行为，应当向作者支付适当的报酬；仅仅制作几份复制件的行为例外。该请求权只能通过著作权集体管理组织来行使。”笔者认为，这种规定非常具有人道主义精神，值得我们借鉴和学习。我国目前有6000多万残疾人，这些残疾人在接触或使用作品方面存在困难，需要借鉴德国著作权法的做法，将为残疾人能够接触和有效使用作品的少量复制和其他使用已发表作品的行为纳入合理使用范围。另外，也有学者指出，应结合我国实际情况，对于盲人教育、残疾人教育等特殊教育，从人道主义原则出发，在教学使用的合理使用规定中，规定比较广泛的使用范围，即包括复制、翻译、表演、播送等方式，且不必规定对复制数量的严格限制。①

（四）著作权立法应保证公众可以充分享受技术发展和经济社会进步带来的好处

计算机信息网络技术的发展和普及运用，使网络成为作品新的传播和使用手段，著作权法作为对计算机信息网络技术的回应，为著作权人及著作权相关权人设置了信息网络传播权。我国《著作权法》第十条第一款第（十二）项规定：信息网络传播权，即以有线或者无线方式向公众提供作品，使公众可以在其个人选定的时间和地点获得作品的权利。并在附则第五十八条规定信息网络传播权的保护办法由国务院另行规定。信息网络传播权是著作权法在新技术条件下为著作权人规定的一项新的专有权，是为了使著作权人可以控制自己的作品在网络上的传播和使用，并取得收益。但有权利就有限制，从维护公共利益的角度而言，《著作权法》不仅要保证计算机信息网络技术的发展使著作权人受益，还要考虑社会公众应有的权利，对信息网络传播权做出例外和限制，使公众可以充分享受技术发展带来的好处。

在《信息网络传播权保护条例（草案）》（以下简称《草案》）征求意见的过程中，第四条第（五）项和第六条体现了公共图书馆

① 吴汉东．完善我国合理使用制度的立法建议．［2006－02－01］．http://www.civillaw.com.cn/weizhang/default.asp?id=7952.

在信息网络环境下的合理使用和法定许可使用的权利。第四条第（五）项规定，公共图书馆通过本馆的网络阅览系统供馆内读者阅览本馆收藏的已经发表的作品属于合理使用，但该阅览系统不得提供复制功能，并且应当能够有效防止提供网络阅览的作品通过信息网络进一步传播。第六条规定，除著作权人事先声明不许使用的外，公共图书馆符合下列全部条件的，可以不经其许可，通过本馆的网络阅览系统供馆外注册读者阅览本馆收藏的已经出版的图书，但应当指明作者姓名、作品名称和出处，按照规定支付报酬，并且不得侵犯著作权人依法享有的其他权利：①提供网络阅览的图书已经合法出版 3 年以上；②阅览系统不提供复制功能；③阅览系统能够准确记录作品的阅览次数，并且能够有效防止提供网络阅览的作品通过信息网络进一步传播。

对于第四条，当时各界并无太大争议，因为图书馆为用户提供馆藏阅览服务是图书馆提供的最为基本的服务形式，将馆藏进行数字化后，存储在图书馆的内部服务器，利用图书馆馆内的网络阅览系统供到馆读者阅读，与以往读者到阅览室对纸本图书和期刊进行阅读并无大的差别。但正如中国图书馆学会提出的那样，将著作权法给予图书馆的豁免仅仅限于公共图书馆有所不妥，应将“公共图书馆”改为“公益性图书馆”。笔者当时也甚为同意这种观点，因为公共图书馆只是公益性图书馆的一个类型，高校图书馆、科研机构的图书馆等都是为读者提供公益性服务的，所以都应被纳入这一豁免的主体范围之内。另外，笔者也认为，将该条仅仅理解为图书馆将馆藏数字化后，用户只能到图书馆通过图书馆的阅览系统进行阅览显得有些狭隘，不利于用户充分享有技术带来的好处，因为图书馆的用户完全可以在家中或办公场所，利用自己的计算机网络终端进行阅览，而不必亲自到图书馆。对于高校和科研单位的图书馆，由于其用户数量稳定并易于控制，建议赋予这些图书馆的用户利用馆外的计算机终端进行阅览的权利，但要对这些用户进入阅览系统进行身份识别或 IP 地址识别。

至于《草案》第六条规定，图书馆通过网络为馆外注册用户提供馆藏阅览属于可以不必经过著作权人许可但要支付报酬的法定许可，有人指出，排除为了馆藏目的的“合理使用”，著作权法并未允许图书馆可以不经作者授权就将权利人的作品数字化并向公众传播。如果要使《草案》的规定合理合法，就需要对《著作权法》做出重大的修改，否则这种规定显然是与上位阶法互相矛盾的。[①] 出版界也对该条表现了极大的忧虑，认为如果图书馆是把早期的一些书做成电子书，那么影响不是很大；提供馆内阅读，问题也不会太大。但认为第六条规定的“合法出版3年以上”、“不提供复制”很难监控，图书馆是否将出版未满3年的书进行了电子化是难以得知的。且认为图书馆将图书进行电子化除作者没有声明不得出版外，还应有出版社的声明。作者们也非常担心是否真能拿到报酬，图书馆防止进一步复制传播的机制到底能否奏效。[②] 出版界和作者的担忧都是非常正常的，但该条的初衷是为了促进作品传播和使用的公共利益目的，是否能够达到此目的，并能消除出版界和作者的担心，还要求法律对侵权责任做出明确的规定，以及有效的监督机制和付费机制的建立，保证创作者和传播者的创作和传播热情和动力。

法律最终因为各方分歧过大而删除了第六条，对第四条也进行了重新修正和限制，正式实施的《信息网络传播权保护条例》第七条第一款规定，图书馆、档案馆、纪念馆、博物馆、美术馆等可以不经著作权人许可，通过信息网络向本馆馆舍内服务对象提供本馆收藏的合法出版的数字作品和依法为陈列或者保存版本的需要以数字化形式复制的作品，不向其支付报酬，但不得直接或者间接获得经济利益。当事人另有约定的除外。该条第二款进一步明确了第一款规定的“为陈列或者保存版本需要以数字化形式复制的作品”，应当是已经损毁或者濒临损毁、丢失或者失窃，或者其存储格式已经过时，并且

---

① 齐菁．公共图书馆 我该怎么呵护你．《信息网络传播权保护条例》（草案）赋予公共图书馆“特殊待遇”引发争议．中国知识产权报，2006-02-13.

② 未授权可传播？出版界说不．中国图书商报，2005-10-28.

在市场上无法购买或者只能以明显高于标定的价格购买的作品。最终的法律规定使图书馆界的良好愿望和努力都大打了折扣，但也至少反映出了立法者对技术发展带给公益机构的影响进行了考量，尽管这种考量是初步的。

该草案还对制作网络远程教育教科书课件的作品使用的法律适用做出了规范，规定当远程教育机构制作的教科书课件仅提供给在该远程教育机构注册的学生，并能够有效防止在教科书课件中使用的作品通过信息网络进一步传播的情况下，制作网络远程教育的教科书课件适用法定许可使用。这一初步规定最终为正式出台的《信息网络传播权保护条例》保留，该条例第八条规定：为通过信息网络实施九年制义务教育或者国家教育规划，可以不经著作权人许可，使用其已经发表作品的片断或者短小的文字作品、音乐作品或者单幅的美术作品、摄影作品制作课件，由制作课件或者依法取得课件的远程教育机构通过信息网络向注册学生提供，但应当向著作权人支付报酬。

对农民的关注在《著作权法》中尚无直接体现，技术发展为农民带来的惠益从未在著作权领域得以反映，而《信息网络传播权保护条例》却展示了该法对农民和农业的倾斜。该条例第九条规定：为扶助贫困，通过信息网络向农村地区的公众免费提供中国公民、法人或者其他组织已经发表的种植养殖、防病治病、防灾减灾等与扶助贫困有关的作品和适应基本文化需求的作品，网络服务提供者应当在提供前公告拟提供的作品及其作者、拟支付报酬的标准。自公告之日起三十日内，著作权人不同意提供的，网络服务提供者不得提供其作品；自公告之日起满三十日，著作权人没有异议的，网络服务提供者可以提供其作品，并按照公告的标准向著作权人支付报酬。网络服务提供者提供著作权人的作品后，著作权人不同意提供的，网络服务提供者应当立即删除著作权人的作品，并按照公告的标准向著作权人支付提供作品期间的报酬。

总之，在新的技术环境下，在规定新的权利和权利的限制时，著作权法在保证作者和传播者的权利能够得到有效保护的同时，应保证公众可以充分享受技术发展和经济社会进步带来的好处。

（五）《著作权法》应明确对技术保护措施的限制

本书在第三章讨论到，如果著作权法对技术措施规定得不够适当，可能对言论自由、文化创新产生不利影响，对个人、图书馆、教育机构等的合理使用造成挤压，并有可能影响技术创新和竞争。我国《著作权法》在第四十七条第（六）项规定了著作权人享有使用技术措施保护版权作品和禁止他人规避技术措施的权利，他人未经许可规避或破解技术措施，应承担侵犯著作权的民事责任、行政责任或刑事责任。此条对著作权人或著作权相关权人采取的技术措施没有作出条件要求，有导致其权利扩大的危险，即只要版权人采取了技术措施，不管这些技术措施的效果如何，任何人都不能规避该措施。《信息网络传播权保护条例》第12条规定了技术保护措施的例外情形，规定属于下列情形的，可以避开技术措施，但不得向他人提供避开技术措施的技术、装置或者部件，不得侵犯权利人依法享有的其他权利：①为学校课堂教学或者科学研究，通过信息网络向少数教学、科研人员提供已经发表的作品、表演、录音录像制品，而该作品、表演、录音录像制品只能通过信息网络获取；②不以营利为目的，通过信息网络以盲人能够感知的独特方式向盲人提供已经发表的文字作品，而该作品只能通过信息网络获取；③国家机关依照行政、司法程序执行公务；④在信息网络上对计算机及其系统或者网络的安全性能进行测试。但该条例仍然没有对著作权人或著作权相关权人采取的技术措施作出任何条件要求，即无论著作权人或著作权相关权人采取的技术措施是否有效、是否符合法律规定、是否对他人的网络系统造成安全威胁以及是否对他人的正当权利造成影响，该技术措施仍然受到著作权法的保护，这样规定显然有进一步修正的空间。

（六）合同对版权限制条款的排除

改革开放以来，我国的科技文化事业快速发展，但目前我国仍然是信息输入大国，根据国家版权局的统计数据，我国引进的图书、期刊、音像制品、电影等的数量远远大于输出的数量，图书馆等信息服务机构购买国外电子学术数据库的花费占图书馆经费总量的比例也越来越大，这些都表明我国目前仍然处于版权引进和输入多于版权输出的状态。图书、期刊、数据库等通过版权贸易合同引进到我国，但我国尚未对版权贸易合同中是否存在排除版权例外条款的内容进行过调查。而根据澳大利亚政府组织的调查结果，目前该国市场上存在着大量的包含了排除版权例外条款的版权贸易合同。我国在对外版权贸易中肯定也存在这种情况，特别对于谈判能力较国外出版商弱的图书馆，在它们与国外出版商签订的电子学术数据库购买合同中，往往存在这样的条款。这种条款的存在对于信息产品购买一方显然是不利的，因为它排除和限制了购买方在版权法中应当享有的权利，在一定程度上缩小了对购买信息产品的使用范围。这些排除或限制了合理使用的条款是否有效，包含这种条款的合同效力如何，还需要进一步的探讨。

第四节　维护版权公共利益的立法建议

一、利益纷争与立法的定纷止争作用

利益关系是人与人之间关系的核心，社会所能够提供的利益总量不足以及人自身追求利益最大化的本性，不可避免地导致了利益矛盾和利益冲突。协调利益冲突的手段有很多，如经济途径、观念途径和制度途径。① 目前，法律已经成为当代国家最重要的治国手段，立法

① 张玉堂．利益论——关于利益冲突与协调问题的研究．武汉：武汉大学出版社，2001：267－276．

便成为对利益进行选择、协调和整合的最为基础的方式。“在现代的人类生活中，通过法律机制实现相应的利益较文明史上的任一时期都显得更为突出和重要。作为制度化存在的法律对利益的分配与保障具有其他机制没有的精确性、程序性、客观性和确定性，从而法律更能将社会生活导向秩序并达成正义与秩序的均衡。”①

版权法产生于对利益进行分配和激励的需要，其本身也被认为是协调版权流转过程中各方利益的制度化表现。从公共物品和外部性来讲，知识具有的这两个属性决定了要对知识的生产提供产权界定以弥补知识这种公共物品生产的不足，为知识的生产提供激励。对版权人利益和公共利益的协调一直以来被当做版权法的主要职能之一，但从目前来看，在版权利益格局中，有更多的除版权人利益和公共利益以外的利益方加入进来，如网络服务提供商、电信部门、电子消费品制造商等。对版权制度中的各方利益进行协调，需要版权法为各方的权利范围划出清楚的界限，发挥“定纷止争”的作用。维护和增进版权公共利益的实质在于，一方面，平衡竞争和冲突各方的利益，使版权制度进入良性运转的状态，从而最大限度地增加整体公共利益；另一方面，版权法必须尽量明确版权制度中公共利益的范围和保障途径，以明确的法律条文为依据，更好地维护公共利益。版权是我国宪法赋予公民的一项基本权利，公共利益虽然是个人利益的总括，但在一定程度上会与版权人的个人利益发生冲突，是对版权人个人利益的限制。当公共利益限制基本权利时，必须遵循法律保留原则，尽量将公共利益对基本权利进行限制的情形明确化，规定何种情形下公共利益优先于版权人的私益，对公民的行为作出确定性的指引，同时避免公共利益对个人利益过度限制。我国《著作权法》对公共利益的维护，笔者已经在本章第一节中有所阐述，目前对公共利益进行明确规定的困难是，当前的版权制度由于技术的革命性发展而处于变革当中，版权利益格局有所变动，版权人的权利范围和权利限制都在进行

① 邓玲．论立法的利益整合功能（硕士学位论文）．南京：南京师范大学，2004．

着变化和重新调整。在这种情况下，公共利益的基本内涵虽然没有变化，但公共利益有了新的表现，也出现了实现公共利益的新的途径。如自我学习和自我研究方面，现在人们更倾向于通过网络获取网络上的信息资源进行自我学习和自我教育。也正是由于版权法处于重新调整之中，公共利益的种种新的表现形式和实现方式才有了纳入版权法的机会。

二、立法听证制度与公共利益表达

"听证（hearing）"一词源于普通法，最初指司法听证，即任何人在受到惩罚或其他不利处分前，为之提供公正的听证或其他听取意见的机会。后来，这一制度传入美国后，被移植到立法和行政活动中，并被用作提升立法与行政民主化程度以及广泛获取相关信息的有益方法。第二次世界大战后，听证制度日益为越来越多的国家或地区所接纳采用。① 立法的过程是一个分配权利义务的过程，也是各个利益群体进行利益博弈的过程。有人指出，目前在我国，不同利益主体正在逐渐发育，中国已经开始进入利益博弈时代，最近几年，随着利益群体的进一步发育，其对政策制定环节的影响明显增强。但同时利益群体的发育是相当不均衡的，且强势群体与弱势群体的裂痕在加深。② 立法听证就是要各级立法机关在提出法案动议或审议法案时，按照一定的法律程序，使与该法案有关的利益群体及专家学者充分发表不同意见，为立法机关更科学、合理地制定法案提供依据和建议的一种立法制度。立法听证制度在发挥立法协调各方利益方面起着重要的作用，保障了立法的科学性和公正性。该制度为相关社会利益群体提供了利益表达机制，通过该机制可以充分展现利益各方的利益需

① 许安标. 立法听证会制度概述. 中国人大，2005（19）：14－16.

② 中国进入利益博弈时代.［2005－11－02］. http://www.chinanewsweek.com.cn/.

求，使立法机关可以考量这些利益矛盾与冲突，从而对这些利益矛盾和冲突作出选择与平衡。

我国 1996 年的 3 月 17 日通过的《中华人民共和国行政处罚法》中第一次以法律形式确立了听证制度。后为了适应现代社会立法民主化、科学化以及公众参与立法的需要，听证制度被引入到了立法领域。2000 年颁布实施的《中华人民共和国立法法》第三十四条规定："列入常务委员会会议议程的法律案，法律委员会、有关的专门委员会和常务委员会工作机构应当听取各方面的意见。听取意见可以采取座谈会、论证会、听证会等多种形式。"该条第二款接着规定："常务委员会工作机构应当将法律草案发送有关机关、组织和专家征求意见，将意见整理后送法律委员会和有关的专门委员会，并根据需要，印发常务委员会会议。"第五十八条规定："行政法规在起草过程中，应当广泛听取有关机关、组织和公民的意见。听取意见可以采取座谈会、论证会、听证会等多种形式。"由此将听证制度正式引入立法领域，立法听证制度作为法定形式确立之后，各级地方人大在地方立法中，进行了广泛的探索和试验，积累了宝贵的经验。为修改《个人所得税法》，全国人大法律委员会、财政经济委员会和全国人大常委会法工委，于 2005 年 9 月 27 日举行了关于个人所得税工薪所得减除费用标准的立法听证会。这是全国人大首次举行立法听证会，作为最高国家权力机关和立法机关，全国人大及其常委会对法律草案的审议，具有最终效力，所以这次立法听证具有非凡的象征意义和示范意义。

为了使知识产权立法更加民主化、公正化，在全国人大举行首次立法听证会之前，知识产权立法实行了首次立法听证。2004 年 11 月 4 日，国家版权局与信息产业部在北京联合举行听证会，就当时即将出台的《信息网络传播权行政保护办法（草案）》向社会各界广泛征求意见。国家信息化领导小组办公室、最高人民法院、国务院法制办等部门领导以及部分专家学者、国内部分互联网服务企业代表、不同领域的网络用户代表等出席了听证会。[①] 在广泛征求意见的基础上，《互联网著作权行政保护办法》于2005年5月开始实施。《信息网络传播权保护条例（草案）》也曾经由国家版权局、全国人大法工委、国务院法制办、最高人民法院以及高校法学专家共同起草制定后，在国家版权局网站上公布并公开征集意见，对该法的完善和科学性的保证起到了重要作用。可以预见，随着立法听证制度的不断发展和完善，其必将成为知识产权立法过程的常用程序。如上所述，我国目前已经开始进入利益博弈时代，各种利益集团正在形成，但强弱不均衡。由于立法听证在一定程度上是各利益集团的一场辩论，所以各方力量强弱直接影响着利益的表达充分与否。目前，在版权范围内，由于利益相关方的增加以及利益的分化，也正在形成不同的利益群体。但是，公共利益代言人却出现了缺位。在《信息网络传播权保护条例（草案）》征求意见的过程中，中国图书馆学会于2005年10月提交了"关于《信息网络传播权保护条例（草案）》的修改意见"，作为全国各级各类型图书馆及其用户的利益代言人发表了对该《条例》草案的意见。该意见只是代表了图书馆界及其用户的声音，并不能充分表达版权公共利益各方面的要求。希望在版权各相关利益群体的形成过程中，可以出现版权制度中各方面公共利益的代言人，如教育机构、网络用户、残疾人等利益的代言人，在版权立法听证中充分表达公共利益需求。

但是，如果仅仅等待立法听证时呈现对拟立法或修法的观点，就显得十分被动和仓促，不利于全面表达本行业及所代表的公众利益，所以，还需要将版权工作纳入以上有关行业组织或相关行业代表机构的日常工作日程，成立专门的版权机构，对影响本行业及所代表公众利益的版权事件从行业角度出发发表自己的看法。在国际图书馆界，很早就注意成立专门的版权组织并推动对行业有利的版权法立法和修法。如美国图书馆协会在捍卫美国图书馆行业的利益、推动有关图书

① 刘河．我国知识产权行政规章首次公开听证．中国知识产权报，2004-11-06.

馆免责的知识产权立法方面就一直在努力。在美国 1976 年《版权法》出台之前，该协会就联合美国许多图书馆的馆长就图书馆出于教育和研究目的为研究人员复制馆藏文献的版权侵权免责向国家版权局局长去函，并与立法部门进行接触，推动图书馆免责的立法。经过该协会与成员馆及其他图书馆多年的努力，美国国会终于在 1976 年通过的《版权法》第一百零八节规定了有关图书馆复制免责的内容。[①] 1998 年，当美国国会决定对 1976 年《版权法》做出新的修改时，美国图书馆界在该协会及其他协会的带领下，通过游说、听证等方式捍卫图书馆在数字时代的权利，其中一些建议最终被美国 1998 年《千年数字版权法》采纳。由美国图书馆协会、美国法律图书馆协会、美国研究图书馆协会、美国医学图书馆协会和美国专业图书馆协会等五家图书馆协会组成了美国图书馆版权联盟，以促进创新、研究和教育中信息获取和合理使用为宗旨，美国图书馆版权联盟代表将近 14 万个美国各类型图书馆探讨和解决影响图书馆及其用户的版权问题，在美国和国际数字环境下的版权立法和修法以及有关政策的制定上提出统一的解决方案、发出同一个声音。该组织不仅对美国国内的版权案例发表评论，如在美国最高法院对 MGM v. Grokster 案做出终审判决后，该组织随即发表了对该判决的看法以及该判决对图书馆的影响，认为该判决在解决版权侵权问题上的态度有利于图书馆的利益，因为判决的着重点在于引诱侵权行为，而非在技术的传播方面，保证了图书馆及其用户持续不断地引入并使用新的数字技术；该联盟还应邀或主动对美国以外的其他国家和国际知识产权组织在版权及相关权方面的动向发表意见，如 2004 年向世界知识产权组织就其国际发展日程表提出了图书馆的原则立场，2005 年向澳大利亚政府提交了关于版权法中合理使用有关问题的报告，2008 年 12 月 5 日就欧盟《知识经济版权问题绿皮书》提交了评论。

---

① 翟建雄. 美国版权法中图书馆复制权的例外规定——第 108 节的历史考察. 法律文献信息与研究，2007 (2)：2－8.

美国图书馆行业组织还发表了一系列的原则声明，向社会公众、其他利益相关方、政府和立法机构宣示图书馆界保护知识产权的行动和立场，这些原则声明在图书馆的价值目标、图书馆所需的版权政策等得到上述主体的认可方面起到了很好的帮助作用。20 世纪 90 年代以来，美国各图书馆协会发表了关于版权和图书馆服务的如下声明：1995 年《电子时代的合理使用：服务于公众利益》的原则声明；1997 年《数字环境下管理知识产权的基本原则》的声明；1997 年《电子资源许可原则》；2003 年《合理使用和电子馆藏》；等等。

其他一些国家的图书馆行业组织在影响国内版权立法、规避图书馆的知识产权风险方面都有与美国图书馆协会相似的做法，如英国图书馆协会版权联盟（LACA）、英国图书馆和档案馆著作权联盟、博物馆著作权小组等行业组织为表明图书馆界在数字时代的版权立场，先后发表了《关于在数字环境下版权问题的立场》、《英国著作权法修订方针》等文件。法国图书馆员协会联合法国档案管理员协会等八个相关协会组织发表的报告《信息使用和版权：还能有均衡的解决办法吗?》，要求包括图书馆、教育机构、博物馆及档案馆等在内的公共文化服务得到法律的豁免。日本图书馆界也有类似的做法。①

我国图书馆界的行业组织——中国图书馆学会及各级图书馆学会作为发展我国图书馆事业的重要社会力量，是参与实施知识产权保护的重要力量之一。中国图书馆学会及各级图书馆学会在规范图书馆界的知识产权法律行为、推动知识产权立法方面做出了努力，进行了有益的积极探索。2002 年 4 月，中国图书馆学会第六届学术研究委员会首次设立了“图书馆法与知识产权研究专业委员会”，尽管该委员会当时主要是为了凝聚图书馆界业内的研究力量，共同参与《信息

① 李国新. 国际图书馆界有关著作权合理使用的原则立场. 图书馆论坛，2005（12）：67－70.

网络传播权保护条例》的制定，但从该委员会自成立以来开展的工作来看，其探讨的知识产权问题已经涉及图书馆传统服务以及数字图书馆建设过程中知识产权问题的诸多方面，并带动了业内对图书馆法及知识产权问题的高度关注和积极研究。中国图书馆学会还积极地代表图书馆与政府部门进行沟通和协商，反映图书馆界的知识产权政策诉求。我国图书馆界参与我国著作权的立法和修法工作应该说在1991年《著作权法》进行立法调研时就开始了，2001年修订《著作权法》时，虽然没有代表图书馆界发出明确声音，但也被动地参与了立法调研活动。但是，这种参与著作权立法和修法的行为直到《信息网络传播权保护条例》立法前仍然是被动的。自从我国加入WTO，知识产权问题在全国得到高度关注，2001我国颁布实施了修订后的《著作权法》，对知识产权问题的关注和研究热情更加高涨。特别是最近几年，我国的利益集团逐渐形成，著作权制度中的利益相关方也在增多，利益格局和利益关系变得复杂，图书馆长期以来的服务开始受到一些利益主体的质疑，甚至出现了作者和出版社等主体起诉图书馆的案件，图书馆一下子站在了著作权制度的风头浪尖上，图书馆的传统服务以及创新服务都受到著作权的掣肘。此种情形下，图书馆界开始在学术研究和行动上主动出击，积极参与著作权立法和修法，为图书馆的服务行为寻找更宽广的法律空间。当2004年《信息网络传播权保护条例》立法工作启动时，图书馆界开始密切关注并研究相关问题，为参与网络传播权保护立法作积极准备。同时，还通过学会的网站发表关于图书馆服务与版权的原则立场，以向社会公众展示图书馆的工作价值以及知识产权诉求。

但是，从整体看来，以上所述代表公共利益的相关组织在知识产权谈判能力、社会影响力和对政府、立法者的决策影响力上都还处于相对弱势的状态。如在图书馆方面，为了掌握我国图书馆知识产权管理的现状，作者向全国27个省、市及香港地区的各类型图书馆发出问卷200多份，收回有效问卷155份，被调查对象多为国内公共图书馆、高校图书馆、企事业单位图书馆和专业图书馆的馆长、业务主任和资深馆员。当被问到"您认为图书馆在与相关利益群体进行知识产权谈判的能力如何?"时，对此问题进行有效回答的150个图书馆中，仅有7个图书馆认为图书馆的谈判能力比较强，占总数的4.66%；31个图书馆认为能力相当，占总数的20.6%；多达112个图书馆认为图书馆的谈判能力比较弱，占总数的74.6%。根据此调查反馈结果，绝大多数图书馆都认为自身知识产权谈判的能力比较弱，应该有所加强。例如，有的图书馆负责人指出："外文资源由于国外对知识产权的严格控制，我们在谈判或使用中一直处于弱势状态，对于各个图书馆而言，只有使用权，基本上没有产权；而中文资源的知识产权的界定和保护处于非常混乱的状态，对于图书馆这个'使用媒介'的权利和义务界定不清，图书馆在过去几年里成为版权官司的受害者。"还有的负责人直接建议："应加大参与集团采购工作人员的谈判能力和技巧培训力度，并提高国内高校图书馆群体的团结协作意识，争取同境外大型提供商利益博弈过程中的强势地位。"在同一问卷调查中，当被问到"贵馆有员工参加过知识产权相关培训吗?"共有145份问卷作出了回复，其中有63家图书馆表示已开展知识产权专业人员培训，占总数的43.45%；其余82家图书馆则明确表示没有对馆内工作人员进行过专门的培训，占总数的56.55%。有些图书馆认为对馆员进行知识产权培训是不必要的，认为"一旦需要，可以急用先学"。在答复"贵馆在知识产权管理机构的设置方面如何?"问题的151个图书馆中，只有6家图书馆明确表示设置了专门的知识产权管理机构，占总数的4%左右；有19家图书馆认为没有必要设置知识产权机构，占总数的12.58%；89家图书馆回答没有设置专门的知识产权机构，而只是依靠馆中有相关知识的领导人员和工作人员，这部分比例高达58.94%。其中，有些图书馆负责人表示在知识产权合同方面会聘请律师把关，还有37家图书馆表示正在考虑筹建知识产权管理机构。调查结果表明，除了少数图书馆有相对完善的知识产权管理制度，设置了专门的知识产权管理机构外，国内多数图书馆并没有把知识产权管理工作作为一项重点工作提上议程，缺乏统一的知识产权管理机构和完善的规章制度。以上数据和访谈结果说明目前在图书馆界，知识产权问题虽然已经受到重视，但相关能力储备还不充足。仍需要持续不断地加强已有的努力，并开辟新的工作思路和路径。

根据观察，其他可以作为知识产权公共利益代言人的机构如大学、网络用户代表机构等，在著作权立法过程中也未积极参与。

三、著作权法立法中要把握的三个原则

维护版权公共利益，笔者建议在我国版权立法中，要注意把握以下三个原则。

（一）加入国际条约时，不要刻意抬高保护标准

目前，国际版权保护呈现出一体化的趋势，特别是 TRIPS 被纳入全球贸易体系，并要求 WTO 成员国一揽子接受后，国际版权保护一体化的趋势更加明显。目前 WTO 拥有遍布全球的 150 多个成员国，都需要遵守 TRIPS 的最低标准。在 TRIPS 签署以前，虽然也建立了国际版权保护条约，但在缔约方数量及实施机制保障上都不及 TRIPS，TRIPS 的签署使国际版权保护的基本原则与标准真正实现了在全球范围内的普遍适用性。由于 TRIPS 是由发达国家倡导制定的，是发展中国家对发达国家妥协的结果，所以在版权保护上实行的是有利于发达国家的高标准。我国于 2001 年正式成为 WTO 成员，作为 WTO 的成员，要遵守 TRIPS 规定的国际版权保护的义务。但如前所述，我国是一个发展中国家，在国际版权贸易中的版权输入多于输出，属于技术、信息输入国。当前的国际知识产权保护标准本身就对我国不利，所以在制定国内知识产权法律时，在遵循了 TRIPS 规定的最低标准后，不应为了迎合某些国家而刻意抬高保护标准。应充分考虑我国的科技与经济社会发展水平和所处阶段，制定最符合我国国

家利益的版权法，坚持知识产权保护的"阶段论"和"范围论"[1]的有机结合，利用国际协调机制对抗发达国家超越 TRIPS 协议标准、超出我国国情的知识产权强保护要求，争得国际规则制定的话语权，[2] 既要积极参与知识产权领域的国际合作，又要坚持主权原则，维护国家利益。[3] 2007 年 3 月 6 日，我国政府向世界知识产权组织递交加入书，正式加入了世界知识产权组织的两个互联网条约——《世界知识产权组织版权条约》和《世界知识产权组织表演和录音制品条约》，这两个条约的目的是为了在信息技术和通讯技术领域，特别是互联网领域更充分地保护版权人的利益以及表演者和录音制品制作者的权利。我国在实施这两个公约时，也应注意遵循上述标准，结合我国信息技术和互联网的发展现状，不刻意抬高保护水平。在我国版权立法中，在不刻意抬高保护标准的同时，还应充分利用 TRIPS 和这些条约规定的弹性条款，如 TRIPS 第十三条对版权及版权相关权保护规定的"限制与例外"等，在遵守了其他实质性条款的要求后，根据这些条款制定我国《著作权法》的著作权限制和例外条款。另外，我国《著作权法》还可以利用 TRIPS 在其第一部分总则和基本原则中对 TRIPS 目的和原则的规定，并在此目的和原则范围内制定有利于我国的具体条款。

我国《著作权法》要尽量与具体国情相适应，一方面要避免刻意抬高版权保护标准；另一方面要使《著作权法》能够推动我国具有优势的知识产品资源的保护，发挥我国的资源优势。在经济全球化

---

① 吴汉东教授提出知识产权保护的"阶段论"和"范围论"。前者是指知识产权的保护水平和一个国家的经济和社会发展的水平相适应，而不能落后于或者超出某一历史阶段的科技和经济发展所决定的知识产权的保护水平。"范围论"是指知识产权的保护范围要和一个国家的经济和社会发展的水平相适应，不能不适当的缩小知识产权保护范围，也不能不适当的扩大知识产权保护范围。

② 吴汉东．知识产权国际保护制度的变革与发展．法学研究，2005（3）：126－140．

③ 石巍．TRIPS 效应评估与我国的因应对策．山东大学学报：哲学社会科学版，1998（3）：18－23．

趋势日益明显的今天，知识产权保护的国际规则正进行着深刻的变革。目前的国际知识产权保护规则是由西方发达国家主导建立的，是为了保护他们国内的优势产业。为了争取自己的利益，对抗发达国家在知识产权方面的明显优势，发展中国家提出了保护遗传资源、传统知识和民间文艺的主张。世界知识产权组织已于 2000 年成立了“WIPO 知识产权与遗传资源、传统知识和民间文艺政府间委员会”，通过召开会议进行国际讨论，在这一议题方面已经取得了一系列阶段性成果。我国是一个有着悠久历史的多民族国家，各族人民通过自己的辛勤劳动和智慧积累和掌握了大量宝贵的传统知识、民间文艺，且我国的天然优势遗传资源也非常丰富。目前，我们应充分发挥传统文化大国的优势，为保存与发展传统资源争取有利条件。然而，对传统知识、民间文艺和遗传资源的保护，是采用知识产权保护方式，还是采取另外的其他保护形式还有待仔细考量。对此问题有三种观点：第一种观点认为，传统知识与知识产权的客体具有同质性，所以只需对现行知识产权制度进行扩张、将各种传统知识归入相应的制度中即可实现保护。第二种观点认为，现行知识产权模式对传统知识不能起到充分的保护作用，应考虑传统知识的本质和特点，为其设立专门的法律制度。第三种观点认为，现代知识产权制度在保护传统知识方面的价值不应全盘否定，对不适合的领域可进行适度调整。[①] 我国作为一个传统文化和遗传资源大国，应通过实地调研，并在此基础上集思广益，制定出最符合传统文化和遗传资源发展的保护机制，掌握国际上讨论这些议题的话语权，最大限度地争取和维护国家利益。

（二）特殊领域采取特殊政策

TRIPS 在第八条规定该协议的原则时，在第一款规定，成员国成员可在其国内法律及条例的制定或修订中，采取必要措施以保护公众

① 汤跃．传统知识保护进程的促进力——基因资源、传统知识和民间文学保护学术研讨会纪实．中国知识产权报，2005 - 07 - 27.

的健康与发展，以增加对其社会经济与技术发展至关紧要之领域中的公益，只要该措施与本协议的规定一致。该条允许成员国可以在对其社会经济与技术发展至关重要的领域采取特殊政策提供了法律依据。在一个国家发展的某个阶段，有些领域对国家发展有着重要的作用，需要采取特殊政策以促进其发展。

2005 年底，国务院发布了《国家中长期科学和技术发展规划纲要（2006—2020 年）》（以下简称《纲要》），对我国未来 15 年科学和技术的发展作出了全面规划和部署，该《纲要》规定了 10 项面向国家重大战略需求的基础研究及 4 项重大科学研究计划，这些领域对于增强国家创新能力和国际竞争力有着非常重要的作用。笔者认为，从知识产权角度而言，国家应该将这些领域的研究成果包括著作权在内的知识产权尽量收归国家掌握，以保证经济安全。由于这些研究项目的复杂性和前沿性，多数项目应由集体公关，研究成果也应多为职务作品。对于职务作品的著作权归属，我国《著作权法》第十六条进行了规定，将公民为完成法人或者其他组织工作任务所创作的职务作品的著作权规定为由作者享有，法人或者其他组织有权在其业务范围内优先使用。且作品完成两年内，未经单位同意，作者不得许可第三人以与单位使用的相同方式使用该作品。如果创作者主要是利用法人或者其他组织的物质技术条件进行创作，且创作出的作品由法人或者其他组织承担责任，那么这些职务作品的作者享有署名权，著作权的其他权利由法人或者其他组织享有，法人或者其他组织可以给予作者奖励。尽管有法律的明文规定，但司法实践中往往出现对职务作品著作权权属的争议，为了明确以上重大研究项目的著作权归属，建议与研究人员签署合同，约定将著作权归属为单位。因为根据《著作权法》第十六条的规定，单位可以与创作者通过合同约定职务作品的著作权归属。另外，由于这些项目的研究对国民经济发展和国家竞争力具有十分重要的意义，建议单位在通过合同将著作权归于单位后，保障创作者的署名权，并给予创作者丰厚的报酬和奖励，以保障创作者的创作热情，体现对他人劳动的尊重。

2004年，中共中央办公厅、国务院办公厅发布了《关于加强信息资源开发利用工作的若干意见》，明确了信息资源开发利用对促进经济社会发展的重要作用，并规定了加强信息资源开发利用工作的指导思想、主要原则和总体任务。数字图书馆在信息资源开发建设中具有重要作用，数字图书馆的主要任务就是进行信息资源开发建设，提供信息服务。在这个过程中会使用大量的有版权的作品，涉及诸多知识产权问题，尤其是著作权授权问题更是诸多知识产权问题中的一大难题。目前，数字图书馆可以区分为公益性数字图书馆和营利性数字图书馆。公益性数字图书馆是传统的公益性图书馆利用信息技术，对本馆馆藏资源进行开发利用，通过计算机网络技术为用户提供信息服务。而营利性的数字图书馆虽然冠以"图书馆"之名，实质上是通过对信息资源进行开发利用，提供有偿信息服务的网络运营商。公益性图书馆肩负着社会教育职能，且其本身为用户提供的服务是免费的或不超出其成本费用，所以著作权法对公益性图书馆的信息资源建设和信息服务应该规定一定范围的豁免。

（三）区分营利性使用与非营利性使用

区分一种行为是否为了公共利益，使用目的的非营利性是一个重要标志。在版权法中，合理使用制度是维护公共利益的颇为重要的制度，在判断是否符合合理使用制度的"合理性"时，凡是商业性的使用都被排除在合理使用范围之外，不能享有法律责任豁免。网络环境中，在为维护公共利益而对合理使用进行规定时，商业性与非商业性仍然是一个重要的区分标准。

有学者认为，在网络环境下，合理使用的合理性判断标准可以缩小为两点，一是使用行为是否造成权利人直接的实质损害；二是行为人有无过错即是否恶意或故意，将排除合理性判断的营利性要求纳入对侵权人主观状态的判断中。并认为目前互联网上的大量网站，大都不从事营利性经营，他们的主要目的在于吸引用户浏览，是"眼球"盈利模式，使作品的使用往往不以传统的营利经营形态出现，难以依靠传统标准予以界定。[①]

笔者认为，在网络环境下，著作权制度为应对技术带来的冲击必须做出变化和调整，合理使用制度也需要创新，在传统意义上的合理使用在网络上可能变成侵权使用。如为了个人学习，可以复制他人已经发表的作品，但如果一个人将该作品上传到自己的个人网站上供自己学习使用，因为他的这种行为已经使作品可以为其他不特定的人获取，相当于在向公众传播该作品，所以该行为不是合理使用，而是侵犯了他人的信息网络传播权。网络的特性使以往很多合理使用行为不再合理，而且在网络空间又产生很多新的合理使用情形。为更好地规范网络上对作品的使用行为，必须对合理使用制度进行创新，形成新的合理使用判断标准。笔者认为，新的合理使用判断标准仍应将是否为营利性使用纳入判断标准中，虽然上述学者认为可以将该标准纳入行为人的主观状态，但一个人对作品的使用行为是否为主观恶意，还需要根据客观的外在表现形式进行判断，而营利性标准是判断行为人是否为故意或恶意的重要标准，营利性使用一般均具有主观故意。由于该标准具有很强的识别性，笔者认为其应在新的合理使用制度判断标准中单列，而不应被吸附到其他判断标准中，这样就可以将很多对作品的使用情形从合理使用范围中排除掉。

四、关于使用者权利

TRIPS 的签署使国际版权法开始与国际贸易全面挂钩，版权法越来越具有经济和贸易政策的工具性质且保护标准不断提高，引起各国对版权法的地位和作用进行新的思考。2004 年，加拿大最高法院在

① 吴汉东. 著作权合理使用制度研究. 北京：中国政法大学出版社，2005：252 - 273.

CCH 诉 Law Society[①] 一案中明确提出的“使用者权利”概念，值得我们关注。本案中，原告方是一些商业法律出版商，诉安大略省执业律师的专业管理组织“北加拿大法律协会”，指控与其有关的奥斯古德大图书馆提供的特定服务为版权侵权行为。该大图书馆是由北加拿大法律协会资助的一个法律图书馆，位于多伦多市，主要为本省的执业律师提供服务，但也允许一般公众进入。为了更好地满足客户的需要，大图书馆为客户提供一项复印服务，为多伦多市以外地区或不便亲自来图书馆的律师提供法律资料复印服务。所提供的法律资料是已经出版的资料，由大图书馆职员制作单份拷贝，向为研究目的——至少表面上是为研究目的——而使用的客户们提供。该图书馆内张贴了一些文字性的规章制度及其他一些警示标志，以禁止那些不是为私人学习和研究目的人获得这项服务。法律协会在辩护中称，大图书馆的这种服务行为构成了《加拿大版权法》第二十九条规定的“合理使用”。[②] 该条为“合理的”私人学习和研究使用行为提供了版权侵权的完全免责，至于什么情况为“合理的”则由法院来做出判断。加拿大最高法院支持了大图书馆“合理使用”的主张，并明确了一些重要原则。首先，加拿大最高法院重申，版权法应该在权利人利益和使用者利益之间进行协调，并指出，对于使用者，这个平衡是以允许使用的法律形式来体现的，尤其是以“合理使用”体现的。在这个意义上，最高法院明确表明，允许使用版权作品是“使用者的权利”：“合理使用例外，与版权法中的其他例外一样，是使用者的一项权利。为保持版权人和使用者之间利益的确当平衡，对它的解释不应是限制性的。”最高法院在获得大卫·威沃尔[③]的同意后引用其声明：“使用者的权利不是含糊不清的。所有者的权利和使用者的权利

① ［2004］S. C. C. 13.

② 加拿大版权法该条规定为个人学习和研究的使用是不侵犯版权法的合理使用。

③ 大卫·威沃尔在其著作《版权法》第 171 页写下了这段文字，该段文字在 CCH 诉 Law Society 案中被最高法院引用。Vaver David. *Copyright Law*. Toronto：Irwin Law，2000：171.

都应该被公平和平衡地解读，应符合立法救济。”其次，为使“使用者的权利”生效，最高法院明确指出，“合理使用”应当宽泛地解释。有学者指出，这个判决表明加拿大法律中一个重要的原则发生了变化，在这个判决之前，加拿大法院一般认为“合理使用”和其他例外是对版权侵权的有限免责，而不属于使用者的权利。而通过引入“使用者权利”概念和对“合理使用”做宽泛的解释，最高法院将强调的重点从一直占据突出地位的版权利益转换了过来。他们现在主张的是权利人和使用者双方的平等待遇，两者的利益不再有轻重之分。[①]

在CCH案判决后不久，加拿大19位著名的版权专家合著了一本书《公共利益：加拿大版权法的未来》，该书集中了19位专家的智慧，围绕C－60法案，[②] 分三篇对该法案涉及的问题进行了探讨，并对加拿大版权法的未来进行了展望。其中，多位专家对合理使用制度和使用者权利进行了探讨，特别是多伦多大学法学院教授阿布拉罕·达森沃尔（Abraham Drassinower）在《认真对待使用者权利》（*Taking User Rights Seriously*）一文中，对CCH一案作出了评价，认为最高法院已经为解决创作者和用户利益的平衡提供了很好的框架。主张从使用者权利的角度着手版权法的变革，认为每一个创作者都要利用前人的思想和作品，因此从根本上讲也是使用者，在这个意义上，版权法也是一部关于使用者的权利。使用者的权利与作者的权利是不可分的，内含于作者权利之中，是版权法的内在组成部分，认真对待使用者权利就是要把它看做独立的，而拒绝将它看做要达到外在于它们自身目标的某种手段。该学者认为，如果将“使用者权利”

① （加）迈拉·J. 陶菲克. 国际版权法与作为“使用者权利”的合理使用. 版权公报：中文版. 2005（2）.

② 加拿大C－60法案是于2005年6月20日公布的一个版权法修订法案，是加拿大为了实施WIPO的网络版权条约而提出的一个法案，该法案涉及了一系列的数字版权问题，包括“接触”权、ISP的责任、对网络侵权内容进行“通知与反通知”的系统、技术保护措施以及图书馆和教育机构的例外规定等等。

纳入加拿大版权法，对很多问题的解决将变得游刃有余；主张将复制和侵权区分开来，认为没有对作者的权利造成损害的复制不能被视为侵权，而应该是“使用者权利”中的合法使用。[①] 总之，这本书中，不同学者表达的共同意愿是加拿大版权法的未来发展必须以公共利益为目标，对合理使用做出宽泛的解释，将“使用者权利”的概念和理念引入加拿大版权法。

在《版权例外：数字化的影响》（*Copyright Exceptions*：*The Digital Impact*）一书的说明中，作者很有意思地向读者交代其书中的用语，为什么使用了“版权例外（exceptions）”，而不使用“使用者权利（users' rights）”或者“公众权利（rights of the public）”。作者解释道，赞成强化保护版权人一方和主张强化使用者权利的一方的争论点就是版权法中的例外究竟应该作何解释。前者乐意于用“版权例外”这一词汇，因为该词暗含了这些条款与正常情况下的版权规则是相反的，他们愿意将其含义解释得比较狭窄一些；而另一方面，主张使用者权利的人倾向于使用“使用者权利”或“公众权利”，唯有如此，使用者的权利才能和版权人的权利处于同一地位。该书作者认为，尽管版权法需要成为“使用者权利”，但将现有的版权例外条款如此称呼则是一个错误。这是因为，首先，从历史角度来看，版权法已经从当初规范图书贸易进行了扩展，但扩展后的版权法并没有规定现有的版权例外制度的根源。其次，作者主张现有的版权例外制度应该被使用者权利制度来取代，但如果将现有条款称为“使用者权利”，就丧失了对版权进行变革的有用的工具。[②] 通过这段话，作者意欲说明两个观点：①版权法起码应该把使用者权利或者说公众权利置于与版权人权利同一个高度进行保护，这是未来版权法变革的一个

---

① Abraham Drassinower. Taking User Rights Seriously. [2005-03-02]. http://209.171.61.222/PublicInterest/Three_02_Drassinower.pdf.

② Robert Burrell, Allison Coleman. *Copyright Exceptions*: *The Digital Impact*. Lodon: Cambridge University Press, 2005.

思想；②如何对版权法进行变革，将使用者的权利或公众的权利取代目前版权法中的例外条款。

在我国，对使用者权利的探讨开始较早，吴汉东教授是“使用者权利”的提倡者，在其1996年于中国政法大学出版社出版的《著作权合理使用制度研究》一书中对使用者权利进行了全面的论述。吴汉东教授在分析了权利的本质性特征后，认为著作权法中的使用者权具备成为权利的三种基本要素：利益、自由与意志，也符合作为一般民事权利的基本特征。并指出，使用者权既是一种权利，就理应蕴涵某种义务，而著作权法规定的合理使用制度也包含了使用作品范围、使用条件、使用方式等义务性规范。① 不过，这一结论遭到了其他学者的质疑，认为将合理使用看做使用者权利的论述存在着一定的缺陷。学者董炳和1998年在《法商研究》第三期上撰文对“使用者权利”作了评价。他首先肯定了区分合理使用是版权的一项例外还是使用者的权利有非常重要的意义，认为如果说合理使用是作品使用者的一项权利，法律就应保障此项权利的实现，著作权人则负有某种义务以便使用者能够对作品进行合理使用。由此在使用者和著作权人之间产生了权利义务关系，作品的使用者是权利人，著作权人则是义务人。使用者的权利应该是在法律规定的合理的范围内，自由地使用作品；而著作权人则负有不妨碍使用者权利实现的义务，他不得采取任何妨碍使用者合理使用作品的措施，否则使用者可以要求排除妨碍。如果说合理使用只是作者著作权的例外，则意味着著作权不及于属于合理使用的行为的范围，使用者的合理使用行为不会被法律追究为侵权行为。也就是说，著作权人对使用者并不负有任何义务，使用者也不能向著作权人主张其“合理使用权”。著作权人为保护自己的作品不被他人未经其许可而使用，可以采取一切必要措施，即使这些措施妨碍了使用者的合理使用，也不认为非法。这一点在数字化传播

① 吴汉东．著作权合理使用制度研究．北京：中国政法大学出版社，1996：135－142．

技术和网络传播技术迅猛发展之背景下特别有意义。接着，该学者对合理使用的对象是著作权人的权利还是作品进行了分析，认为合理使用行为的对象只能是作品，即使将著作权当做合理使用的对象，也不能为“使用者权利”说提供任何理论依据。该学者在合理使用是使用者的权利的假定下，对使用者和著作权人之间的法律关系进行了分析，得出结论认为这种法律关系的产生没有依据，其内容也不符合民事法律关系关于权利义务的基本原则。从而主张合理使用并不是使用者的一项民事权利，而是对著作权人主张著作权的一种限制。[①]

笔者认为，“使用者权利”的提出具有国际背景。世界贸易组织的TRIPS迎合了国际版权工业巨头的利益需要而向版权人的权利作了倾斜，且这个协议规定了具有约束力的强制执法程序。这个协议对成员国国内版权法的立法产生的影响是空前的，与TRIPS的保护标准保持一致实际上会导致加强版权垄断的倾向，而在很大程度上漠视了公众获取版权作品的利益，将公共利益置于权利人的利益之下。版权工业界认为版权法需考虑的唯一利益是权利人的利益，并认为这样做就是符合公共利益的。在这种情况下，作品使用者的利益被关注和强调，重新思考版权法，提出“使用者的权利”也是情理之中的事情。

但是，纵然可以将使用者的权利当做对版权法变革进行思考的一个角度，完善版权法的立法，使版权法可以真正关注使用者的利益，却没有必要将“使用者权利”纳入版权立法。因为如果将“使用者权利”引入版权法，必将引起版权法前所未有的大变动。而且，将“使用者权利”引入版权法还需要理论上的疏导，需要寻找理论基础，理顺版权法中的各种关系。在实践中，是否会导致创作者和传播者的热情急剧下降，从而从根本上减少公共利益的源泉也需要实践的检验。

① 董炳和. 合理使用：著作权的例外还是使用者的权利. 法商研究，1998（3）：36－42.

我国著作权法对版权规定的例外和限制，必须在《伯尔尼公约》和TRIPS的框架之内。《伯尔尼公约》规定的“三步检验法”以及TRIPS第十三条扩大化的规定①，是一个用以评估《伯尔尼公约》和TRIPS所有限制或例外的标准框架。作为WTO成员国，我国在规定有关版权例外和限制时，应遵循这一标准，但TRIPS并没有强制性地规定各成员在制定版权的例外和限制时必须达到一体化，也就是版权例外的实质性规定并没有固定的国际标准，而只需在形式上符合TRIPS第十三条的规定。所以，我国在制定版权专有权的例外和限制时，应根据我国国情制定符合我国利益的实质性条款，对合理使用的范围作出自己的解释。

五、与其他法律互补，维护著作权公共利益

为更好地维护版权制度中的公共利益，保证版权公共利益的实现，版权法还需要其他法律的互补。这些法律主要包括宪法、民法、合同法、科技进步法、反不正当竞争法等。

由于宪法是一个国家的根本大法，具有至上性，是众法之母，所以宪法对版权法的基础性作用、指导性作用和制约性作用是显而易见的。正如笔者在本书第二章讲述的，宪法与公共利益具有十分密切的关系，是公共利益最根本的来源和保证，也是公共利益存在和实现的最根本的法律基础。普通法律担负着保障宪法规定的公共利益实现的任务，版权法作为普通法律，与其他法律一样，要体现宪法的精神，保障宪法中规定的公共利益在版权法中得到实现。宪法规定的公民基本权利的总归，被看做公共利益的重要内容，需要普通法律对这些基

① TRIPS第13条规定：“全体成员均应将专有权的限制或例外局限于一定特例中，该特例应不与作品的正常利用冲突，也不应不合理地损害权利持有人的合法权利。”该条与《伯尔尼公约》的相应条款相比，适用性更加宽泛，不仅限于复制权。

本权利进行具体化。但是，宪法规定的这些基本权利本身在类型上以及对公民生存、发展的重要性上是不同的。在类型上，有些基本权利属于政治权利，如言论自由，而有些是文化权利或经济权利等；在对公民生存、发展的重要性上，有些权利与公民生存、发展密切相关，如财产权、受教育权，而其他权利与公民生存、发展的相关度又不是那么紧密。宪法所规定的基本权利具有的这些特征也要求在普通法律上予以体现。

著作权是一种特殊的民事权利，著作权法属于民法范畴。[①] 从调整对象来看，民法是调整平等主体之间的财产关系与人身关系的法律，而著作权法调整的是平等主体之间在作品的创造、传播和利用过程中所产生的各种法律关系，包括财产关系和人身关系。著作权法的调整对象隶属于民法的调整，著作权应以民法理论和规范为基础，适用民法的一般原则和调整方法。但是，由于著作权的特殊性，传统民法理论和制度并不能完全适用于著作权，还需建立著作权特殊保护体系。因此，世界上大多数国家的著作权法采取民事法律制度下制定单行法的立法模式。我国《民法通则》在第五章“民事权利”第三节中规定了包括著作权、专利、商标等各类知识产权。由于民法与著作权法的这种关系，民法的基本原则适用于著作权法，著作权的取得、行使和保护过程中都应体现和遵循民法的等价有偿、公平、诚实信用、权利不得滥用、维护公共利益、遵守公序良俗等基本原则，这些原则在维护公共利益中具有重要的作用。

我国《合同法》留给知识产权单行法律比较大的规范知识产权合同的余地，在著作权合同方面，这种余地在《著作权法》中有多处体现，如职务作品、委托作品的著作权归属合同、著作权许可和转让合同、图书出版合同等等。尽管如此，著作权合同仍然遵循《合同法》的一般原则和具体规则，并受其制约。我国《合同法》规定的一般原则包括平等、自愿、公平、诚信等等。同时《合同法》也

① 沈仁干，钟颖科．著作权法概论．北京：商务印书馆，2003：2．

体现在对公共利益的维护，如《合同法》第七条规定："当事人订立、履行合同，应当遵守法律、行政法规，尊重社会公德，不得扰乱社会经济秩序，损害社会公共利益。"第五十二条规定，损害了国家利益、集体利益和公共利益的合同无效，自始当然没有效力。① 著作权合同在签订和履行过程中都要遵守这些原则和规定，维护公共利益不受非法损害。

1993年《中华人民共和国科学技术进步法》（以下简称《科技进步法》）的实施把科技进步纳入了法制轨道。该法规定了促进科技进步的主要原则，如在社会主义现代化建设中优先发展科学技术的原则，推动科学技术为经济建设和社会发展服务的原则，保障科学研究自由、鼓励科学探索和技术创新的原则，尊重知识、尊重人才和保护知识产权等原则，并以法律形式确定了促进科技进步的主要制度和保障措施，促进了科技创新、科技推广利用以及科教兴国战略的实施，为科技进步提供了法律保障。《科技进步法》与《著作权法》有着相近的立法目的，都是要繁荣科学技术文化事业。二者有很强的互补作用，《著作权法》规范智力成果的权利归属、流转与保护，《科技进步法》通过建立保证科学研究自由制度和奖励创新制度，促进创新和科研的动力；通过建立知识产权产业化制度，推动科研成果的应用和推广；通过建立向公众普及知识的制度，促进知识的流通与使用。总之，《科技进步法》运用法律形式在具体操作层面保障了知识产权法要达到的促进科学文化事业繁荣的目标。随着社会的进步和科学技术自身的发展，《科技进步法》在执行过程中逐步暴露出了一些弊端，需要进一步的修订。2007年12月29日，第十届全国人民代表大会常务委员会通过了修订后的《科学技术进步法》，修订后的《科

① 《中华人民共和国合同法》第五十二条的具体规定是："有下列情形之一的，合同无效：（一）一方以欺诈、胁迫的手段订立合同，损害国家利益；（二）恶意串通，损害国家、集体或者第三人利益；（三）以合法形式掩盖非法目的；（四）损害社会公共利益；（五）违反法律、行政法规的强制性规定。"

技进步法》体现了对包括《著作权法》在内的知识产权法更强的互补作用，强调了知识产权制度对科技进步和自主创新的促进作用，也突出了科技进步、自主创新对知识产权制度的依赖性。该法第七条规定，国家制定和实施知识产权战略，建立和完善知识产权制度，营造尊重知识产权的社会环境，依法保护知识产权，激励自主创新。第十八条规定，国家鼓励金融机构开展知识产权质押业务，以帮助解决高新技术产业发展中的资金问题。修订后的《科技进步法》还明确了利用公共财政性资金设立的科学技术基金项目或者科学技术计划项目所形成成果的知识产权归属和实施问题，该法第二十条第一款规定这些成果的发明专利权、计算机软件著作权、集成电路布图设计专有权和植物新品种权，除涉及国家安全、国家利益和重大社会公共利益的外，授权项目承担者依法取得。实施和保护的情况应向项目管理机构提交年度报告，在合理期限内没有实施的，国家可以无偿实施，也可以许可他人有偿或无偿实施。但该法同时规定了这些成果的实施与国家利益和公共利益的协调问题，第二十条第三款规定：项目承担者依法取得的本条第一款规定的知识产权，国家为了国家安全、国家利益和重大社会公共利益的需要，可以无偿实施，也可以许可他人有偿实施或者无偿实施。

《反不正当竞争法》和知识产权法有着密切的联系，是对知识产权法具有相当强补充作用的兜底性的法律。二者在规范对象和责任承担方面存在竞合。如假冒他人注册商标、擅自使用他人的企业名称和伪造原产地来盗用他人的市场竞争优势，属于典型的不正当竞争行为，但这些违法行为同时受到知识产权法的规制。一旦同一种行为同时违反了这两部法律，权利人就有权要求侵害人承担由于侵犯知识产权的侵权损害赔偿或者违反《不正当竞争法》的损害赔偿。尽管《反不正当竞争法》和知识产权法存在着密切的联系，二者在保护知识产权方面的侧重点不同，保护知识产权是《反不正当竞争法》的重要任务但不是唯一任务，反不正当竞争法保护的利益范围远远宽泛于知识产权法，它不但可以保护那些尚不能达到知识产权保护条件而又有相当价值的其他知识成果，又可以规范知识产权领域的各种不正当竞争行为。我国《反不正当竞争法》的立法目的在于“保障社会主义市场经济健康发展，鼓励和保护公平竞争，制止不正当竞争行为，保护经营者和消费者的合法权益。”① 著作权市场存在诸多不正当竞争现象，《反不正当竞争法》同样可以规范该市场领域包括垄断行为在内的不正当竞争行为，保障良好的竞争秩序，保证市场竞争参与者和消费者的利益，保证公众从有序、自由的市场竞争中带来的利益。随着《不正当竞争法》的修订以及《反垄断法》的出台，著作权领域的不正当竞争行为和市场垄断行为将得到更好地规制。

① 《反不正当竞争法》第一条。

第五章　我国著作权司法过程中对公共利益的维护

立法虽然是对利益进行选择和协调的最为基础的方式，在各方利益冲突中，为权利范围划分了清楚的界限，发挥了定纷止争的作用，但这种对利益冲突的主动解决和协调始终是静态的，社会也不可能因为法律的存在就不再产生纠纷和冲突。司法就是在社会产生了冲突和纠纷时，通过对法律的实施与贯彻，使个案纠纷得以解决的。通过对个案的裁判，为社会成员提供有效的救济，司法权实现了维护国家和社会秩序、保障公民权利、自由充分实现的重要功能。

司法权既然是为了维护公民的个人权利和自由不受侵犯，与公共利益又有何干呢？根据笔者在本书第一章的阐述，公共利益虽然独立于个人利益之外，但它并不是完全脱离于个人利益的空中楼阁，而是以个人利益为基础，可以与个人利益相互转化的。在各种版权侵权纠纷中，对具有正当权益一方利益的保护本身就是对社会正义这一公共利益的体现。同时，也正如笔者在本书第一章所言，版权制度中的公共利益是具体的、客观的，有着实质性的内容，这些具体的内容不一定与案件的诉讼标的有直接关系，但几乎每个案件都会涉及公共利益的特定内容。如促进科学文化事业的发展这一版权公共利益内容，它不会是任何一个侵权案件的诉讼标的，但法官却必须保证每个案件的审判结果都必须体现这一公共利益。总之，版权公共利益要求在版权司法审判实践中得以实现和维护。

我国是成文法国家，立法权与司法权之间的泾渭分明，法院对案件的审判必须严格依照法律，我国《民事诉讼法》第七条规定：“人民法院审理民事案件，必须以事实为根据，以法律为准绳。”《刑事诉讼法》第六条规定："人民法院、人民检察院和公安机关进行刑事诉讼，必须依靠群众，必须以事实为根据，以法律为准绳……"这两条规定奠定了我国民事、刑事案件的审判原则，也说明了立法权和司法权的关系。成文法国家的法官自由裁量权比较狭窄，不能像判例法国家的法官那样可以在司法审判实践中造法，那么，在我国，对版权公共利益的维护是否只能是立法的任务、由立法来保障呢？答案显然是否定的，因为我国虽然是一个成文法国家，但又不是一个绝对的成文法国家，司法机关可以在必要时对具体法律进行解释，法官在案件审判过程中也有一定的自由裁量权。为了更好地理解法律和应用法律，我国最高人民法院可以以具体法律为依据制定司法解释，对法律规范进行具体化，弥补成文法的僵化缺陷。而且，法官在个案中也不是"立法者所设计和建造的机器操作者，法官本身的作用也与机器无异"[①]，法官在具体案件的裁判中仍然有一定的自由裁量权，可以对具体案件依据法律作出独立的判断。

我国立法权和司法权的关系，使版权立法中的公共利益可以在司法实践中得到体现和实现。另外，根据全面的司法功能观，司法不仅要维护秩序，更应该充分地反映时代发展的需求，表达社会进步的渴望，引导社会向文明、健康的生活方向发展。[②] 这更要求法官在司法审判中，在严格遵照法律规定的前提下发挥能动作用，在对个人利益和公共利益的冲突进行协调时，注意各方利益的平衡，对个人权利提供充分救济的同时，实现公共利益。司法权的行使过程不仅是为受到侵害的个人权利提供救济的过程，也是实现公共利益的过程，而这要求法官具有维护公共利益的意识。

① （美）梅里曼．大陆法系．北京：知识出版社，1984：40.

② 黄竹胜．司法权新探．桂林：广西师范大学出版社，2003：53.

第一节　法官的公共利益意识

一、法官的利益位阶意识和利益平衡意识

司法过程中，法官应具有公共利益意识，在依照法律对个人权利提供充分救济的同时，最大限度地实现公共利益。但是，许多案件并不直接体现公共利益，在这些案件中对公共利益的维护就需要法官的利益位阶意识和利益平衡意识。

目前，各种社会关系趋于复杂，这种复杂性决定了法律所要调整的法律关系的复杂性。在复杂的法律关系中，存在着不同性质和位阶的权利和利益。所以，司法审判过程一方面是依据法律规定，根据案件事实对案件进行裁决的过程；另一方面也是对各种存在“序差”的利益进行取舍和协调的过程。当出现两种权利冲突的现象时，法官应考虑各权利所包含的法益价值哪个更为优越，如果对此权利的保护能比对彼权利的保护带来更多的社会效益，法官就应选择更多地保护此权利，反之，则应选择更多地保护彼权利。例如，有学者指出，从对著作权与表现自由权、著作权与隐私权、专利权与健康权、专利权与环境权四类权利基本范畴的分析，可以得出处理知识产权与一般人权相冲突时应奉行“法益优先保护”的原则。如表现自由权、隐私权、健康权、环境权都是国际公约承认的基本人权，上述权利或是人作为主体存在所不可欠缺的自由，或是人之生存与发展的必需条件，相对于知识产权这一财产权利而言，这些人权权利应当具有优越地位即应看做具有优先性的法价值。① 具体到某些著作权纠纷中出现的著

① 吴汉东．知识产权 vs．人权：冲突、交叉与协调．中国知识产权报，2004－01－06．

作权保护与言论自由权利的冲突而言，法官根据“法益优先”原则应作出如下判断：言论自由是世界各国普遍认可的宪法权利，在基本人权体系中占有突出重要的地位；而著作权则主要是一种民事权利，是公民表达思想、行使表现自由等自然权利的必然产物。当两种法益发生冲突时，言论自由相对于经济自由等权利，应当具有“优越地位”，即应看做具有优先性的法价值，所以应确定其优先保护的位阶。

国内外已经出现的司法判例也反映了法官们在两种都应受到保护的权利发生冲突时，应以“法益优先”原则来裁判。如英国前自由党领袖阿什当（Ashdown）诉星期天电报公司一案。阿什当曾口授一则短信给英国首相布莱尔，讨论工党和自由党结盟事宜。星期天电报公司随后刊发了包含有该短信内容的一篇文章。阿什当起诉该公司侵犯了自己的隐私权和版权。在被告提出抗辩之后，阿什当请求法院仅就版权作出简易判决，侵犯隐私权部分以正常程序继续审理。被告以英国《1988 年版权设计和专利法案》第三十条的合理使用为由进行抗辩，认为对短信的使用是出于批评、评论和报道时事的合理使用目的。但一审法院拒绝接受这个抗辩，认为批评或评论的对象应是短信记录的时事，而非阿什当的口头短信本身。即使被告刊登的涉诉文章本身涉及时事新闻，但其使用原告材料的行为并不是合理使用，因而一审被告败诉。被告随即进行了上诉，提出法院应在英国国内法之外适用《欧洲人权公约》规定的言论自由权利，并认为该公约不仅可以用于对合理使用条款作出解释，还可以对国内版权法规定的抗辩事由作出界定。《欧洲人权公约》第十条规定了每个人享有言论自由的权利，包括发表观点的自由、接受和传授信息和思想的自由，这一自由不受任何公权的干涉。该条第二款还规定了对言论自由的限制，根据该条的规定，言论自由权利的实施要受到法律规定的形式、条件、限制和惩罚的规范，且应是在一个民主社会里必需的。另外，言论自由的行使还必须符合国家安全、领土完整、公共安全、预防骚乱和犯罪、保护健康和道德、保护他人的名誉和权利，保护保密信息不被泄露以及维护司法的权威和公正的利益。电报公司争辩说法院必须在每一个案件中审查英国版权法的严格适用对言论自由的限制是否为一个民主的社会所必需。对于该抗辩，上诉法院认为，在大多数情况下，当作品表达的信息和思想被出版后，言论自由就得到了充分的保护。但是，在有些情况下，为了公共利益的目的，信息不仅要被出版，一个人所使用的话语也应为公众所知。法院总结说，言论自由的权利有时会与版权保护相冲突，法院应审查每一个案件，确定适用的法律是否应该进行调整以和言论自由的权利相适应。于是，上诉法院取消了禁止令，允许该报纸继续出版，但应弥补版权人因此遭受的损失。

我国司法实践中尚未出现以言论自由对抗著作权的审判，但在著作权侵权抗辩中出现了言论自由的抗辩。叶延滨诉四通利方公司著作权侵权一案①是我国搜索引擎侵权较早的一案。在该案中，被告对侵犯著作权的控告进行了言论自由的抗辩。2000 年 1 月，天津新蕾出版社出版发行了署名原告姓名的《路上的感觉》一书。2001 年 1 月 3 日，原告发现多来米黄金书屋网站未经原告许可，擅自刊登了该书，而被告进行了链接。通过新浪网站的搜索引擎，输入关键词“路上的感觉叶延滨”，可以在国际互联网上的他人网站上检索到该作品。叶延滨以新浪网站未经其同意而上传了其作品《路上的感觉》为由要求新浪网站停止此行为。后叶延滨又将新浪网站告到法院，认为新浪网站提供搜索引擎服务对其作品进行链接，侵犯了他的著作权，请求法院判令被告停止侵权，在其网站显著位置刊登致歉声明以消除影响，赔礼道歉，赔偿原告经济损失 4 万元并承担公证费、调查取证费等。

在本案被告四通利方公司的律师代理意见中，阐述了版权保护不应损害言论自由权利的观点，提出了言论自由抗辩：“要求技术人员对搜索引擎采取技术措施（规避链接到含有侵权内容网页的可能），将妨碍公众获得全面的信息。换一个角度，要求采取技术措施，将直

① 北京市海淀区人民法院民事判决书，（2001）海知初字第 16 号。

接侵害搜索引擎服务提供商受宪法和相关法律所保护的基本权利：言论自由。这里有两个层面：其一，搜索引擎应普通用户（注意，这一用户不是不法行为人。）的要求，提供有关侵权作品的地址、发布时间等基本信息（不是作品内容本身，这很重要），乃是对一种简单事实作客观中立的陈述。这种陈述接近新闻报道对事实的揭示，体现出的是一种言论自由。法律因为保护某种财产权非必然的需要，对这种基本的言论自由进行彻底的限制，其合理性值得怀疑。其二，要求搜索引擎服务商采取技术措施，从而妨碍（实际上是禁止）搜索引擎向用户提供侵权页面中包含的其他非侵权信息，也妨碍搜索引擎向用户提供经修改后变得合法的页面的基本信息，这实际上是限制搜索引擎向公众提供合法的事实信息。这更是对搜索引擎服务商言论自由最为严厉的限制！”① 法院充分考虑了被告所述的链接技术的特点，认为通过被告的搜索引擎服务提供的临时链接，并不在数据库中作永久保存。因此，这种检索服务，并不等同于作品的使用，据此驳回原告叶延滨的全部诉讼请求。但本案在判决中并未述及言论自由。

“法益优先”是法官在司法审判中对各方利益进行衡量的结果，审判的过程本身也是一个对冲突各方利益进行衡量、比较和协调的过程，对各方利益进行衡量的一个重要标准就是利益平衡，利益平衡既是法官在司法审判中应有的一种意识，又是对案件进行裁判的一种方法。在具体案件的审判过程中，往往并不能直接分辨出一个法益明显优于另外一个法益，当法官在各种利益之间难以取舍时，就必须对案件中所涉各利益进行衡量，使裁判后果能够使各方利益达到平衡。从审判结果的社会效果要求来看，只有当裁判结果使各方利益得到了适当的安排和处置，社会总效益才能达到最大。尤其在法律规定明显滞后，不可能及时对新出现的社会关系作出法律调整时，在司法中适时引入利益平衡更具有实践意义。

---

① 叶延滨诉四通利方公司著作权侵权案四通利方公司律师代理意见.［2006－03－16］. http://www.lawyerwu.com/data/2002/0621/article_91.htm.

二、注意我国长期以来的重义轻利传统

笔者主张为了维护公共利益的需要，法官在案件的裁判过程中应具有法益位阶意识和利益平衡意识，并要保证案件的裁判结果能够带来好的社会效果。但是，在我国，由于长期以来的重义轻利传统思想，往往让人认为“君子不言利”，也就是品德高尚的人是不在乎个人私利的，从而形成了一种错误的道德评价标准，影响了人们对正当权利与利益的追求。所以，法官在审判过程中要摈弃这种思想，以免以公共利益的名义侵害了正当的个人权利，最终却达不到公共利益的目标。

儒家思想和儒家传统作为中国传统文化的主流贯串于中华民族几千年的历史发展中，儒家“君子喻于义，小人喻于利”的思想长期以来作为一种社会传统，根植于人们的心中，成为对人进行评判的标准之一，个人利益是不受重视甚至是受到鄙视的，人们常常耻于言利，致使个人利益长期被压抑。孔子曾曰：“君子喻于义，小人喻于利”，这句话是儒家思想义利观的集中体现，意思就是说，君子追求的是义，只有小人才去追求利。这里的“义”隐含着道德的含义以及儒家学说主张的“天下为公”的大同思想和社会公利的含义，而“利”就是指的个人的利益。可见在儒家思想中，对个人利益始终持一种压制甚至否定的态度，认为追求个人的利益是道德堕落、人格卑下的表现。在处理义利关系时，必须坚持把“义”作为第一位，而个人利益无论如何也要服从于这个“义”。

另外，在儒家哲学中，强调家族、君主，人只是依附于这些社会关系而存在，独立的个人意识是没有的，更谈不上尊重和重视个人利益了。儒家思想置家、国利益为第一位，要求个人服从群体的、社会的利益，主张“仁者人也”、“克己爱人”、“己欲立而立人，己欲达而达人”。这种抽象的“仁爱”思想倡导的其实就是利他主义、集体

主义。当个人利益与整体利益发生冲突时，个人利益要完全退让于整体利益。

在中国延续了几千年的儒家重义轻利思想，不是说没有可取之处，它让人注重自我道德品行的修养，以大局为重。但把这种思想应用于法律之中，弊端就显而易见了，那就是容易导致公权利对私权利的侵犯。

总之，在个人利益和公共利益之间进行权衡的过程中，个人利益不能侵入公共利益领域，不能为了实现个人利益而造成对公共利益的损害。但是，公共利益也不能对个人利益过分挤压，公共利益是个人利益的总归，如果个人利益不能得到保证，最终将不能实现公共利益。在版权领域，版权权利人的个人权利在实现的过程中，不能损害公共利益；而版权中公共利益的实现也需要以版权权利人个人权利的实现作为前提，因为如果不能保证创作者和传播者的创作和传播作品的动力，就无法实现版权公共利益。同时，公共利益目标可以对个人权利的行使方式进行引导，使个人权利以能够最大限度地实现公共利益的方式行使。

第二节　版权公共利益在我国司法实践中的维护

司法实践中对版权公共利益的维护，要通过个案的裁判来实现。在这一部分，笔者将结合我国版权司法领域的有关案例，对版权司法实践中维护公共利益的方式进行讨论。

一、剔除公共领域的知识和信息，还原著作权权利的范围

根据我国《著作权法》关于作品独创性条件的规定，著作权的

权利范围，不是整个作品全部享有著作权，而仅仅限于作品中独创性的部分，其他部分要么属于他人享有版权的作品（如引用他人作品中有独创性的部分），要么属于公共领域的信息和知识。对著作权进行保护，必须剔除公共领域的信息和知识部分，将其还给公众，还原著作权真正的保护范围。在知识产权侵权诉讼中，确定知识产权的保护范围是判断是否侵权的第一步，这一点无论在专利权、商标权侵权案件还是在商业秘密、著作权侵权案件中都是如此，都必须从专利权、商标权、商业秘密权和版权中首先剔除属于公共领域的知识、信息和技术。在专利侵权诉讼中，这一点比较明显，在专利侵权判定中，首先要确定专利权的保护范围，然后再将被控侵权物与专利权的范围相比较，看被控侵权物是否落入专利权的保护范围。在对专利权进行解释的过程中，要求遵循公平原则，既要充分考虑专利权人对现有技术所作的贡献，合理确定专利保护范围，保护专利权人的权益，又不得侵害公众利益。不应将专利申请日以前已经为公众公知并可以为公众公用的公共领域的技术，即公知技术"解释"为专利权的保护范围，也不应将专利技术"解释"为公知技术。[①] 在专利侵权判定的司法实践中，允许"自由公知技术抗辩"已经成为法院的普遍做法，该抗辩也已经成为被控侵权方常用的抗辩方式。即在专利等同侵权案件中，如果被控侵权方实施的技术方案属于自由公知技术，即使该技术方案与原告方的专利技术方案等同，被控侵权方的行为也不属于侵犯专利权。因为专利权的保护范围不及于公共领域的技术，允许"自由公知技术抗辩"，将公共领域的技术从专利权的范围内剔除，把本来就不属于专利权人专利保护范围的技术特征公平地还给了公众。

在确定版权的保护范围时，同样要将应该为公众共用的、公共领域的知识和信息从版权保护范围中剔除，这些知识和信息主要包括：

---

① 北京市高级人民法院关于《专利侵权判定若干问题的意见（试行）》（京高法发〔2001〕229号）第9条。

①不适用版权保护的材料，如我国《著作权法》第五条规定的法律、法规，国家机关的决议、决定、命令和其他具有立法、行政、司法性质的文件，及其官方正式译文；时事新闻；历法、通用数表、通用表格和公式等。②超过版权保护期限的材料，即作品已经超过版权的保护期限，进入了公有领域。③公共领域的知识、信息和通用表达方式。将公共领域的知识和信息以及对一件事物的通用表达方式排除在作品的版权保护范围之外，还原版权的保护范围，在版权纠纷的司法实践中已经成为普遍做法。

公共领域的事实和信息是不受著作权法保护的，在确定著作权的保护范围时应从中排除。北京市海淀区法院在曾经审理的一则著作权纠纷案例中，就正确地将客观事实从著作权权利范围中剔除。在广东省中山市的徐法官与中国电影集团的黄导演的著作权侵权纠纷一案中，原告作为中山市的一名法官，在审判工作中对一起故意杀人案中的犯人的成长经历和犯罪原因进行了材料的挖掘，并对该案犯进行了采访。根据接触到的大量第一手材料，原告撰写了纪实报道《走近杀人犯》并进行公开发表。被告编剧了一部名为《不要欺负人》的影片，其中叙述的故事起因、发展、结构和主要脉络以及人物特征、对白等细节都与《走近杀人犯》吻合。据此，原告认为，被告擅自改编了自己的文章，侵犯了自己的著作权，于 2001 年向海淀区法院提起诉讼，要求确认原告的署名权，被告公开致歉并赔偿经济损失 3 万元。法院经审理后认为，原告对《走近杀人犯》一文享有著作权，但因为文章是基于个人经历创作的纪实作品，所以无论文中主人公的经历是否公开，都不能因为原告把事实记录了下来，而使他拥有禁止他人再次使用的权利。因此，文章的著作权仅限于该作品的表达方式。影片《不要欺负人》与纪实报道《走近杀人犯》在表达方式上完全不同，两部作品少数文字相同，但数量极少，不足以构成在著作权法意义上的使用。根据以上理由，法院于 2002 年驳回了原告的诉讼请求。原告上诉至北京市第一中级人民法院，二审维持了原判。

在中国社会科学出版社诉英国费德里克·沃恩有限责任公司

（FREDERICK WARNE & CO. LTD.）不侵犯商标权确认案中，法院判决作品在保护期届满后应进入公有领域，为公众自由使用，而不应该由一个人或一家企业通过注册商标的方式对进入公有领域的作品进行垄断使用，从而在商标权与著作权公共利益发生冲突时，维护了著作权公共利益。英国女作家毕翠克丝·波特（Beatrix Potter）是英国儿童图画作家和插图作家，她创作的一系列童话故事闻名世界，童话中的动物角色“彼得兔”等深受世界各国儿童的喜爱。毕翠克丝·波特于1943年去世，所以，根据我国《著作权法》，自1994年1月1日起，毕翠克丝·波特的作品在我国已进入公有领域，任何人均可以自由使用。沃恩公司是波特作品的最初出版者及波特作品各版本的最主要的出版商，1994年至1997年，沃恩公司经我国商标局核准分别注册了“兔子小跑图”图形商标、“兔子小跑图外加圆环”图形商标、“彼得兔”文字商标等11个商标。2003年4月，原告出版了“彼得兔系列”丛书，该丛书采取中英文对照的方式，汇集了波特在1902年至1913年创作的19篇童话故事，书中直接使用了波特的英文作品名称、英文文本及手绘题图和插图。被告向北京市工商行政管理局西城分局投诉，认为原告的行为侵犯了该公司的注册商标专用权。2003年5月，北京市工商行政管理局西城分局作出京工商西处字〔2003〕716号行政处罚决定，认定原告中国社会科学出版社在其出版的丛书的封面、封底、书脊、页码上均将“兔子小跑图”商标作为标识使用，侵犯了沃恩公司的注册商标专用权。中国社会科学出版社不服该决定，向北京市第一中级人民法院提起行政诉讼。一中院经审理后维持第716号决定。之后，中国社会科学出版社以沃恩公司为被告向北京市第一中级人民法院提起不侵犯商标权确认案的反诉，一中院经审理后认为，按照我国《著作权法》的规定，著作权保护期为作者终生及其死亡后50年。波特的作品在中国已进入公有领域，任何人均可以自由使用。根据我国《商标法》的规定，虽然被告对其注册的11个商标享有专用权，但是由于被告注册的上述商标文字和图形均来源于波特的作品，直接标识了作品的内容，而波特的作品已进入公有领域，因此，被告对这些商标享有的专用权将受到一定限制，即不得以其享有上述商标专用权为由阻碍他人对波特作品进行正当使用，从而判决原告胜诉。

原告北京久其软件股份有限公司与被告上海天臣计算机软件有限公司著作权纠纷一案，[①] 是国内较为少见的关于计算机软件用户界面的著作权纠纷案例，也是法院将通用表达方式排除在著作权权利范围外的典型案件。在该案的判决中，法官同样将公共领域的知识和一件事物的通常表达方式从著作权保护范围中排除。原告系《久其软件》的著作权人，《久其软件》是根据财政部会计决算报表编制工作要求而设计的一套报表管理软件，主要实现企业财务数据的录入、装入、汇总、审核、打印、传出等功能。2003 年 9 月，被告根据上海市国资委对企业资产年报数据处理、上报的要求开发完成《天臣软件》并对外销售。该软件与原告《久其软件》具有相同功能。原告遂以被告抄袭其软件用户界面、侵犯其用户界面著作权为由，向上海市第二中级人民法院提起诉讼，要求被告停止侵权，赔偿损失人民币 150 万元，公开赔礼道歉。经过庭审比对，原告、被告软件的用户界面均系图形用户界面，在以下六个方面相同或相似：①部分菜单相似，如原告、被告软件“汇总菜单”的命令名称基本相同，命令之间的排序相似；②部分按钮名称基本相同；③部分用户界面中的信息栏目名称基本相同；④按钮功能的文字说明基本相同；⑤部分表示特定报表的图标相同；⑥部分用户界面布局相似。但被告《天臣软件》的源程序、目标程序与原告《久其软件》的源程序、目标程序均不相同。

法院经审理认为，《久其软件》用户界面不符合作品独创性的要求，不受我国著作权法的保护。第一，《久其软件》用户界面的各构成要素本身并不受著作权法的保护。《久其软件》用户界面中，菜单命令的名称与按钮的名称属于对操作方法的简单描述，不具有独创性，不受著作权法保护；组成图形用户界面的菜单栏、对话框、窗

① 上海市第二中级人民法院民事判决书（2004）沪二中民五（知）初字第 100 号。

口、滚动条等要素是图形用户界面通用的要素，不具有独创性，不受著作权法保护；有关按钮功能的文字说明是对按钮功能的简单解释，表达方式有限，不受著作权法保护；表示特定报表的图标仅仅是一种简单的标记，不具有独创性，不受著作权法保护。第二，从《久其软件》用户界面的整体来看，《久其软件》用户界面各构成要素的选择、编排、布局，仅仅是一种简单的排列组合，并无明显区别于一般图形用户界面的独特之处，不具有独创性，不受著作权法保护。第三，《久其软件》与《天臣软件》均属财务报表管理软件，两者的功能相似，用户需求亦相似，而软件的用户界面是按照用户需求进行设计的，并要求尽可能地方便用户使用，这必然导致两个软件的用户界面具有一定的相似性。不能仅因为这种相似性，就认定《天臣软件》构成侵权，故判决不予支持原告诉请。判决后，原告不服，上诉至上海市高级人民法院，上海市高级人民法院二审维持原判。

笔者认为，该案法官充分考虑了用户界面的特点，将用户界面设计中的公共领域的知识和该行业通用的表达排除在了原告作品的著作权保护范围之外，从而得出原告不享有著作权、被告未侵权的正确结论。计算机用户界面是用户实现软件操作的途径，如果符合作品的基本条件，即属于文学、艺术和科学领域内具有独创性并能以某种有形形式复制的智力成果，可以将其归纳为我国著作权法规定的相应作品，给予著作权保护。但该案中，原告主张其软件用户界面总体结构和排序、用户界面的具体文字、表示特定报表的图标及界面布局等是原告独创性的劳动，应给予著作权保护。但是，用户界面是实现某一具体用途的软件程序的操作结果，由于软件的设计要考虑用户使用习惯，且必须针对特定的使用目的而设计，所以该类软件在排序、总体结构和所用文字的设计上只有有限的几种表达形式，任何人不能独占。且组成图形用户界面的菜单栏、对话框、窗口、滚动条等要素是图形用户界面通用的要素，为该类用户界面设计者普遍使用，不可以为任何人独占。所以，如果对用户界面不加区分地保护，阻止同类软件的在后设计者使用，无疑不利于知识的传播和使用，会损害社会公共利益。

二、内容不当的作品的著作权不受保护

根据我国《著作权法》第四条的规定，依法禁止出版、传播的作品，不受本法保护。我国《出版管理条例》第二十六条规定了任何出版物不得含有“危害国家统一、主权和领土完整”、“煽动民族仇恨、民族歧视，破坏民族团结，或者侵害民族风俗、习惯”、“宣扬淫秽、赌博、暴力或者教唆犯罪”等十类内容，含有这些内容的出版物属于依法禁止出版、传播的作品。这些作品或许具有独创性，构成著作权法意义上的应受著作权保护的作品，但由于其内容违反了国家安全、公共秩序、善良风俗等公共利益，或者侵害了他人的合法权益，所以不受著作权法的保护。

对于有反动、淫秽或其他不当内容的作品是否享有著作权的问题，曾经有两种截然不同的观点，司法实践中的做法也有不一致的地方。一种观点认为，反动、淫秽等作品是法律禁止传播的作品，不享有著作权；另一种观点认为，我国《著作权法》认定作品享有著作权的条件是作品的独创性，作品只要具备了独创性，从完成之日起就应享有著作权。经过许多学者对此问题进行学理上的探讨和法官在司法实践中经验的总结，目前，对于这些作品是否享有著作权已经达成了比较一致的意见，即根据我国《著作权法》，淫秽作品等含有不良内容的作品，自创作完成时起具有了著作权，但法律禁止这些权利的行使，即当这些作品的著作权受到侵犯时，著作权法不予保护。因为我国《宪法》第五十一条规定：“中华人民共和国公民在行使自由和权利的时候，不得损害国家的、社会的、集体的利益和其他公民的合法的自由和权利。”而如果允许含有淫秽等不良内容的作品的作者行使其著作权，则违反了《宪法》的规定，会对社会公共利益造成损害。

青岛市中级人民法院审结的孙×金诉韩×秀著作权纠纷一案，涉案作品就是典型的含有不当内容的文章，法院判决作者的著作权不受

我国《著作权法》保护。该案中，被告韩×秀是青岛一个无证行医的所谓“神医”，她给人治病的方法只有两种：内病服用她摸过的饼干、外病涂擦她摸过的痱子粉，用这种荒谬的方法欺骗了不少的群众。原告孙×金为她写了一篇吹捧文章《神医奇女韩×秀》。该文章被一些不负责任的小报发表后，韩×秀为了扩大自己的影响力，将孙×金的文章大量复印，作为自己的宣传品发放。孙×金向法院提起诉讼，认为韩×秀复制自己文章的行为侵犯了她的著作权，要求法院判令被告停止侵权，赔偿经济损失。对于该案件，法院在经过大量的调查，通过走访版权部门、卫生医疗部门后，认定韩×秀的行为属于无证行医，且其行为明显是在搞封建迷信。由于孙×金的文章明显地在宣扬封建迷信，违背了我国《著作权法》第四条的规定，认定其作品不享有著作权。① 虽然该案法院的观点，即孙×金的文章根本不享有著作权，在法理上有可商榷之处，但该案的判决，反映了青岛中级法院对封建迷信作品不予保护的坚定立场，也昭示了我国法院在处理这类作品时维护公共利益的正确思路。根据《宪法》的基本精神和《著作权法》第四条的规定，公民在行使自由和权利的时候，不得损害国家的、社会的、集体的利益和其他公民的合法的自由和权利。当一件作品的内容违反了公共利益时，是不能得到著作权法保护的。

根据我国有关图书出版和录音录像制作的行政法规，如果出版、复制、进口、销售了含有行政法规所禁止内容的出版物，出版行政部门将给予行政处罚。触犯刑律的，要承担有关刑事责任。②

---

① 参见青岛知识产权审判网 http：//www. qdmc. gov. cn/admin/xsyj/html/200542711023742. htm，检索日期2006年3月2日。

② 《中华人民共和国刑法》第二百四十九条规定：“煽动民族仇恨、民族歧视，情节严重的，处三年以下有期徒刑、拘役、管制或者剥夺政治权利；情节特别严重的，处三年以上十年以下有期徒刑。”第二百五十条规定：“在出版物中刊载歧视、侮辱少数民族的内容，情节恶劣，造成严重后果的，对直接责任人员，处三年以下有期徒刑、拘役或者管制。第六章第九节还规定了制作、贩卖、传播淫秽物品罪。作品中有其他不当内容，情节严重构成犯罪的，依照刑法给予刑事处罚。”

三、权利不当行使损害公共利益行为的禁止

在我国，著作权人享有人身权和财产权，可以依法行使自己的权利。但任何权利的行使范围和方式都不是无限自由的，要受到宪法和法律的约束，应在宪法和法律规定的范围内行使。《著作权法》第四条第二款规定："著作权人行使著作权，不得违反宪法和法律，不得损害公共利益。"而在现实生活中，一些著作权人出于种种目的，会以不同的方式行使著作权，有些方式超出了法律的许可范围，属于越权行使权利。另一些则是权利行使方式不当，损害了他人利益和公共利益。前者由于违反了《著作权法》的规定，可以为著作权法直接禁止，后者则属于滥用著作权的情形，应根据《著作权法》和其他法律进行限制和纠正。如 1997 年江 × 公司在其开发销售的软件 KV300L + + 中放置了逻辑炸弹被公安机关认定行为违法并进行了处罚一案，就是该公司不当行使著作权，扰乱公共秩序所致。下面，笔者举出我国著作权司法实践中的一则不当行使著作权财产权的案例，讨论我国司法实践是如何对不当行使著作权损害公共利益的行为进行限制和制止的。

在张 × 常诉社会科学文献出版社、深圳市新华书店侵犯著作权纠纷案中，[①] 原告张 × 常与花 × 树公司于 1999 年 12 月 1 日签订了《协议书》，约定原告将其作品《随意集》的出版许可使用权授予花 × 树公司独有，有效期为五年。2001 年 2 月 8 日，花 × 树公司与社会科学文献出版社签订《图书出版合同》，约定：花 × 树公司将其在香港地区出版的原告作品《随意集》授予社会科学文献出版社在中国内地以中文简体字出版、发行。社会科学文献出版社如须修改、删节上述作品，应征得花 × 树公司的同意，并经花 × 树公司书面认可。2001

① 广东省深圳市中级人民法院（2001）深中法知产初字第 184 号民事判决。

年7月，社会科学文献出版社出版的中文简体版作品《随意集》在中国内地公开发行。随后，原告发现，其在深圳市新华书店购买的社会科学文献出版社出版的《随意集》，有多处未经原告的同意而进行了删节和修改。原告认为，社会科学文献出版社、深圳市新华书店的行为已侵犯了其作品的修改权和保护作品完整权，给原告的人格尊严和精神造成了损害，应承担侵权和精神损害赔偿责任。一审法院认为：原告张×常是本案作品《随意集》的著作权人，其作品《随意集》的修改权和保护作品完整权依法应受法律保护。社会科学文献出版社未经原告授权，擅自对原告的作品进行了六处修改，其行为侵犯了原告的著作权，依法应承担侵权民事责任。故判决支持了原告请求社会科学文献出版社立即停止侵权、赔礼道歉，并赔偿律师费人民币6667元损失的诉讼请求，但没有采纳其精神损害赔偿的主张。判决被告深圳市新华书店立即停止销售社会科学文献出版社出版的该侵权作品。一审宣判后，被告社会科学文献出版社不服，向广东省高级人民法院提起上诉，请求依法改判。社会科学文献出版社认为，首先，上诉人社会科学文献出版社对《随意集》所做的极个别的编辑加工是符合有关法律法规的规定，未侵犯被上诉人张×常的著作权。在《随意集》总共11万字中，编辑加工部分只占极少数。在这极少量的编辑加工部分中，可分为两种形式：一种是纯粹文字或表达方式上的编辑加工，如将“领导人”改为“权威人士”，编辑加工的目的是为了更好地表达作者的意思，根本不涉及作品的内容；另一种则是由于原书的极个别内容与我国现行法律法规及党和国家的方针政策不符，或有违社会主义国家的公共道德和善良风俗，如“这样，艺术又怎可以像江泽民等人那样‘思想统一’呢?”等，编辑加工的目的是为了遵守国家的法律法规，也是为了履行其与花×树公司签订的《图书出版合同》所约定的义务。《图书出版合同》第三条约定，上诉人负责确定根据本合同出版发行的作品不得违背中国法律和社会公共利益。因此，无论是根据有关法律法规的规定，还是根据上诉人与花×树公司签订的《图书出版合同》的约定，上诉人均有义务保证上述作品的内容不违反中国法律和社会公共利益。著作权人在行使著作权时，也不得违反宪法和法律，不得损害公共利益。二审法院采纳了上诉人的上诉意见，认为，根据诚实信用原则及合同目的来解释，应认定社会科学文献出版社有权将其认为违背中国法律和社会公共利益的《随意集》的相关内容修改或删节，这是其履行合同义务所必须；社会科学文献出版社对作品的上述改动是按照作品的性质及其使用目的和状况所做的不得已的改动，这种改动无损张×常作为《随意集》作者之声誉和人格利益，并未侵犯被上诉人张×常对其作品《随意集》的修改权及保持作品完整权。根据《协议书》第（二）、（三）条之约定，张×常将《随意集》的独有出版许可权授予花×树公司并承担保证作品不违反著作权法及出版法之责任，花×树公司在《图书出版合同》中要求社会科学文献出版社负责审定《随意集》内容不得违背中国法律和社会公共利益，因此，可以推定张×常已授权社会科学文献出版社在中国内地出版发行《随意集》时有权修改、删除其认为违背中国法律和社会公共利益的部分。一审判决认定社会科学文献出版社将《随意集》中其认为违背中国法律和社会公共利益的部分内容修改、删除的行为构成侵权不当，应予纠正。另外，社会科学文献出版社对原作品的极个别的编辑加工，符合出版界的编辑惯例及合同第21条之约定，以此认定社会科学文献出版社的行为侵犯了张×常的著作权理由不充分。因此，上诉人社会科学文献出版社没有侵犯张×常对其作品《随意集》的修改权和保持作品完整权。从而判决撤销一审判决，驳回原告张×常的诉讼请求。

按照我国《著作权法》的规定，著作权人享有修改权、保持作品完整权等人身权利，这些权利的行使受到著作权法的保护。但是，当著作权的行使与我国法律和公共利益发生冲突时，就应受到限制。本案中，原审原告作品中的某些内容与我国的公共利益存在冲突，第一被告社会科学文献出版社为了达到其与花×树公司签署的《图书出版合同》的合同目的，并为了使出版行为符合我国法律、不违背公共利益，根据合同有权对原告作品中违反了法律规定和损害了公共利益的内容进行修改，这种修改不视为对原告著作权的侵犯。法院判决支持了一审第一被告的上诉理由，对修改权和保护作品完整权进行了限制，是符合公共利益的，其判决也是正确的。

四、著作权人滥用市场支配地位对公共利益造成危害的制止

著作权人利用市场支配地位滥用著作权是不当行使著作权的表现形式之一，但这种行为通常是具有市场垄断地位的企业所为，所以对正常的市场竞争、科技进步和公共利益的危害比一般的不当行使著作权更为严重。加入 WTO 后，我国的市场要向所有 WTO 成员开放，将真正在更大范围参与国际竞争与合作，一方面，我国企业要走出去主动参与国际竞争；另一方面，WTO 100 多个成员要进入我国市场与我国企业进行市场竞争。在我国企业走出去与国外企业进行市场竞争的过程中，或当外国企业进入中国市场的过程中，外国企业凭借其在知识产权方面的资源和经验积累，抢先占领科技和市场制高点，打压我国企业，从而保证其垄断地位和垄断利润。外国企业为达到这种目的，利用知识产权诉讼试图将与其有竞争关系的我国企业排挤出市场。近年来，国外政府和企业相继发起了针对我国企业的专利、商标、著作权的知识产权侵权诉讼，这些诉讼或在国内，或在国外进行，但都对我国企业界产生了很大的影响。如美国思科系统有限公司诉华为技术有限公司知识产权侵权案、[1] 丰

① 该案原告指控被告非法抄袭、盗用包括源代码在内的思科 IOS 软件，抄袭原告拥有知识产权的文件和资料并侵犯思科其他多项专利。该案在美国德克萨斯州东区联邦法院立案审理。后于 2004 年 7 月华为公司、思科公司、3COM 公司向法院提交了终止诉讼的申请，法院据此签发法令，终止了思科公司对华为公司的诉讼。原被告双方最终以和解方式解决了该起案件。

田诉吉利商标侵权、[①] 美国通用汽车公司与奇瑞汽车有限公司之间的知识产权争议、[②] INTEL 诉东进著作权侵权案[③]等。这些案件反映出外国企业在进入我国市场、谋求市场独占的知识产权战略。外国企业在进入我国市场时，往往实施知识产权开路的做法，凭借其手中的知识产权，打击我国同类竞争企业，谋求市场独占。在这些案例中，不乏滥用知识产权的嫌疑，如在通用公司诉奇瑞公司一案，从通用与奇瑞的争议过程来看，通用在一些方面的行为明显涉嫌知识产权滥用。例如，通用公司在没有法律依据和确切证据的情况下多次向奇瑞发出侵权警告函，并在媒体上大肆渲染、炒作，虽然后来向法院起诉了奇瑞公司，但其诉前行为仍是滥用知识产权的表现，在商誉和经济上都可能给奇瑞造成很大损失，对正常的市场竞争也造成了扭曲和妨碍。思科公司运用未公开的私有事实标准，也被认为是在滥用知识产权，

---

① 2002 年底，日本丰田自动车株式会社向北京市第二中级人民法院提起诉讼，指控浙江吉利汽车有限公司使用的美日图形商标与丰田汽车图形商标极为近似，构成了商标侵权，同时指控吉利公司在广告宣传中使用了“丰田”、“TOYOTA”商标，对消费者进行虚假宣传，从而构成了不正当竞争。该案在北京市第二中级人民法院一审判决，以吉利控股集团胜诉告终。

② 通用汽车公司是目前世界上最大的汽车公司，在我国建立有汽车生产基地。奇瑞是安徽省芜湖市的 5 个投资公司于 1997 年共同投资组建的一家国有汽车生产企业，目前已跻身于国内轿车行业“八强”之列，被认为是国内汽车行业自主开发的代表性企业之一。该案原告指控被告的产品与其外观设计相类似，构成不正当竞争，双方于 2005 年底达成庭外和解。

③ 2005 年 1 月 20 日，国际 IT 巨头英特尔公司以侵犯知识产权为由将深圳东进公司诉至深圳市中级人民法院。在起诉状中，英特尔指控深圳东进公司研发的 DN 系列语音卡侵犯了其产品 SR5. 1. 1 软件中“Intel 头文件”的著作权。3 月 23 日，深圳市中级人民法院一审开庭审理了此案。该案最终由英特尔公司于 2007 年 5 月 10 日以已与被告达成和解协议为由向本院申请撤回起诉。在该案第一次庭审之后，深圳东进公司立即通过其在北京的全资子公司——北京东进信达科技有限公司，以英特尔涉嫌构成技术垄断为由，向北京市第一中级人民法院另案提起诉讼。4 月 1 日，法院正式受理了此案。2006 年 7 月，北京市第一中级人民法院开庭审理了东进公司诉英特尔公司非法垄断技术、妨碍技术进步一案。2007 年 5 月 14 日，英特尔中国区策略合作部总监王黎与东进公司总经理贺建楠在京签署了一份“联合声明”，达成庭外和解。

企图在通信领域进行技术垄断。针对外国企业和政府滥用知识产权的行为，我国学者指出，我国企业必须迅速积极应对，同时立法和司法方面也应有所作为。[①] 下面，笔者运用美国教育考试服务中心 ETS 诉新东方学校著作权和商标权纠纷一案来讨论著作权人滥用市场支配地位的司法规制问题。

美国教育考试服务中心 ETS 是“TOEFL”商标的专用权人，在我国进行了申请注册，核定使用的商品范围为盒式录音带、考试服务、出版物等。1989—1999 年，ETS 将其开发的 53 套 TOEFL 考试题在美国版权局进行了版权登记。北京市海淀区新东方学校是一家主要从事外语类教学服务的私立学校。1996 年 1 月，北京市工商行政管理局就新东方学校擅自复制 TOEFL 考试题一事对其进行了检查，并责令其停止侵权。后新东方学校停止使用并主动与 ETS 联系，商谈有偿使用 TOEFL 考试资料事宜，但未获答复，遂继续向学生提供 TOEFL 考试资料。1997 年 1 月，北京市工商行政管理局再次对新东方学校进行检查，并扣押了《TOEFL 全真试题精选》等书籍资料。1997 年 8 月，ETS 在中国大陆地区的版权代理人中原信达知识产权代理有限责任公司与新东方学校签订了《盒式录音带复制许可协议》和《文字作品复制许可协议》，许可新东方学校以非独占性的方式复制协议附件所列的录音制品和文字作品（共 20 套试题）作为内部使用，但不得对外销售，协议有效期 1 年。2000 年 12 月，受 ETS 委托，北京市正见永申律师事务所在新东方学校公证购买了“TOEFL 系列教材”作为证据。2001 年 1 月 4 日，ETS 向北京市第一中级人民法院提起诉讼，状告新东方学校侵害其著作权及商标权。一审法院判决新东方学校对原告著作权和商标权的侵权成立。新东方学校不服，向北京市高级人民法院提起上诉。

新东方学校在上诉状上对 TOEFL 考试题的著作权、赔偿额产生了质疑，并认为其对“TOEFL”字样的使用是叙述性或描述性的，并未

---

① 魏衍亮. 对知识产权滥用说“不”. 商务周刊，2005（1）：50－54.

将“TOEFL”作为商标使用，根本不会造成商品来源混淆之可能，没有侵犯ETS的商标专用权。认为要求新东方向一审原告赔礼道歉不够公平合理。二审法院采纳了新东方的部分上诉理由，对部分一审判决作出了改判，认定新东方使用“TOEFL”字样的行为不构成商标侵权，但仍然认定新东方侵犯了ETS的TOEFL考试试题的著作权。①

新东方案一出就引发了全国各界的关注和讨论，在新东方一审告败后，更有人提出新东方没有准确把握法律关系，攻击ETS的致命弱点，认为应从ETS在中国市场滥用对其试题的独占权和垄断地位方面展开，证明ETS对上述试题集在中国市场没有著作权。② 笔者也认为，如果新东方确有曾向ETS要求获得使用许可而未果的事实，就应充分利用这一事实，反诉ETS在我国对TOEFL试题的控制行为是市场垄断行为。因为，从客观事实来看，ETS的考试是属于进入美国和其他英语国家大学的必要条件，而ETS在我国拥有TOEFL试题的绝对市场控制权，其拒绝许可行为是滥用知识产权和市场支配地位，是典型的垄断行为。这种利用独占地位、排挤其他经营者的公平竞争的行为受我国《反不正当竞争法》的调整。而且如果确有ETS不向我国市场提供其享有著作权的试题事实存在，其行使著作权的方式也违反了我国《著作权法》关于行使著作权不得损害公共利益的规定，其著作权应不受法律保护。

著作权人滥用市场支配地位的行为除了上述在新东方案、INTEL诉东进案和思科诉华为案中的拒绝许可外，根据学者的总结还包括搭售行为、价格歧视行为、掠夺性定价和过高定价行为。③ 目前，这些行为在我国的市场竞争中已经出现，尤其成为一些大的跨国公司利用知识产权进行市场垄断的手段。在我国完全开放市场、实行开放经济

---

① 北京市高级人民法院民事判决书（2003）高民终字第1393号。

② 新东方上诉仍有一条生路．[2006-03-10]．http://bj.people.com.cn/GB/21615/2132843.html.

③ 王先林．知识产权与反垄断法——知识产权滥用的反垄断问题研究．北京：法律出版社，2001：224-247.

的情况下，一些跨国公司打着保护知识产权的旗号谋求市场垄断，限制我国民族企业与其进行合理竞争的情况值得重视和进一步研究。我国企业对于外国公司的知识产权诉讼要有勇气面对，并要进行冷静的分析，积极找出应对策略。以上案件中涉及的知识产权滥用，确实值得我们探讨和分析，但是这些案件多以和解告终，新东方案二审中，新东方也未提出知识产权滥用的抗辩，法院也只能在上诉的范围内对案件进行了裁判。INTEL 诉东进一案，由于 INTEL 以格式条款形式随同软件产品一并提供给用户的《英特尔软件许可协议》有限制用户从除其以外的其他渠道合理地获得并使用竞争性技术的嫌疑，即具有滥用知识产权的嫌疑，2003 年 3 月，北京东进信达科技发展有限公司以英特尔公司用户的身份向北京市第一中级人民法院起诉英特尔公司技术合同无效纠纷，请求确认《英特尔软件许可协议》中关于软件许可使用条件的限制性约定构成非法垄断技术、妨碍技术进步；以及确认《英特尔软件许可协议》中关于软件许可使用条件的限制性格式条款以及免除英特尔公司法定产品质量责任的格式条款无效。如果法院确认《英特尔软件许可协议》中的该部分条款构成非法垄断技术、妨碍了技术进步而无效，INTEL 的行为就属于对知识产权的滥用。

我国的《反垄断法》已经从 2008 年 8 月起开始实施，该法对市场经营者的垄断协议、滥用市场支配地位、经营者集中等市场垄断行为进行了规制，该法第六章“对涉嫌垄断行为的调查”中确立了垄断调查机制，为垄断调查执法机构严格执法提供了法律保证。市场垄断行为一般与专利、版权等知识产权控制有着紧密的联系，我国《反垄断法》的实施必将对滥用市场支配地位，不当行使著作权并对公共利益造成损害的行为做出有力约束。

五、著作权司法审判活动对社会进步要求的反映

司法审判活动不仅要公平、公正，对当事人受到损害的合法权益

进行充分救济，也要反映社会发展和进步的要求。一方面，在涉案法律关系有明确的法律规定，但如果拘泥于法律条文的字面理解，会使裁判结果损害公共利益、与社会发展趋势不符时，司法者在根据法律对案件进行裁判的过程中，不应拘泥于法律条文的字面理解，而应遵照立法精神和目的，使裁判结果不阻碍社会的进步。另一方面，在涉案法律关系无法律明文规定的情况下，司法者要以有利于社会进步为标准，对案件作出裁判。由于著作权与技术发展有着密切的关系，且著作权制度越来越具有公共政策的工具性质。因此，笔者认为，在著作权案件的司法审判中，也应坚持这一标准。下面几起著作权领域的案例就说明了这个问题。

20 世纪 90 年代末，我国的计算机信息网络进入发展的初期阶段，网络著作权规范还没有建立起来，当时发生的叶 × 滨诉四通利方公司著作权侵权一案中，法院就充分注意了搜索引擎技术的发展特点和计算机网络发展的要求，认定被告的行为仅仅是“通过网页全文检索系统检索到其他网站编排的页面的相关信息后与该页面生成临时链接实现的”。认为被告提供的检索服务，并不等同于作品的使用，从而判决被告没有侵犯著作权。

数字图书馆侵犯他人著作权的案件是近几年新出现的著作权纠纷类型。2002 年刑法专家陈兴良诉国家数字图书馆有限责任公司一案，[①] 是我国首起数字图书馆侵犯信息网络传播权案。该案原告诉称：被告未经原告同意，在自己的网站上使用原告的《当代中国刑法新视界》、《刑法适用总论》、《正当防卫论》三部作品。读者付费后就成为被告网站的会员，可以在该网站上阅读并下载这三部作品。被告这一行为，侵犯了原告的信息网络传播权。诉请法院判令被告立即停止侵权，并赔偿原告的经济损失 40 万元，以及原告为制止被告的侵权行为而支出的合理费用 8000 元。法院审理后认为，被告数字图书馆作为企业法人，将原告陈兴良的作品上传到国际互联网上，扩

① 北京市海淀区人民法院民事判决书（2002）海民初字第 5702 号。

大了作品传播的时间和空间，扩大了接触作品的人数，超出了作者允许社会公众接触其作品的范围。数字图书馆未经许可在网上使用陈兴良的作品，并且没有采取有效的手段保证陈兴良获得合理的报酬。这种行为妨碍了陈兴良依法对自己的作品行使著作权，是侵权行为，由此判决被告停止在其网站上使用原告的作品，并赔偿原告8万元人民币。在我国知识产权专家郑成思等诉书生公司著作权侵权纠纷一案中，[①] 被告书生公司也是一家数字图书馆，原告是《知识产权文丛》(第一卷)、《知识产权文丛》（第二卷)、《知识产权文丛》（第三卷)、《知识产权文丛》（第四卷）中有关作品的著作权人，也是《知识产权价值评估中的法律问题》、《知己知彼打赢知识产权之战》、《中国民事与社会权利现状》、《WTO知识产权协议逐条讲解》等作品的著作权人，被告未经原告许可擅自在其网站上使用了原告的作品，为用户提供收费服务。2004年6月24日，郑成思向北京市海淀区人民法院提起诉讼，请求判令被告书生公司停止侵权、赔礼道歉、赔偿损失。一审法院判决书生公司侵犯了原告的信息网络传播权，判决书生公司向原告赔礼道歉，并赔偿经济损失及因本案支出的合理费用共56500元。被告不服，上诉至北京市第一中级人民法院，二审法院维持了原判。该案一审过程中，被告举证证明其对作品的使用范围、方式进行了必要的限制，且其经营是为了公共利益。但是法院从被告的企业性质、经营方式、经营目的角度否认了被告的抗辩，但将被告的经营方式和限制措施作为侵权情节予以了考虑。

数字图书馆是信息资源建设的重要力量，但由于我国相关的著作权法律法规不健全，且实践中高效率的著作权授权机制的缺位，导致数字图书馆侵犯著作权的现象时有发生，对著作权人的合法权益造成了损害，也使数字图书馆的发展受到了一定的影响。然而，数字图书馆在信息资源建设中的重要作用，使司法者不能使裁判结果严重阻碍其发展。所以在这几个已决判例中，我国的知识产权法官在案件的审

① 北京市海淀区人民法院（2004）海民初字第12509号民事判决。

判过程中，较好地对各方利益进行了平衡，使判决结果不至于窒息数字图书馆的发展，这主要体现在经济赔偿的标准确立和赔偿数额上。“在裁判过程中，如何平衡作者和网络环境下信息传播者的利益、判定赔偿的标准，是法官精心考虑的结果。从判决结果来看，网络侵权的千字赔偿数额呈现下降趋势。这主要是考虑到，虽然要对权利人的损失予以合理赔偿，但判决结果又不能影响公众借助互联网获取信息……我们愈发感到，版权保护的根本目的在于促进作品的创作和传播，让公众在作者的智力劳动中获益，过度的保护会窒息借鉴和创新。因此，考虑数字图书馆的发展及其社会公共利益的保护，我院确定的赔偿数额标准仍有所降低。这种调整应是法院审时度势调整司法政策的表现。”①

著作权法与技术发展密切相关，这部发端于印刷技术和复制技术的法律，其每一次变动都是因应技术的发展，同时其发展的轨迹也打上了技术发展的烙印。目前，技术发展速度越来越快，著作权法不断遇到新技术的冲击。在此情况下，司法者如何贯彻著作权法的立法目标，保证案件审判结果反映社会进步的要求，在我国网络事业逐步发展而相应的著作权法律法规、著作权授权机制尚不完善的情况下尤为重要。

第三节 著作权侵权诉讼中是否确立公共利益抗辩还需深入研究

我国《著作权法》第四条明确规定，著作权人行使著作权，不得损害公共利益。我国司法实践中，司法者也在案件的审判过程中将公共利益作为裁判案件的考虑因素，也出现了被控侵权者在侵权抗辩

① 引自北京市海淀区法院民五庭（知识产权审判庭）所撰写的《对网络侵权案件审理情况的调研报告》。

中将公共利益作为抗辩理由之一。如上述陈兴良诉中国数字图书馆一案和郑成思诉书生公司一案中，被告都以数字图书馆具有公益性质，经营目的是为了公共利益作为侵权抗辩理由。但这些都不能表明在我国著作权的立法和司法中已经确立了一般性的“公共利益”抗辩。一般性的公共利益抗辩是指，在著作权侵权纠纷案件中，被控侵权方以自己的行为符合公共利益目的作为不侵权的抗辩理由。在著作权侵权诉讼中，要不要将“公共利益目的”确立为一般性的抗辩理由？目前，国际上已经出现了这方面的案例，学术界也开始了对此问题的讨论。

在英国20世纪90年代以及2000年的几则判例中，公共利益抗辩被法院所肯定。但英国法院随后在Hyde Park诉Yelland一案的二审中，否定了这一抗辩的合理性。

Yelland一案是关于英国王妃戴安娜和其男友托尼·法耶德照片的著作权侵权案件。此案原告是托尼·法耶德的父亲默罕默德·法耶德，被告是由为托尼的父亲提供安全服务的公司所创办的《太阳报》。在该案中，默罕默德·法耶德指控说，戴安娜与其儿子托尼准备结婚，但为了阻碍这场婚礼，有人策划了一场阴谋将他们迫害致死。为了支持他的控诉，原告指出死者生前曾到其住所，表达了他们在结婚之后准备搬来的愿望。《太阳报》为了反驳这些指控，举出了一祯图片作为证据，该图片是从一盘记录有戴安娜和其男友托尼·法耶德到达原告家中的安全录像带中取得的，通过这些照片，被告试图证明两人在家中的逗留时间非常短暂，不能证明他们结婚的意图。《太阳报》进一步指出原告的指控是企图将公众的注意力从其应对两人死亡的责任中引开。诉讼中，原告向法庭申请仅对安全录像带的版权作出简易判决，因为原告拥有版权的照片是该录像带的重要组成部分，于是案件的焦点转移到了对这个事实上的抗辩上。被告认为他们可以依据版权法中的“为报道时事新闻目的”的合理使用抗辩，或为公共利益目的而出版的抗辩；而原告认为被告对照片的使用并不是出于报道时事新闻的目的，在英国版权法中也没有公共利益抗辩。一审法官认为，本案中的图片很难说是用于报道时事新闻的，但认为在英国版权法中存在公共利益抗辩。就像在侵犯隐私权诉讼中可以适用此抗辩一样，法院认为本案中被告也可以提出该抗辩，因为《太阳报》泄露的信息是关于一个王国的未来的国母，也有助于平息在公众中流传的言论。由此，一审法院判决被告的公共利益抗辩成立，被告没有侵犯原告图片的著作权。原告不服提起了上诉。在二审过程中，上诉法院推翻了一审判决，认为本案不适用报道时事新闻的合理使用抗辩。但该法院并没有简单地得出公共利益抗辩不可适用于本案的结论，而是认为在以公共利益为基础拒绝实施版权问题上，应大幅度地削减法院的自由裁量权。二审法官认为在英国的版权侵权诉讼中不存在公共利益抗辩。如果涉案作品的内容不道德或对公众有害，法院就有权拒绝实施版权；但是如果原告没有犯罪，而且作品本身是健康的，虽然披露的信息与公共健康或公共道德或者与其他影响公共利益的事情有关，法院也没有权利拒绝实施版权。二审的一名法官说道，尽管法院有权为了保护公共利益而拒绝实施版权，但这种权利比起在侵犯隐私权的案件里要少得多。①

在是否要在版权侵权案件中确立一般性的公共利益抗辩问题上，学术界存在两种截然不同的观点。反对一方提出了不确立该抗辩的三点理由。首先，如果基于公共利益而不保护版权，就相当于剥夺了原告的财产权而不给予补偿，这样做是违反宪法的。其次，确立公共利益抗辩不符合成员国在《伯尔尼公约》下承担的义务，因为《伯尔尼公约》的签署方没有权利在仅仅因为一些做法符合国家的公共利益就拒绝实施版权。公共利益抗辩与成员国承担的国际著作权保护责任相违背。最后，版权法已经为公共利益提供了足够的保护，没有必要再承认一个一般性的公共利益抗辩。

而支持在著作权侵权案件中确立一般性公共利益抗辩的人则认为，公共利益抗辩具有合法性、必要性、适当性和可行性。对于公共利益抗辩违反宪法的观点，支持方认为，首先，公共利益抗辩只涉及

---

① ［1999］RPC 655－672；［2000］3 WLR 215－241。

很少部分的财产的剥夺，被影响到的版权价值往往很少，著作权人仍可以自由地商业性地开发其作品。事实上，适用公共利益抗辩的案件中涉及的作品都有一个共同特征，那就是它们的著作权几乎都是偶然获得的。如安全录像带和内部备忘录之所以有著作权，是因为著作权法的扩展已经覆盖到了这些特殊类型的产品上，而没有考虑这些作品的形式、价值或目的。这种扩展的根源在于著作权法对"作品"的定义过于模糊。其次，没有必要为这些作品的创作提供激励。对于这些作品，原告往往没有打算寻求著作权的保护。如果说公共利益抗辩因为剥夺了著作权人的财产权就是不合法的，那么这种剥夺并不是在任何情况下都是不合理的，当这种财产权的行使干涉了他人的重要权利，如言论自由时，在一定程度上剥夺这种财产权就是合理的。对于反对方的第二个观点，支持方指出，这个结论是没有仔细研读《伯尔尼公约》的结果，只是援引了该公约的第十条，[①] 而忽略了该公约第九条第（二）项和第十七条的规定。[②] 对于反对方的第三个观点，支持方指出，版权法关于版权权利例外和限制的一些条款规定得非常模糊，有些条款由于未及时在专利侵权判定的司法更新而没有与技术发展保持一致。考虑到版权法中规定的版权例外条款的这些不足，就应该承认一般意义上的公共利益抗辩的存在，实现更多的灵活性。[③]

以上争论主要围绕英国版权立法和司法实践，我国有学者指出，按照西方学者的观点，版权法中的公共利益抗辩原则是为了平衡版权人的专有权和信息传播中的社会公共利益。公共利益抗辩仅仅涉及对版权人财产权的极少部分的剥夺，版权人仍然有大量地、商业性地开发

---

① 第十条涉及引用作品的合理使用。

② 第九条第（二）项规定成员国法律有权允许在某些特殊情况下对作品进行复制；第十七条规定，在成员国认为有必要的情况下，可以立法以允许、监督或禁止任何作品或其制品的发行、演出或展出的权利。

③ Robert Burrell & Allison Coleman. *Copyright Exceptions*: *The Digital Impact*. Lodon: Cambridge University Press, 2005: 103 - 111.

利用其作品的空间，而且这一抗辩仅仅适用于报社新闻报道的行为。[1]

对于版权法中有没有一般性的公共利益抗辩问题，其他国家的学者也开始探讨本国的版权法。澳大利亚有学者对澳大利亚版权法中是否有公共利益抗辩进行了讨论，认为虽然该抗辩在英国的案例中已经得到过承认，但它的地位仍受到了质疑。这个抗辩表面上看很有吸引力，但却存在几个基本的问题。澳大利亚法院应该重新审查版权法中的公平救济等原则。并认为也许是这些原则而不是公共利益原则可以提供解决版权实施问题的最佳方案。[2] 其他一些国家如新加坡的学者也开始探讨在本国版权法中是否存在公共利益抗辩问题。[3]

我国学者对一般性的公共利益抗辩也有支持和反对两种观点，持反对态度的人认为采用公共利益抗辩是危险的，因为它是一个非常抽象的东西，内容不明确具体，如果各项基本权利被这样一种抽象模糊的权利限制，自由就不存在了。并认为，“权利的限制必须比权利更加明确，否则就会只剩下限制，而没有权利。”[4] 有学者探讨了新闻报道中，新闻媒介可以对下列事件中所涉及的个人隐私权运用公共利益作为抗辩依据：公共安全事件、公共政治事件、公共卫生事件和公共消费事件。并认为将公共利益作为抗辩理由，要严格区分它的合理界限，防止对公共利益的泛化倾向。[5] 也有人论述在商业秘密侵权中的公共利益抗辩问题。[6]

---

① Tang Guanhong. A Comparative Study of Copyright and the Public Interest in the United Kingdom and China. [2006-03-01]. http://www.law.ed.ac.uk/ahrb/script-ed/issue2/china.asp.

② David F. C. Thomas. Copyright and the ‘Public Interest Defence’. [2005-11-02]. http://staff.anu.edu.au/billboard/show event.asp?eid=1823&date=8/7/2004.

③ Cheng Lim. Is There a Defence of Public Interest in the Law of Copyright in Singapore?. *The Singapore Journal of Legal Studies*, 2003 (2): 519-556.

④ 张翔．公共利益限制基本权利的逻辑．法学论坛，2005（1）．

⑤ 慕明春．新闻侵害隐私权的抗辩事由．当代传播，2004（3）：66-69．

⑥ 孟庆刚．商业秘密与专利法律保护之比较．上海市政法管理干部学院学报，2001（4）：24-26．

我国历次《著作权法》的修订都没有规定公共利益可以作为抗辩的理由。在陈兴良诉中国数字图书馆公司以及郑成思诉书生公司两个案件中，两家数字图书馆都提出了公共利益抗辩，但未被采纳，且因为两个案件中两家数字图书馆的性质及经营行为是否属于公共利益的范围值得考察，所以法院在判决书中没有提及公共利益抗辩，但终归是出现了以公共利益作为抗辩理由的案例。我国目前对在著作权侵权案件中是否采用公共利益抗辩尚没有进行深入的探讨，也尚未有一个明确的结论。笔者在充分考察对此问题的争论的基础上，根据我国的法律传统和司法现状，认为，目前在我国的著作权侵权纠纷中还不宜确立公共利益抗辩。首先，我国《著作权法》规定的许多具体规范已经为公共利益的维护提供了比较好的制度保障，如合理使用制度、法定许可制度。在立法不能跟上技术和社会的发展变化而出现法律漏洞时，可以运用民法的基本原则弥补法律的空白。其次，“公共利益”具有较高的抽象性，虽然可以从各个角度，如行为目的、行为结果等判断一个行为是否是为了公共利益，也就是说，即使公共利益是可控的，将认定公共利益的权利留给司法者，就给予了司法者过多的自由裁量权，有过度挤压著作权人利益的可能。我国本身就有重义轻利的传统，在司法审判中确立一般性的公共利益抗辩原则可能会压制著作权人的创作热情，最终将不利于科学文化事业的发展。最后，我国是成文法国家，对公共利益的维护可以以立法形式实现。且司法部门也有维护公共利益的功能，可以在司法实践的过程中，对法律条文作出符合立法目标的解释，通过将公共利益意识贯串案件的审判过程，使裁判结果符合公共利益和社会发展的要求。

第四节　宪法诉讼是版权公共利益的根本保证

宪法是公共利益最根本的基础和来源，宪法诉讼是公共利益最彻底的保证。宪法诉讼是指“解决宪法争议的一种诉讼形态，即依据宪法的最高价值，由特定机关审查法律的违宪与否，使违宪的法律或行为失去效力的一种制度。”宪法诉讼的对象是特定法律的违宪与否，宪法诉讼的结果是违宪法律无效。① 这是我国宪法学者在早期对宪法诉讼概念的认识。根据学者对宪法诉讼实践的学理探讨，目前的宪法诉讼概念有所扩展，被认为是指以宪法为诉讼裁判依据的一种诉讼形式，包括两个方面的内容：一是依据宪法来审查国家权力的行使是否合宪；二是依据宪法来裁判普通公民之间的权利义务纠纷。宪法诉讼始于公民在宪法上的基本权利受到了侵害，当这种侵害发生后而向法院（普通法院或宪法法院）寻求司法救济。宪法诉讼由于其诉讼判断的依据、宪法诉讼的机关、宪法诉讼的对象及宪法诉讼的结果与普通诉讼的不同，决定了它是最高级别和最后的诉讼形式。②

1803 年美国发生的马伯里诉麦迪逊（Marbury v. Madsion）一案被认为开创了宪法诉讼的先河，确立了由司法机关审查法律违宪与否的先例，开创了美国式的司法审查模式。美国学者在介绍美国的联邦最高法院时说，美国联邦最高法院拥有世界上其他国家最高法院所没有的一项权力，那就是以违宪为由宣告法规和决议无效，并指出这一制度是由上述马伯里案件中的马歇尔大法官创造的。③

由于各国的政治背景、历史发展、文化传统不同，宪法诉讼也存在着不同的模式。以美国宪法诉讼制度为代表的普通法院模式，是宪法诉讼历史上出现最早的宪法诉讼制度。由普通法院进行违宪审查的国家多为普通法系国家，如美国、澳大利亚、加拿大等。英国的宪法属于不成文宪法，没有作为形式上的宪法与普通法的区别，只有宪法性法律与普通法律的划分。因而在英国，宪法审判机关与普通审判机

① 韩大元，刘志刚．试论宪法诉讼的概念及其基本特征．法学评论，1998（3）：26－30.

② 蒋南成．宪法诉讼刍议．法制日报，2004－06－17.

③ George Mckenna. *The Drama of Democracy*: *American Government and Political*（2nd edition）. Guilford: the Dushkin Publishing Group, Inc., 1994: 332－333.

关也是无法区分的。宪法诉讼的另外一种模式是宪法法院模式，欧洲的奥地利、德国等国都建立了独立的宪法法院实施宪法审查。法国的宪法委员会是法国行使司法审查的机关，也是宪法诉讼的另一主要模式。与德国的宪法法院不同，法国宪法并未将宪法委员会所行使的权力界定为司法权，从其工作方式来看，它既是一个司法机关，同时也是一个宪法事务咨询机关。[①]

宪法与版权法有着紧密的关系，各国版权法的制定通常源于宪法，版权法受到违宪审查在国际上也有了先例。由于版权和专利在美国的重要性，美国宪法专门赋予了国会就版权和专利进行立法的权利，也就是通常所说的美国宪法中的“版权和专利条款”，美国版权法和专利法主要是由国会通过的联邦法律。美国宪法与版权法的关系尤为密切，美国加州大学伯克利分校教授帕米拉·萨缪尔森认为，美国宪法对美国版权法范围的理解上具有非常大的影响，美国版权法根植于美国宪法。这种观点受到了其他学者的赞同。[②] 美国《宪法》第八章第一条第八款是美国版权法的主要来源，这一条授予美国国会制定法律“通过授予作者和发明者对他们各自作品和发明的一定时期的独占权，促进科学和有用的艺术的发展”。美国宪法第一修正案规定的言论自由权也对美国版权法所授予的权利范围的确定产生影响。另外，以下两个宪法条款有时也在知识产权纠纷中发挥作用。一是美国宪法至上条款，该条款经常被美国法院用来否定各州与联邦法律或政策相冲突的法律；另外一个是第十一修正案，美国最高法院曾用来判决州政府为侵犯联邦知识产权法而支付赔偿金。Samuelson 教授指出美国宪法不仅授予国会制定知识产权法的权利，也对该权利进行了限制。例如，国会仅能授予作者或发明者一定时期的专有权。[③]

---

① 俞甲乙. 外国宪法诉讼之三种模式. 人民法院报，2002-02-02.

② Patrick J. Gorman. Blowing out the Candles on the Copyright Cake. [2006-11-02]. http://www.piercegorman.com/blowing_out_the_candles.html#_edn1.

③ Pamela Samuelson. Economic and Constitutional Influence on Copyright Law in the United States. *European Intellectual Property Review*, 2001 (23): 409-422.

正是由于美国宪法之于版权法的重要性，又由于美国传统的宪法精神，在美国版权法于新千年的修订之后，遭遇了违宪审查。Eldred诉美国司法部长 Ashcroft 一案[①]，是美国二百年来首次对“版权扩张”法案进行的违宪审查。受审查的版权法案是以提出该议案的美国国会众议员 Sonny Bonno 命名的 *Sonny Bonno Copyright Term Extension Act*（CTEA）。提起诉讼的原告是9个个人和几家商业团体。这些商业团体包括出版商和传播商，主要依靠对进入公有领域的作品进行创造性改编和整理出版为经营手段。但 Bonno 法案的出台无疑会使他们的利益受到损害，因为很多应该进入公有领域的作品因为该法案的出台而要延迟20年才能进入公有领域。诉讼前后经过了两年时间。原告于1999年1月向华盛顿特区地方法院，以当时的美国司法部部长雷诺为被告提起诉讼。败诉后，于2000年5月向华盛顿特区上诉法院上诉，仅赢得三票中的一票，又败诉；2001年10月，原告申请联邦最高法院审理。2002年2月，联邦最高法院正式同意审理该案，于2003年1月15日作出判决，该院认为，国会的立法权限当然是应该受到限制的，且延长版权保护期是不明智的，但“有限期限”在国会的立法权限内，国会有权决定有限期限有多长。既然前几次延长法案没有造成不良的后果，本次立法也不会。因此，联邦最高法院裁决 Bonno 法案“没有违宪”。

在美国《千年数字版权法》（DMCA）实施以后，其在第1201条规定的技术措施条款被认为侵害了美国宪法第一修正案赋予人们的言论自由，由此亦使该法成为违宪审查的对象。2001年，美国普林斯顿大学教授费尔顿对 DMCA 关于规避技术措施的规定提出了挑战。费尔顿教授领导的课题组成功地破解了 DVD 的水印技术，而受到美国唱片工业制造者协会（RIAA）的警告，警告他如果在研讨会上发表其研究结果，将违犯 DMCA，并将面临承担刑事责任的危险。为此，费尔顿教授向法院提起诉讼，告 RIAA 违反了美国宪法第一修正

① 537U. S. 186（2003）

案。2001 年 7 月 17 日，美国联邦调查局（FBI）根据 DMCA，逮捕了俄国年轻的软件专家 Dimitry Skylarov，其罪名是他解析了美国 Adobe 公司用于保护电子书籍的加密软件，并将加密的电子书转化为可复制的格式。虽然美方最终于 2001 年 8 月在 50000 美元保释金的条件下释放了该专家，但该事件却引起了一些学者对技术措施的批评，认为 DMCA 有关技术措施的规定违反了美国保护研究、创作自由的原则，从而违背了美国宪法第一修正案。

我国是以代表机关为宪法监督主体的国家，我国现行《宪法》第六十二条和第六十七条分别规定全国人民代表大会和全国人民代表大会常务委员会行使监督宪法实施的职权，但我国宪法并没有宪法诉讼的规定。也就是说，在我国没有法定的宪法审判机关，宪法诉讼制度也没有确立。

2001 年，山东齐×苓案被认为是我国出现的宪法诉讼的曙光。该案中，原告齐×苓与被告人之一陈×琪都是山东省某市中学学生。在 1990 年的中专考试中，齐×苓被山东省济宁市商业学校录取，陈×琪预考被淘汰，但被告领取了原告的录取通知书，冒名顶替入学就读，毕业后分配到中国银行山东省滕州支行工作。1999 年 1 月，原告以侵害其姓名权和受教育权为由，将陈×琪、济宁市商业学校、滕州市某中学和滕州市教委告上法庭，要求停止侵害、赔礼道歉并赔偿经济损失 16 万元和精神损失 40 万元。同年，滕州市中级人民法院一审判决被告的行为对原告的姓名权构成了侵害，判决被告赔偿精神损失费 3.5 万元，但认定被告侵害原告受教育权不能成立。原告不服，向山东省高级人民法院提起上诉。在该案二审期间，围绕陈×琪等的行为是否侵害了上诉人的受教育权问题，山东省高级人民法院向最高人民法院递交了《关于齐×苓与陈×琪、陈×政、山东省济宁市商业学校、山东省滕州市某中学、山东省滕州市教育委员会姓名权纠纷一案的请示》。2001 年 8 月 13 日，最高人民法院根据山东省高级人民法院的请示，作出《关于以侵犯姓名权的手段侵害宪法保护的公民受教育的基本权利是否应当承担民事责任的批复》，认定“陈×琪等以侵犯姓名权的手段，侵犯了齐×苓依据宪法规定所享有的受教育的基本权利，并造成了具体的损害后果，应承担相应的民事责任。”2001 年 8 月 24 日，山东省高级人民法院据此作出二审判决：陈×琪停止对齐×苓姓名权的侵害；齐×苓因受教育权被侵犯而获得经济损失赔偿 48045 元及精神损害赔偿 50000 元。

这是最高人民法院第一次对公民因宪法基本权利受到侵害而产生的法律适用问题进行司法解释。这个批复，被认为在宪法诉讼意义上做出了里程碑式的探索，“创造了我国宪法司法化的先例”，是“中国宪政史上的里程碑”。2004 年 4 月，安徽省芜湖市新芜区人民法院审结的“乙肝歧视第一案”，① 也具有宪法诉讼的意味。除这两个案件之外，还出现了其他以侵犯受教育权等为由的诉讼，这些诉讼虽然引出了宪法诉讼的话题，但宪法界学者及时指出，这些案件其实并不是真正意义上的宪法诉讼，我国的宪法诉讼还没有到来。学者们认为这些诉讼不构成宪法诉讼的原因是：其一，受教育权虽是我国宪法规定的公民的基本权利，但这种权利与其他宪法性权利一样，都是在一些基本法律、行政法规中进一步具体化的，侵犯公民的受教育权直接违反的是这些基本法律、行政法规等。如果说侵犯了公民受教育权就是直接违反了宪法，那么，就可以说所有违法犯罪行为都是违反宪

---

① 该案原告安徽省芜湖县张先著于 2003 年 6 月参加了安徽省招收国家公务员考试，并通过了笔试和面试。但在体检中，张先著被检查出患有乙肝，体检不合格。复检结论仍为不合格。芜湖市人事局据此口头通知其因体检不合格而不予录用。同年 11 月 10 日，原告以被告芜湖市人事局的行为剥夺其担任国家公务员的资格，侵犯其平等权利为由，向芜湖市新芜区人民法院提起行政诉讼。请求依法判令被告的具体行政行为违法，撤销其不准许原告进入考核程序的具体行政行为，依法准许原告进入考核程序并被录用至相应的职位。2004 年 4 月，芜湖市新芜区人民法院作出一审判决，认定被告芜湖市人事局做的出取消原告资格的具体行政行为，没有完全按照《安徽省国家公务员招考体检标准》行事，依法应予撤销。但鉴于招考工作已结束，故该行政行为不具可撤销内容。因此，原告要求被录用至相应职位的请求未获支持。芜湖市人事局不服一审判决，提起上诉。2004 年 5 月 31 日，芜湖市中级人民法院作出驳回上诉，维持一审判决的裁定。

法。而这样认定没有意义。[①] 其二，我国是成文法国家，无判例法传统，判例不是我国法律的渊源，通过这类案件来使最高法院获得违宪审查权是不可能的。在我国，任何行使公权机关的设立都必须有明确的法律依据，设立宪法审判机关更是必须有明确的宪法依据。但我国现行宪法没有宪法审判机关的规定，因而也就没有真正意义上的宪法诉讼。[②]

"宪法诉讼"可以说是从国外来的一个舶来词汇，构建起宪法诉讼制度虽然可以为公民的各种基本权利和公共利益提供最后的保障，但如何建立高效、系统的宪法诉讼制度，却不是通过一两个案件的司法经验总结那样简单。各国在建立自己国家宪法诉讼制度的过程中，虽然都竞相模仿英美法系或大陆法系的做法，但同时也都会根据自己国家的宪法传统和制度资源，对宪法诉讼制度作出符合自己国家国情的安排，以充分发挥宪法诉讼功能和实现宪法诉讼的目的。"齐玉苓案"等案件也许是我国建立宪法诉讼制度的发端点，但在我国建立起既符合宪政原理又适合国情的宪法诉讼制度，却是一个复杂的问题，还有很长的路要走。

从国外的判例来看，目前涉及版权的宪法诉讼，不管是要求法院对美国 DMCA 进行违宪审查，还是在欧洲一些国家里出现的援引《欧洲人权公约》这一宪法性文件对抗版权侵权控诉，都在于维护言论自由，也就是说，从目前来看，版权和宪法诉讼的最大结合点是言论自由，将来是否会出现援引宪法中的其他规定来对抗版权侵权，还要等待。在我国的著作权侵权案件中，还没有出现以言论自由明确作为抗辩理由的案例，更不用说援引宪法言论自由的条款来要求法院对著作权法进行违宪审查了。援引宪法抗衡版权侵权诉讼维护公共利益虽然值得探讨，但由于目前我国的宪法诉讼制度还未建立，进行深入研究为时尚早。

---

① 姚建宗."宪法诉讼"还没到来.检察日报，2003-03-04.

② 程乃胜.关于"乙肝歧视第一案"是否属于宪法诉讼的探讨.中共南京市委党校南京市行政学院学报，2005（2）：61-63.

第六章　维护版权公共利益的成本与收益分析

对版权法中维护版权公共利益的法律机制进行成本、收益分析的过程，就是将法律经济学关于成本—收益分析的一般理论和方法运用于版权公共利益法律维护机制的经济分析过程，这个过程包括对版权法中维护公共利益的法律规则的立法成本分析、执行成本分析、监督成本分析，以及这些法律规则所能带来的经济收益、社会收益和伦理收益等法律收益的分析。本章对维护版权公共利益立法进行成本—效益分析的一个基本出发点，就是维护版权公共利益的法律规则能够更有效地进行资源配置和减少交易成本。通过对维护公共利益的成本和收益进行对比，本章将讨论维护版权公共利益在经济学上的正当性，以及对如何调整版权法的法律规则以降低维护成本、提高维护收益，使版权法更加高效，更能最大化地减少版权交易成本提出建议。有必要首先将法律经济学中对法律进行成本—收益分析的一般理论和方法做一阐述。

第一节　法律成本—收益分析的一般原理和方法

法律成本—收益分析是法律经济学的一个重要研究方法和研究工具。法律经济学是20世纪下半叶西方法学界和经济学界最重要的和发展最快的研究领域之一。目前，我国学术界也开始引进和介绍法律经济学这门新兴交叉学科，并开始将法律经济学的理论和方法应用于有关法律和法律现象的分析上。法律经济学的集大成者理查德·A.波斯纳将法律经济学描述为“法律的经济分析的学科”，即指运用经济学的理论和方法来分析法律问题的学科。但有的学者认为如果仅仅从“经济学在法学研究中的运用”这个角度来理解法律经济学，会局限研究视野，并认为法律经济学不仅包括了运用经济理论和方法来研究法律和法律制度的形成、结构、过程、效果、效率及未来发展，还应包括对法律在社会运行中对经济活动所造成的影响进行的探讨。[①] 对法律进行经济研究，目的就是要探寻和揭示出法律制度、法律规则和法律现象后的经济逻辑，运用现代经济学的基本工具和方法分析法律，以最终实现提高法律科学性、有效性的目标。

事实上，法律也存在着市场，法律规则下行为人的行为方式和行为选择与市场中经济行为人的行为方式和行为选择类似。法律经济学正是将法律规则体系类比为市场价格体系，从而展开了对法律的经济分析，这也是将成本、收益分析这一经济学中最为基础的分析工具应用于法律分析的前提。

立法成本是法律从制定到实施的整个运作过程中所要付出的代价，包括立法过程耗费的成本以及制定出的法律在执行和实施中支付的成本。前者包括为立法机关运转及立法工作人员的工资、福利等所支付的全部费用，具体包括维持立法机关日常工作的办公费用及工作人员的工资待遇、采集立法信息与形成立法草案的费用、审议立法草案与修订立法文本的费用、制作和公布法律法规文本的费用以及传播法律法规信息的费用。[②] 后者主要指一部法律在日后实施过程中的所有消耗。特定的法律在规范现实社会关系的过程中，法律主体执行法律花费的成本、对法律主体执行法律情况的监督以及对法律运行过程中其他方面的监督所耗费的执法成本，都包含在法律实施的成本中，

① 魏建，黄立君，李振宇．法经济学：基础与比较．北京：人民出版社，2004：7－8.

② 汪全胜．论立法成本．理论与改革，2001（6）：71－74.

也就是法律主体在守法、执法者在执法及司法者在司法过程中所付出的各种人力、物力、财力和时间等资源的总和。

立法成本也包括立法的机会成本。机会成本是指次优选择的可能收益，即当面临多种选择时，选择其中的一种方案可能造成的损失或者选择次优决策可能带来的收益。波斯纳在其著名的《法律的经济分析》一书中对立法的机会成本进行了描述：不同的法律方案实现人们既定目标的程度有所不同，而在特定的时空领域只能选择一种而放弃其他。诸如对某种社会关系是否运用法律手段进行调整、选择何种法律规范，不同选择之间的效益差别和得失就构成了法律的机会成本，也叫选择成本。[①] 立法的机会成本一般包括两种类型，一是指在作出调整某种社会关系所用方式的决策时，选择采用法律调整的方式而放弃其他社会调控方式的成本。如在各项经济立法中，经济立法与市场自发调整相比较的成本即机会成本，也就是选择制定经济法而不选择市场自发调节进行交易所失去的利益。立法者在制定法律时，一般会在法律调控和非法律调控方式之间进行比较选择，看哪种方式达到立法目的更为适合、有效，当法律手段更为有效时，立法者就选择立法调控方式而放弃其他非法律调控方式。二是在不同的立法方案中作出选择时，选择一种方案而放弃其他方案的损失。

立法成本还包括立法寻租成本。寻租理论是在20世纪60—70年代经济学家们讨论垄断、关税和政府管制问题的过程中逐渐形成和发展起来的，其中戈登·塔洛克（G. Tullock）于1967年发表的《关税、垄断和盗窃的福利成本》一文标志着寻租理论的兴起。而在经济学界，学者们一般认为，将寻租作为一个经济学范畴首先正式提出的是美国经济学家克鲁格（A. Krueger）。他在1974年发表的《寻租社会的政治经济学》一文中，深入探讨了由于政府对外贸的管制而产生的对“租金”的争夺，这篇文章被经济学界视为寻租理论发展史

① Richard A. Posner. *Economic analysis of the Law*. Boston：Little Brown and Company，1986：6.

上的一个里程碑。现代寻租理论的核心是某些社会集团和个人利用国家机器转移财富，即通过向政府公共部门支付租金以寻求获得更多财富的机会。寻租成本就是这些社会集团和人们为寻求财富转移而造成的资源浪费。塔洛克在分析为获得垄断而进行的寻租行为的成本时认为，寻租成本由三部分组成：一是寻求垄断所耗费的成本；二是垄断本身所造成的福利损失；三是寻租所失去的技术创新的机会及其福利。第一部分的寻租成本是寻租人要付出的私人成本，而后两者则可以归纳为寻租的社会成本。寻租人要支付的私人成本与其寻租行为造成的社会成本是不同的，前者由寻租人直接支付，如寻租人为获取竞争上的优势，以金钱或其他利益贿赂政府，而后者是由于寻租人的寻租行为造成的社会损失。克鲁格在《寻租社会的政治经济学》中指出：争夺性寻租使某些活动的私人成本不同于社会成本。寻租活动是寻租人追求自身利益最大化的活动，由于该行为并不能带来社会财富的增加，而仅仅是对社会财富的无谓消耗，所以被认为是社会资源的浪费。法律领域的寻租是寻租活动的一种表现，法律领域寻租活动的存在是因为不平等的法律能够给法律主体带来额外的经济利润，法律主体为寻租支付的私人成本低于寻租收益，所以法律主体就努力追求这种不平等的法律，以获取竞争优势。立法寻租一般通过院外游说、资助立法、参与起草等方式进行。

波斯纳指出法律收益是通过法律对权利、义务和责任的确认、分配、救济，促进实现社会资源的最佳配置，满足法律主体的最大需要和利益，并促使社会公共生活更富效率的法律观念和法律原则的总和。① 立法收益包括立法对立法者、法律主体和社会所产生的有益效果。对于立法者而言，法律收益就是法律预期目的的实现程度；而对于法律主体和社会而言，法律收益就是立法所产生的经济收益、社会收益、伦理收益、政治收益等。学者还将法律收益总结为立法、司法、执法和守法过程中创造的全部净增收入，并指出，法律收益的主

① Richard A. Posner. *Economics of Justice*. Cambridge: Harvard University, 1983: 71.

要问题和难点问题在于如何确立法律的量化指标，进而提出衡量法律收益的两个可用方法是“帕累托改进”和成本的有效性。“帕累托改进”理论是指最好的状态是不损害任何人的利益而又改善了某些人的利益或命运的状态。但是，由于这种状态在现实生活中几乎无处可寻，所以有必要提及一种修正的效率观，即“卡尔多—希克斯效率(Kaldor-Hicks efficiency)”,[①] 根据这个效率观，法律作用于不同的人会产生不同的得失，但只要第三方的总损失不超过交易的总收入，法律的配置就是有效率的。成本的有效性标准是指对于一个不易估计收益的既定法律目标，只需要计算能达到同一目标的各种法律方案的成本，而让代表不同利益集团的立法者通过辩论决定应选择哪一种法案或作出何种修改。[②]

在对法律进行成本、收益分析的过程中，罗纳德·H. 科斯(Ronald H. Coase) 通过其著名的“科斯定理”引入了交易成本的概念。科斯在其《社会成本问题》一文中提出了科斯定理，在经济学界和法学界产生了巨大的影响，被认为奠定了现代法律经济学的理论基础。科斯定理的主要思想是：如果市场交易成本为零，不管权利的原始安排如何，资源的配置都是最优的。但科斯定理重要的奠基作用和影响力并不在于对该定理本身的理解和应用，而在于对它的引申。国内学者黄少安认为可以将科斯定理延伸理解为由三个定理组成的一个定理组：科斯第一定理是，如果市场交易费用为零，那么不管权利

① 著名的福利经济学家卡尔多在其1939年发表的《经济学福利命题与个人之间的效用比较》一文中，提出了“虚拟的补偿原则”作为检验社会福利的标准。他认为，市场价格总是在变化的，价格的变动肯定会影响人们的福利状况，即很可能使一些人受损，另一些人受益；但只要从总体上看益大于损，这就表明总的社会福利增加了。希克斯认为卡尔多原则不够完善，因为该原则提出的补偿只是一种“假想中”的补偿，现实中受益者并没有对受损者进行任何补偿。他补充了卡尔多的福利标准，认为判断社会福利的标准应该从长期来观察，只要政府的一项经济政策从长期来看能够提高全社会的生产效率，尽管在短时间内某些人会受损，但经过较长时间以后，所有的人的境况都会由于社会生产率的提高而自然而然地获得补偿。

② 钱弘道. 法律的经济分析. 北京：清华大学出版社，2006：114.

初始安排如何，当事人之间的谈判都会导致那些对财富最大化的安排，即市场机制会自动地驱使人们谈判，使资源配置实现帕累托最优。但交易成本为零只是一种假设，在现实世界中是很难找到的，现实世界中的市场交易存在着交易成本，所以科斯定理的关键在于它的引申。黄少安总结的科斯第二定理、第三定理即是它的引申。科斯第二定理的含义是，在交易费用大于零的世界里，不同的权利界定，会带来不同效率的资源配置。也就是说，由于交易是有成本的，在不同的产权制度下，交易成本不同，从而对资源配置的效率有不同影响。所以，为优化资源配置，法律制度对产权的初始安排和重新安排的选择是重要的。黄少安对科斯第三定理的概括是，由于制度本身的生产不是无代价的，因此，生产什么制度、怎样生产制度的选择，会导致不同的经济效率。①交易成本概念是科斯定理中的一个核心概念，科斯虽然没有对交易成本下一个比较明确的概念，但他在《企业的性质》一文中将交易成本看做市场的运作成本，他列举道：第一，通过市场价格机制组织生产的最明显的成本就是发现相对价格的工作，包括获取市场信息的费用、分析处理市场信息的成本、寻找交易对象及了解市场价格的费用等；第二，市场上发生的每一笔谈判和签约的费用；第三，其他方面的成本，包括由于经济生活中的不确定性和风险的存在而增加的成本。② 其他学者对交易成本的概念及其组成进行了探讨，张五常认为，交易费用实际上就是所谓的“制度成本”，从广义上来界定“交易成本”，其范围确广，除了那些与物质生产和运输过程直接有关的成本以外，所有可想到的成本都是交易成本。③ 巴泽尔对交易成本的界定比较明确、简单并具有可操作性，他认为，交

① 黄少安．科斯定理的表述、本质及人们的误解．天府新论，1995（2）：26－30.

② （英）科斯著．企业的性质．陈郁，译．［2006－04－02］. http://www.unirule.org.cn/Introduction/sheng-qiyexingzhi.htm.

③ 张五常．交易费用的范式．社会科学战线，1999（1）：1－8.

易成本就是与转让、获取和保护产权有关的成本。[①] 尽管学者们对交易成本概念的表述及其组成有不同的看法，但他们的一致之处在于都遵循了科斯的基本思路。而且正如有人指出的那样：“在科学发展史上，任何一个重要概念的提出，都有一个被不断认识和继续深化的过程。作为一个理论体系的核心概念，对它的争论是必然的。”[②]科斯将交易成本概念引入经济分析法学不仅具有非常重要的学术意义，被认为“没有交易成本概念就不会有经济分析法学”，[③] 而且具有方法论的作用，成为对法律进行经济分析的重要方法。在存在交易成本的情况下，法律对权利的初始界定非常重要，法律对行为产生影响的主要因素就是交易成本，而法律的目的正应是促成交易成本最低化。法律经济学家运用社会成本理论，以交易成本最低为标准，通过对不同法律规则的交易成本进行比较，选择一种交易成本最低的权利配置方式，从而实现法律的高效率，达到资源的最优配置和最大的净收益。

第二节　维护版权公共利益的成本

版权法对公共利益的维护是通过该法中具体的法律规则实现的，这些法律规则包括笔者在第四章讨论过的版权法的立法目标、公共利益保留原则以及版权保护条件、保护期限、合理使用制度和法定许可制度。而这些法律规则的制定、执行都需要付出成本，具体包括制定这些法律规则的立法听证成本、立法寻租成本、执行成本和机会成本等。

---

① （美）Y. 巴泽尔. 产权的经济分析. 费方域，段毅才，译. 上海：上海人民出版社，1997：3.

② 罗君丽. 科斯经济思想研究（硕士学位论文）. 杭州：浙江大学，2003.

③ 钱弘道. 法律的经济分析. 北京：清华大学出版社，2006：76.

一、维护版权公共利益的立法听证成本

版权公共利益要得以维护，首先应使对科学文化繁荣发展作出贡献的参与各方的正当利益得到保证，这既是实现版权公共利益的前提，也可以看做版权公共利益的重要内容。其次，也要保证公共利益的代表如图书馆等的利益诉求得到实现。要使各方利益得到保证，先要使各方的利益诉求有一个充分、畅通的表达渠道。立法听证就是立法机关在制定法律之前，为收集立法建议而采取的一种立法制度，该制度鼓励与拟立法有关的利益各方充分表达自己的利益愿望和要求，并在各方利益产生冲突时相互辩论。立法听证还收集专家学者不同的意见，为立法机关更科学、合理地制定法案提供建议。立法听证制度是为了保证立法协调各方利益的作用能够更好地实现，使立法机关可以对这些利益作出考量，对利益间的矛盾和冲突作出选择与平衡，所以该制度同时也保障了立法的科学性和民主性。然而，立法听证是需要成本的。立法听证通常采取的听证方式包括召开立法听证会、召开专家座谈会、给专家去信函收集专家意见等。以上这些方式都是有成本的，立法机关组织听证会需要花费人力、物力和时间成本，听证参与方为参加听证会要花费交通费、人力和时间成本，有时这些费用还比较高。可见立法听证制度虽然能够保证公众的立法参与权，保证立法的科学公正，但同时也增加了立法成本。包括版权法在内的知识产权立法因为其日益凸显的重要性及与企业和社会公众的日益增强的关联性也逐渐采取立法听证，收集立法意见。

鉴于立法听证对立法造成的成本问题，有人提出应区分拟立法的层次和重要性，以及与法律主体关联度的大小，确定适用不同形式的立法听证。建议确立立法听证适用范围和使用方式，对于那些立法事项对公众的利益有直接影响的采取正式的听证程序（指召开专门的

听证会，由利益相关方、专家等到会进行阐述和辩论），对公众利益影响较小的可以采取非正式的听证程序如口头意见、电话咨询等，并根据立法事项确定参与人的范围。[①] 当今，包括版权法在内的知识产权与人们的关系愈来愈紧密，表现在知识产权越来越成为企业的重要资产和实现企业目标的手段，在人们的生活中也发挥越来越重要的作用，以至于2003年世界知识产权日的主题就定为“知识产权与我们息息相关”。版权法调整的法律关系范围也由原来的作者、出版商和使用者扩大到了包括网络运营商、电子产品制造商等在内的多方法律主体，由于计算机信息网络的普及，普通公众也更多地参与到版权法的运行过程中。鉴于此，版权法在制定和修订时应广泛听取各方意见，充分重视各方利益要求，平衡各方利益，使版权法更好地实现促进科学文化事业繁荣发展的目标。同时，正如我们所看到的，版权法是一门与技术和社会发展紧密联系的法律，技术的每一次进步都会对版权法产生冲击，而且目前版权法又与国际政治相联系，所以版权法面临越来越频繁的修订，如最高人民法院2000年出台的《关于审理涉及计算机网络著作权纠纷案件适用法律若干问题的解释》，三年之后就进行了修订。在这种情况下，适用立法听证制度必然会对立法带来越来越高的成本。

计算机信息网络的普及应用，使这一问题得到了一定程度的缓解。在计算机信息网络技术的支持下，立法机关可以利用国际互联网络征集各方意见，不但在一定程度上解决了立法听证会由于成本问题对公众参与的限制，保证了立法的公开性及公众更广泛的参与性，而且极大地降低了听证费用。在我国知识产权立法中，已经开始利用这种新技术收集立法建议，如2003年，最高人民法院在拟出台《关于审理专利侵权纠纷案件若干问题的规定》前进行了立法听证，起草出征求意见稿后，下发各高院和部分中院征求意见，同时向国内一些知名专家、学者书面征求意见。另在“中国知识产权保护”网站公

① 李凤芳．论行政立法听证制度（硕士学位论文）．苏州：苏州大学，2004．

布了征求意见稿，向全社会征集意见，各界人士纷纷参与到该意见稿的讨论中，许多专家、律师和国外人士也通过网络提出了意见。后在吸收各方面意见和建议的基础上，形成会议讨论稿，同样也在“中国知识产权保护”网站上进行了公开发布。[①] 国家版权局于2005年末将制定中的《信息网络传播权条例》草案公布于网站，向社会公开征求意见。在其他法律制定过程中出现的立法听证的成本问题在版权法的立法中也会存在，但这些成本是可控的，可以根据制定或修订中的法律的性质、涉及的主要法律主体范围等因素选择听证的形式和范围，以控制立法听证成本。而且随着立法听证的规范化、日常化，立法听证的成本会逐渐减少。

二、维护版权公共利益的立法寻租成本

由于不平等的法律能够为法律主体带来额外的经济收益，所以法律主体就通过寻租行为努力追求这种利润，使立法者的立法能够对其倾斜保护。版权产业的发展使版权法越来越具有经济政策性质，在一些国家，版权虽然带有财产权和人格权的双重性质，但目前版权是一种财产的观念已经深入人心，TRIPS 协议也明确规定了知识产权是一种私权。版权法通过赋予版权人控制和排斥他人获取和使用其作品的权利，为版权人带来经济利益。由于版权人和版权企业的逐利性，希望版权法给他们更多的保护以获取更多的经济利益，致使版权立法过程中不可避免地存在立法寻租的可能性。事实上，在版权立法过程中，版权人的寻租行为已经非常普遍。其中，最为我们熟悉的版权寻租行为就是美国国会在迪士尼公司的游说下，将版权保护期限延长了20年，以保护迪士尼公司的动画作品不进入公有领域。1928年11月

① 关于审理专利侵权纠纷案件若干问题的规定（会议讨论稿 2003.10.27－29）的书面说明.[2006－03－03].http://www.chinaiprlaw.com/spxx/spxx249.htm.

28 日，美国迪士尼公司创造的动画片著名角色之一 ——米老鼠在《威利汽船》一剧中首次与观众见面，按照美国版权法的规定，包括米老鼠在内的迪士尼公司拥有版权的动画作品的保护期将于 1998 年到期，标志着这些作品将进入公有领域，为人们自由使用。而由于这些为全世界人民特别是儿童所熟悉和喜爱的卡通形象可以为迪士尼公司带来巨额利润，该公司当然不情愿失去这些动画形象的版权，力促美国国会延长版权保护期限。又由于欧盟在 20 世纪 90 年代有将版权期限延长 20 年的先例，迪士尼公司在其他版权公司的支持下成功地通过各种游说说服了国会，将美国的版权保护期限在原有基础上延长了 20 年。其实，目前国际上高水平的版权保护多是发达国家国内版权产业的游说所致，发达国家版权产业界的游说甚至波及 WIPO 和其他国家。如第三章所述，WIPO 设租以及版权工业界寻租的活动已经受到了批评，WIPO 被斥责在大多数情况下只考虑那些寻求新的或强化的知识产权保护者的利益。在版权委员会中，委员们几乎不考虑作者、教育者和消费者等的权益。美国商业软件协会（Business Software Association，BSA）是发达国家版权业在其他国家进行游说、为其旗下的商业软件公司寻求保护的代表。美国商业软件联盟是国际计算机软件、硬件业巨头如 Adobe 公司、苹果公司、Cisco 公司、微软公司、英特尔公司、惠普、IBM 等的代言人。该组织通过在全球范围内进行院外游说，在其他国家组织、资助有关学术会议以及对媒体的操控、教育计算机用户树立软件版权观念等策略，使其所代表的软件公司的利益可以在全世界范围内得到高水平的保护。

寻租活动显然是一种非生产性的活动，由于它要耗费租金，造成社会成本，所以是一种无谓地浪费社会资源的行为。寻租活动耗费的成本包括寻租人为获得政策倾斜而付出的私人成本，也包括寻租活动为社会带来的成本。

寻租人在寻租活动中花费的成本是其必须支付的必然成本，这些成本一般包括收集有关信息的成本、论证寻租可行性的成本、游说立法者的成本甚至是贿赂立法者的成本等。寻租者为寻租行为耗费的成本取决于其对寻租行为的预期收益，预期收益越高，寻租者就越愿意支付高额的寻租成本，如计算机软件业是一种高附加值、高利润的产业，软件版权所有人可以从软件版权保护中获得大量利润，所以软件版权人就愿意支付高额的寻租成本，甚至不惜重金去国外游说，BSA的寻租行为即是很好的例证。反之，如果寻租行为的预期收益较少，寻租者愿意付出的成本也相应较少。因为寻租者将来可以得到的净利润是寻租收益与寻租成本的差额，只要寻租收益大于寻租成本，寻租行为就会产生。

版权法立法的寻租行为会为社会带来成本，对版权社会福利带来损失，这是我们分析版权立法寻租成本的重点问题。

如迪士尼公司通过寻租，促使美国国会将版权保护期限延长了20年，该公司可以利用这20年的时间再赚取不少的经济利益，而对于社会公众、同业竞争者和其他依靠出版公有领域作品运营的出版商而言则要承受巨大的损失。社会公众要继续支付对价以购买该公司本应该到期的作品，而如果作品按照版权法的规定进入公有领域，则任何人都不需要支付价钱进行购买，延长版权保护期限没有任何经济学的合理性基础。从版权制度诞生以来，版权的保护期限就处于不断的变动之中，并且有逐渐变长的趋势，《安娜法令》对版权的初始保护期限是14年，《伯尔尼公约》确定为50年，而到20世纪90年代，欧盟和美国将这一期限延长到了70年。这在一定程度上可以归结于在设定版权保护期限时本来就没有任何的经济学计算。对版权保护期限做出的一个解释是经济激励理论，认为版权法保护版权人的目的是给予版权人足够的经济激励促使他投资于创作，因此，版权法提供一定的保护期限使版权人能够收回其投资并能获取一定的利润。美国即奉行激励理论的典型代表，美国宪法关于版权法的描述证明了这一点。但该理论同样不能为版权保护期限给出一个准确的解释，不能说明创作者到底能在14年或是28年或者50年等期限内收回自己的投资并获得足以促使他继续创作的经济收益。目前，这方面还需要实际的数据来验证。在大陆法系国家中，版权不仅仅是一项促使创作者进行创作的财产权，它还包含着人格权。建立在人格权理论基础上的版权法，要保证作者在有生之年都能控制自己的作品，并保证作者能以这种方式抚养自己的亲人。《伯尔尼公约》接受了这种观点，将版权保护期限确定为50年，以保证作者能够以这种方式给自己的两代直系后代提供一些经济保障。[①] 尽管没有经验数据证明设定多长的版权保护期限为最佳，但在现有保护期限基础上延长一定会给社会公众带来更多成本。在第三章，笔者提到美国 *Cabinet* 杂志发布的一个图表，载明美国从1960年到2030年公共领域中登记作品的数量变化，该图表表明美国版权法历次对版权保护期限的延长，都大大减少了公共领域的作品数量，社会公众必须为这些作品继续付费，也增加了其他创作者获取作品的成本和表达成本，还可能造成其他人在版权作品的基础上创作派生作品机会的降低。对于出版商而言，为获得出版这些作品的许可，还需要继续耗费成本取得许可并支付报酬。另外，管理这些作品以及监督这些作品的使用情况也需要成本。由某个人或公司在更长的时间内对同一件作品进行垄断，只会使他们得到更多的经济利益，而不会刺激他们进行新的创作，反而会培养他们坐吃老本的习惯。这同样是一种社会浪费。而如果没有延长版权保护期限，他们也许会有更多的激励继续创作，以获取新的利益，这就在同时增加了社会总的作品数量，为社会带来福利。在这一点，有必要对创作者创作作品的成本以及他们收回创作成本并能为他们提供充分激励的版权保护时间作一个测度。

寻租人支付租金寻求版权法的倾斜保护，一方面表现为要求增加新的保护客体、拓宽版权保护范围和加强版权保护程度，另一方面表现为对合理使用情形的限制。过度寻租将给社会带来许多成本，基于以上论述，我们做一个简单的总结，这些成本包括：第一，过度强化版权保护，消费者购买作品的成本增加；第二，妨碍了其他创作者的表达成本，降低了在版权作品上创作新作品的规模和几率；第三，增加了版权作品的

① 罗莉. 版权保护期限的是与非. 法学，2005（11）：65－70.

管理成本；第四，版权人怠于进行新的创作的成本；第五，鼓励了版权人继续寻租以获取非生产性的额外收入要支付的成本。

三、维护版权公共利益的立法实施成本

维护版权公共利益的法律规则在实施过程中需要的成本，包括法律主体在执行这些法律规则时要付出的成本，即遵守这些法律规则以及违反这些法律规则耗费的成本。维护版权公共利益的法律规则的实施成本还包括执法机关为监督上述法律主体的执行状况所耗费的成本以及司法部门为维护版权公共利益要花费的成本。

根据个人利益与公共利益的辨证关系，在版权具体案例中，公共利益的维护往往意味着对版权人个人利益的限制，由于这些规则对版权人的权利范围和版权行使方式做出了限制，版权人执行维护版权公共利益的法律规则，会减少版权人的经济收益。这一点尤其表现在版权法中的合理使用制度上。根据合理使用制度，在特定情况下，使用版权人的作品不需取得版权人的同意也不需向版权人支付报酬，版权人的经济损失是显而易见的。正是因为该制度会造成版权人的经济损失，所以版权人倾向于对合理使用进行限制以减少损失，而社会公众则倾向于扩大合理使用的范围，以减少获取作品的成本。兰德斯和波斯纳从经济学的角度将合理使用行为划分为三种情形：①高交易成本但没有任何损害的情形，即某一自愿交易的成本相对于其潜在收益非常之高，以至于在版权作品的权利人与使用人之间进行任何交易都是不可行的。如某人从某个版权作品中引用简短的一段话，这个人引用这段话所能获得的预期收益很低，要求他向版权人取得授权并支付报酬，他就极有可能不去引用。而对于版权人来讲，授权他人引用其作品的一小部分并收取费用也是不经济的，一方面，收取的费用并不会很高，而收取引用费要花费交易成本；另一方面，这样做还会使他的作品的社会价值降低。②损害为负且默示同意的合理使用情形。如对

版权图书的评论。即使不存在合理使用规则，出版者也会许可评论者从其出版的图书中无偿引用简短的段落，因为图书评论是对图书广告的一种替代。这实际上也是给予评论者一种自动的、不需支付使用费的许可，合理使用制度避免了出版者与评论者之间明示交易所需的成本，并能产生完全相同的效果，并且合理使用制度因为不需要得到出版者的许可，所以对图书的评论更具有可靠性，更能成为为读者信赖的图书广告。③损害为正但生产性使用的情形。这种情形是后来的作者通过在其作品中运用那些有版权的他人作品中材料，对表达性领域作出了实质性的贡献，法院将这种允许使用有版权材料的行为称作生产性（productive）或者转换性（transformative）使用，以与那种只是复制性（reproductive）或者替代性（superseding）使用相区别。[①] 在这三种情形中，第一种情形给了使用人明显的利益，它虽然没有强加给权利人一种需要支付现金的成本，但也剥夺了他的一种利益，尤其是经济利益。第二种情况被认为没有对权利人带来任何损失，而且还为图书的广泛传播做了免费的广告，对权利人的损害为负。但有些权利人在心理上是不接受某些形式的转化和评论的，如胡戈的《馒头》一案，当事人并不认为对他的损害为负。对于那些不愿意自己的作品被滑稽模仿的作者，在这种合理使用情形下，会增加他们继续创作的心理成本。第三种合理使用情形为权利人的经济利益带来的损失是明显的。从现实情况而言，正是因为合理使用制度对版权人及版权相关权人的利益产生了影响，他们才努力缩小合理使用的范围和程度。

版权法中的法定许可使用制度允许使用人在特定情况下，无需经过版权人的授权即可使用版权作品，只需向版权人支付报酬。这一规定可以加快作品的传播，节约交易成本。该制度规定使用者必须向权利人支付报酬，而且在某些情况下，如果版权人事先已经发出未经许

① （美）威廉·M. 兰德斯，理查德·A. 波斯纳. 知识产权法的经济结构. 金海军，译. 北京：北京大学出版社，2005：145－156.

可不得使用的声明，使用者不能援用法定许可制度使用作品，而必须得到版权人的授权许可，例如我国2001年《著作权法》规定的作品转载、摘编的法定许可使用以及录音制作者使用他人已经合法录制为录音制品的音乐作品制作录音制品的法定许可使用，都附加了“著作权人声明不许使用的不得使用”的条件。由于这些法律规定体现了对版权人经济权利和精神权利的保护，法定许可使用制度被认为不会对版权人的利益产生影响。但是，从经济学的角度来看，该制度的执行仍有减损版权人利益的危险。这是因为法定许可使用制度规定的报酬支付标准一般是由国家规定的，① 而不是版权人与使用人通过谈判协商的结果，而在后一种情况下，版权人由于控制着作品可以向使用者索要高价，这其间的差价就是版权人为执行法定许可使用制度而付出的成本。

为维护版权公共利益而对版权人进行的限制主要是合理使用和法定许可使用制度，在这两种制度的实施过程中，版权人都要付出一定的成本。而为维护版权公共利益的其他法律规则在实施中也需要耗费一定的成本。如我国《合同法》规定，违反了法律和公共利益的合同无效；《著作权法》规定，依法禁止出版和传播的作品，不受著作权法的保护。著作权人行使著作权，不得违反宪法和法律，不得损害公共利益。在版权合同的签署和履行过程中，如果合同标的物是法律禁止出版、传播的、违反了公共利益的作品，则合同无效，当事人则白白耗费了缔约成本和履约成本。滥用版权的市场垄断行为也是无效的行为，不但权利人的垄断行为将遭到禁止，还有可能承受罚金。

执法机关对版权公共利益的维护主要是监督作品内容是否违反了

① 如我国在1993年由国家版权局发布实施的《录音法定许可付酬标准暂行规定》、《演出法定许可付酬标准暂行规定》和《报刊转载、摘编法定许可付酬标准暂行规定》，我国《著作权法》修订后，对法定许可情形的规定较修订前有所变化，但有关付酬标准还没有改变。这几个部门规章规定了适用法定许可制度的情形中，支付报酬的标准。

社会安全、公德伦理等公共利益。维护版权公共利益的成本主要包括执法机构的设立及日常运行的成本。我国维护版权公共利益的执法主体包括国家著作权行政管理部门及各地著作权行政管理部门、国家工商行政管理总局和各地工商行政管理局、新闻出版总署和各地新闻出版局、公安部门等。这些部门对图书、报刊、录音录像等出版物的出版和传播行为进行监督管理，它们之间通过分工协作，禁止违反公共利益的非法出版物在社会上销售和传播。如《著作权行政处罚实施办法》规定，国家版权局以及地方著作权行政管理部门，在法定职权范围内就《著作权法》第四十七条列举的侵权并同时损害公共利益的行为，以及《计算机软件保护条例》第二十四条列举的侵权并同时损害公共利益的行为，可以依法给予下列种类的行政处罚：①责令停止侵权行为；②没收违法所得；③没收侵权复制品；④罚款；⑤没收主要用于制作侵权复制品的材料、工具、设备等；⑥法律、法规、规章规定的其他行政处罚。[①] 工商部门除了协助著作权行政管理部门和公安部门打击违反版权公共利益的行为外，还依法打击包括企业著作权人滥用市场支配地位进行的垄断行为和不正当竞争等违反版权市场领域公共秩序的行为。公安部门则对版权领域涉嫌触犯刑法的违反公共利益的行为人进行侦查和抓捕。另外，国家还设立了全国“扫黄打非”工作小组办公室及各地“扫黄打非”办公室专门对黄色非法出版物进行市场清理工作，维护文化市场的健康有序。上述执法主体在清查和禁止违反公共利益的非法出版物、维护版权公共利益的过程中，付出的人力、物力和财力构成了执法机关维护版权公共利益的成本。

笔者在本书第五章论述了司法在维护版权公共利益方面的重要性，笔者认为立法虽然是利益选择和协调的最为基础的方式，但这种选择和协调始终是静态的，不具有灵活性。而法院通过对一个个个案的裁判，通过责任分配等各种司法手段更加灵活地实现版权公共利

① 参见《著作权行政处罚实施办法》第二条、第三条、第四条。

益，弥补版权立法维护公共利益的不足，更能反映出公共利益的时代性要求。而司法机关对版权公共利益的维护，其前提是对版权案件的审理和裁判，需要耗费有限的司法资源。由于知识产权案件的专业性和复杂性，我国法律规定只有中级人民法院及以上级法院对知识产权案件拥有审判权，所以知识产权审判机构在数量上并不多。而且由于知识产权教育等各方面原因，知识产权案件专业审判人员数量不足。我国知识产权司法资源非常有限，而知识产权案件却呈现逐年上升的趋势。从统计数字的结果上看，2003 年全年，全国法院新收知识产权一审、二审和再审案件 9217 件，而著作权案件就超过了 2000 件，同比上升了 36%，成为知识产权类的第一大类案件类型。[①] 2004 年，全年全国各法院共审结知识产权案件 8332 件，同比上升 21.5%。而在 2005 年，地方各级人民法院积极配合全国保护知识产权专项行动，依法制裁知识产权侵权行为，共审结假冒、盗版等侵犯知识产权犯罪案件 3529 件，上升 28.28%；审结知识产权一审民事案件 13393 件，同比上升 38.04%。[②]2001—2007 年，全国地方法院共受理和审结知识产权民事一审案件 77463 件和 74200 件，年均增长 22.60% 和 22.92%，著作权案件占 28776 件和 28170 件。[③] 面对日益增长的知识产权诉讼，知识产权司法审判机关要花费大量的人力、物力成本，这些成本同样应被纳入版权公共利益维护的成本范围。另外，版权纠纷案件当事人在诉讼中，也面临着成本问题，这些成本包括在收集证据、起诉、应诉、执行等过程中耗费的人力、财力成本，有的当事人花费了大量的诉讼成本，但案件裁判胜诉后却因为对方当事人破产等

① 蒋志培. 我国版权司法保护领域的现状和发展趋势. [2006-03-21]. http://www.chinaiprlaw.com/fgrt/fgrt214.htm.

② 最高人民法院院长肖扬 2005 年 3 月 9 日在第十届全国人民代表大会第三次会议上及 2006 年 3 月 11 日在第十届全国人民代表大会第四次会议上发表的最高人民法院工作报告。

③ 全国法院 7 年审结知识产权民事一审案件 7 万余. [2009-09-20]. http://www.sipo.gov.cn/sipo2008/ztzl/zxhd/ztxxbhzscqbjayh/cj/200807/t20080730_413495.html.

原因导致不能执行判决结果，致使诉讼成本浪费。

四、维护版权公共利益的立法机会成本

通过制定法律规则维护公共利益，可以在一定程度上看做信息产品的公共供给问题，因为不管是保证科学文化事业的有序繁荣发展，还是保证思想和信息的自由流通，不管是公民的民主、文化权利在版权法中的体现，还是对弱势群体的保护，无不是信息产品的公共供给问题。版权法对权利人权利的限制，同样是为了公众可以从公共渠道方便地获取作品。信息产品的供给可以由政府完成，政府通过一定的预设程序和制度从创作者处获得已经完成的作品的控制权，然后对创作者进行奖励，补偿创作者付出的创作成本，并激励其进行再创作。在获得作品完全的或部分的权利后，政府通过公共渠道提供给社会公众自由使用。该制度具有非常大的吸引力，因为它解决了版权法上一直争论不休的权利人利益和社会公众利益的平衡问题，可以节约大量的学术资源，而且也将大大节约交易成本，为创作者和使用者实现各自需求提供了便捷的途径。从创作者来讲，该制度不但节约了权利人管理版权的成本、与传播者谈判的成本以及与使用者直接谈判的成本，而且可以从政府那里得到预期补偿，从而激励创作。从使用者的角度来看，该制度为社会公众提供了从公共渠道获得所需产品的途径，不需要为使用作品支付额外费用，而只需要支付接受提供公共获取服务的成本。由于上述种种

好处，该制度被有的学者认为将是网上版权问题的最佳解决方案。①

事实上，知识产权的某些领域已经出现了这种制度的雏形。目前，国际市场上已经出现以国家名义购买某个对国民经济或公共健康有重要作用的专利，然后在国内推广使用的做法。在我国，政府储备知识产权供公众使用也有了先例。如辽宁普兰店市科技局为调整该市农业结构，促进农业增收，从中国农业科学院买断了中国农业科学院攻关研制的“高油大豆”的专利权，提供给该市公民种植，取得了较好的经济效益。② 版权方面，国家也可以作为版权的权利主体，依法享有版权。如我国《著作权法》第十九条第二款规定，著作权属于法人或者其他组织的，法人或者其他组织变更、终止后，其在《著作权法》中第十条第一款第（五）项至第（十七）项规定的权利在规定的保护期内，由承受其权利义务的法人或者其他组织享有；没有承受其权利义务的法人或者其他组织的，由国家享有。国家还依法享有一些科研项目或其他项目成果的著作权。目前，国家的许多科研项目通过招标方式遴选项目承担单位或个人，有些项目对国家有重要意义，国家会在招标文件中载明或在合同中约定项目成果的著作权由国家享有。国家清史编纂委员会项目中心于2004 年6 月18 日发布的《国家清史纂修工程项目招标及申报指南》第三十一条规定：“清史纂修工程是国家重点项目，使用国家专项经费，所有项目成果均归国家所有。编委会代表国家依法拥有此类成果的知识产权，项目负责

---

① 刘茂林博士在《知识产权法的经济分析》一书中认为，随着信息产业的发展，个人复制他人有版权的作品的物质障碍已经或正在被克服，在这种情况下，尽管版权法有了许多制度的变化，国家承担的义务也增加了，未来由政府直接提供将是唯一的良策。并认为可以用两种制度来实现政府的直接提供，其一是建立作品生产的招标制度和价值评估制度，作品的创作人可以根据契约安排创作出作品取得私人的收益，在他将作品交付政府之后，他将失去对作品的权利，该制度的目的在于激励作品的创作；其二是建立信息获取费制度，凡是入网信息高速公路的用户都有进入权，也都有义务支付该费用，否则就像电话号码制度一样使其没有使用的可能性，该制度的目的在于使外部经济效应内在化。

② 普兰店市帮助农民奔小康有新思路，政府出资为农民购买知识产权. 辽宁日报，2003 - 03 - 31.

人和课题参与人员作为作者享有署名权。”① 我国《著作权法》第十一条第三款规定，由法人或者其他组织主持，代表法人或者其他组织意志创作，并由法人或者其他组织承担责任的作品，法人或者其他组织视为作者。按照该规定，符合上述条件的作品的著作权也可以归属于政府。这些由国家享有著作权的作品，国家可以决定在全国进行推广使用的方式。

然而，尽管由政府供给信息产品供社会公众使用的做法可以降低版权法所带来的交易成本问题，完全消除知识产品的外部性问题，并能杜绝立法方面的成本问题，但该制度也存在很大的弊端。

第一，该制度并不适合所有类型的作品。对于一经完成，就可以提供使用的作品，如文字作品、图形作品，国家可以从创作者处购买作品的控制权，提供社会公众使用，但对于还需要继续加工的作品，则不太适合。如音乐作品，一个作曲家创作的曲作还需要表演者的演奏行为才能形成优美的可供欣赏的旋律，国家虽然购买了作曲家的作品，还需要另寻途径使其变为最终的可供使用的作品。

第二，作品的定价问题。国家如何判断一个作品的价值并依据这个价值给创作者补偿，是该制度的另外一个重要问题。创作者都倾向于认为自己的作品具有很大的价值，而如果国家估价过低，显然会减少创作者继续创作的热情。而如果给予一个价值不高的作品很高的价格，同样会造成不公，将减少其他创作者的创作热情。由国家对作品进行定价，如果没有严格的监督，也极易引发寻租行为。

第三，成本问题。实行该制度面临的另外一个问题就是国家将要管理一个庞大的作品库，管理该作品库并将作品推广使用的费用也将是一笔不菲的数目。

第四，对创作者的激励问题。该制度排除了创作者通过市场交易途径获得收益的可能性，对于一些个人创作者来讲比较有利，因为该

① 国家清史纂修工程项目招标及申报指南．［2006－03－04］．http://skc.xmu.edu.cn/announce/qszn.doc.

制度能使他们规避市场风险，这种风险是客观存在的，而且对于他们的个人力量来说比较难以克服。而对于依靠市场价格规律追求利润的版权产业而言，该制度很不上算，并且会危及他们的生存。

尽管目前没有明确的数据表明版权制度已经促使了更多有价值的版权作品的产生，为社会带来了极大的效用，但对于这个已经运行了几百年的法律制度来说，我们同样还未找到足够的理由取消它。赋予创作者以版权保护，允许其通过市场交易获得收益，同时对版权的范围和行使方式予以限制，以保护公共利益的做法在目前仍然是比较有效率的。为削减版权法实施带来的人为造成信息产品的市场稀缺的现象，将其他制度如公共获取制度作为版权法的补充以减少社会公众获取作品的成本是有益的做法。

第三节　维护版权公共利益的收益

版权公共利益法律规则的实施，不仅降低了版权交易费用，促进了社会科学文化事业繁荣发展的目标，更在于带来的社会收益和伦理收益。

一、对版权的限制降低了版权交易费用

一部高效率的法律必然能够降低市场交易成本，相对于对版权进行没有任何限制的无限保护，维护公共利益法律规则的实施明显地降低了版权的交易成本。假设版权人享有的版权的权利范围不受限制，他人任何方式的使用都必须得到版权人的授权，社会成本将是巨大的。例如，对版权进行无限期的法律保护，使用者获得授权的成本将非常大。就自然人版权人而言，可以在有生之年享有版权，在其去世

之后，版权继承给他的子女，其子女去世后再接着继承给其孙子女，如此无穷尽。在这个过程中，版权的归属必将十分混乱，希望使用该作品的人必须付出的巨大的搜寻交易对象的成本，显然这样的交易是十分没有效率的。在任何方式的使用都要得到版权人许可的情况下，对版权作品些微的非营利性的使用，为获得授权所付出的成本将远远大于使用的收益，而且如果一个人想在自己的作品中引用多人的作品，还必须与这些人逐个达成使用协议。显然这样做也是没有效率的，公众将选择不去参考他人的作品，创作的表达成本将会非常高。即使版权人将作品的价格定得很低，使需要该作品的人都能够支付得起，但版权人得到的收益，即每个单位的作品价格乘以需求数量，与以高价卖给图书馆等提供公共信息产品服务的机构所得，再加上需要该作品的人（肯定比上一种情况少，因为很大一部分人选择从图书馆等机构获得作品）乘以作品单位价格所得的收益相比，显然是不经济的。

为维护公共利益而对版权进行限制，能够在很大程度上降低版权交易成本。如在合理使用规则中，个人为学习、研究等个人非营利性目的，可以不经版权人许可，免费使用版权人的作品。由于每个人都可能成为版权作品的使用者，如果要求每个人为个人目的的使用而向版权人取得授权，不管是对于版权人还是对于使用者，都是非常不划算的行为。对于版权人而言，他也许能够从这些授权中获得收益，但与每个使用人进行谈判，成本将是高昂的。即使版权人将其作品托付给版权集体管理组织，由版权集体管理组织向每个使用者收取使用费并监督使用行为，成本将仍是巨大的。对于使用者而言，其每使用一个作品都要向版权人获取授权，显然使用的收益与付出的成本相比是很少的，使用者要么选择不使用，从而使版权作品在很大程度上失去了社会价值；要么选择违法，不经过授权就使用作品。在这种情况下，将个人非营利性使用纳入合理使用范围是合适的选择。而且，个人非营利性地零星地使用作品，对版权人的经济收益并不会产生大的影响。即使产生了影响，版权人受到的损失也因为交易成本而被抵消。这一点对于网上使用行为并不一定适用，如果一个人声称为了个人学习，而把他人的版权作品上传到网上，供自己方便地使用，除非他能够保证这个作品只在他的单机上使用，或者虽然上传到了互联网上，但可以保证有足够有效的措施控制别人的进入，否则就不是合理使用，而是侵权，因为他已经超出了"个人"的范围，使网络用户都能接触并使用作品，版权人的损失已经扩大。各国合理使用规则中的适当引用，与个人使用降低交易成本的作用是相仿的。适当引用并不能对版权人造成大的损失，如果引用行为对原来的作品造成了市场替代，该引用行为已经超出合理使用的范围，构成了侵权。兰德斯和波斯纳对滑稽模仿作品的经济学意义进行了深入分析。两人运用了经济学家对替代品与互补性产品之间的区别，分析了滑稽模仿作品的性质。指出，一个敌意的滑稽模仿可能减少了对被模仿作品的需求，但这并不是由于替代。从短期来看，滑稽模仿作品对于原始作品的需求根本没有任何消极影响，因为它主要是由那些已经购买了原始作品的人来购买的，此前并不知道该原始作品的人将不会意识到这就是被模仿的作品。从长远来看，随着该滑稽模仿作品被广泛传播开来，它可能减少对原始作品的需求，因为它使得该作品成为人们嘲笑的一个对象，并因此而使消费者转向其他竞争性作品。当被滑稽模仿的作品不是被批评的对象，滑稽模仿的作者是为了对社会现象、政治现象或美学等作出批评，而使用被模仿作品作为手段进行批评时，滑稽模仿者如果使用了原始作品中具有著作权的部分，就不能作合理使用抗辩，必须与原始作品的版权人进行谈判，取得使用许可。如果被滑稽模仿的作品就是被批评的目标时，取得许可将面临很大的困难，因为很少有人乐意看到自己的作品成为受批评的对象，进而面临将来作品市场下降的结果。尽管科斯定理表明，当滑稽模仿作品的社会价值超过了它对被模仿作品的版权所有人的私人损害，谈判就可能进行，但这一项滑稽模仿许可的谈判成本将会非常高昂，而滑稽模仿的合理使用特权则避免了这样的谈判。[1] 在合理使用规则对版权交易成本的降低上，将对室外公共场所的艺术作品进行临摹、绘画、摄影、录像等行为列为合理使用是各国版权法的通例。判断一个行为是否为合理使用的首要因素是非营利性还是商业性，商业性的使用被排除在合理使用范围之外。对室外公共场所的艺术作品进行的以上使用，如果排除了商业性目的，只能为欣赏、学习或研究、新闻报道之用，并不会形成原始作品的替代品，不会给版权人带来大的损害。而且，之所以允许以上述方式加以使用，有时还因为陈列在公共场所的艺术作品是不允许被移动到使用者自己可以控制的地方的，对它的上述使用可以让使用者离开艺术作品所在地点后继续使用。由于这种情况下的艺术作品被陈列在公共场所，使用的人是不特定的公众，让这些公众因为学习、娱乐等目的的使用而与版权人进行谈判，取得授权许可，对于他们和版权人来讲都是不经济的，合理使用规则避免了这种社会成本。

法定许可使用作为对版权进行限制的另一重要制度，对降低版权交易成本同样作出了很大的贡献。法定许可使用与合理使用不同，该制度适用的主体范围仅限于单位组织，而不是个人。我国 2001 年《著作权法》分别在第二十三条、第三十二条、第三十九条、第四十二条和第四十三条中作出规定，对报刊、录音制作者和广播电视组织对已发表作品的特定方式使用规定适用法定许可使用。这一规定对我国 1991 年《著作权法》做出了调整，1991 年《著作权法》第三十五条第二款规定，表演者使用他人已发表的作品进行营业性演出，可以不经著作权人许可，但应当按照规定支付报酬；著作权人声明不许使用的不得使用。但 2001 年修订的《著作权法》删除了该规定。2001 年《著作权法》还对 1991 年《著作权法》第四十三条规定的广播电台、电视台非营业性播放已出版的录音制品适用合理使用做了调整，修订后的《著作权法》在第四十三条规定，广播电台、电视台播放

---

① （美）威廉·M. 兰德斯，理查德·A. 波斯纳. 知识产权法的经济结构. 金海军，译. 北京：北京大学出版社，2005：147－202.

已经出版的录音制品，适用法定许可使用，可以不经过著作权人的许可，但应当支付报酬。至此，法定许可制度的主体范围全部为单位组织。法定许可使用制度的适用主体——报刊、录音录像组织、广播电视组织都是传播作品的重要机构，法定许可制度意在鼓励已经发表的作品的广泛传播和使用，侧重于促进社会公共利益。适用法定许可的这些法律主体对版权作品的使用具有大量性和经常性，由于在该制度下，使用作品不需要取得版权人的许可，从而大大降低了版权交易的成本，消除了版权人不予许可的风险，加快了作品的传播，节约了谈判的时间、人力物力成本。对于版权人而言，由于在不用进行谈判的情况下，也能够收取经济利益，既节约了交易费用，又能确保收益。另外，由于适用法定许可的法律主体都是单位组织，比较容易察觉其超过法定许可范围使用作品的侵权行为，而且较个人而言，这些组织更有能力承担侵权责任，版权人受损的风险较小。

二、维护版权公共利益带来的经济收益、社会收益和伦理收益

各国制定版权法的理论基础有所不同，但随着版权越来越成为国际国内贸易的核心内容，版权产业日益成为能给国家增加更多财富的产业部门时，各国政府开始意识到版权法的经济政策性质，并更多地倾向于将其作为实现本国经济目标的重要手段和工具。公共利益是对社会上大多数人来讲都可以享有的正当利益，在版权利益格局中，版权公共利益是既有利于版权人、邻接权人，又有利于社会公众的利益内容。版权公共利益首先强调生产性的公共利益，即鼓励科学文化事业的有序繁荣发展，鼓励版权人在正当的权利范围内以正当的方式行使权利，实现经济收益。这一生产性的公共利益内容是实现版权公共利益其他内容的基础。为了维护版权公共利益，对版权进行限制，会在一定程度上对版权人的经济利益造成损失，但从长远来看，这部分损失小于社会公众可得收益，符合帕累托标准。而且，对于每个创作

者而言，他的创作都要依赖于其他人的创作行为，都要对他人的思想和作品进行参考。从这个意义上，每个创作者同时都扮演着两个角色，一是新作品的创作者，二是其他创作者作品的使用者。作为创作者，他希望对版权加强保护，而作为使用者，他又希望可以更多地使用他人的作品。对于其第二个身份而言，对版权进行限制，会降低创作者的表达成本，最终促使更多的新作品的诞生，从而为社会带来更多的经济效益。

维护版权公共利益必须致力于版权交易成本的降低，这有助于版权人更好地节约成本，实现经济收益。法定许可使用制度不仅节约了版权人与作品使用者的谈判成本，而且该制度鼓励对作品更多的使用，版权人因此就能得到更多的收益。版权制度比较发达的国家都在发展版权集体管理组织，也是为了更好地节约版权人的交易成本，更好地实现版权人的经济利益。版权人将自己的版权托付给集体管理组织，由后者在版权人授权的范围内与作品的使用者签署许可使用合同，对版权作品的使用行为进行监督，收取使用费，使创作者能够更加安心于创作。

维护版权公共利益，更在于所能实现的社会收益和伦理收益。维护版权公共利益的社会收益明显地表现在它是对合理配置社会资源的一种努力。资源最优配置是法律的任务之一，在这个意义上，版权法可以说是对各类版权作品带来的收益在各利益相关方之间进行的分配。正如笔者在第一章所言，版权的核心利益主体是创作者、传播者和使用者。对于创作者而言，因为他是对作品作出了最大贡献的人，所以应首先保证他的利益，版权法应确保当创作者创作出了对社会有价值的作品时，能使其收回创作成本，并能获得继续创作的激励。传播者对作品价值的实现也作出了贡献，版权法应保证其应得收益。使用者是作品的最终消费者，作品的价值最终体现为对它的使用和消费，所以，使用者也必须参与到作品产生收益的分配中去。当创作者、传播者的付出得到了补偿，必须保证社会公众能够方便地获取作品，充分参与社会文化生活，享受社会科学文化进步带来的利益。

对版权进行限制本身，就表现出了维护版权公共利益的伦理收益。为了维护版权公共利益，对版权进行限制，实现思想和信息的自由流通和获取，保证人们基本的民主、文化权利在版权制度中得以实现，关注残障人士等，都彰显了版权法的伦理价值，使更多的人信服并乐意服从它，从而使版权人的经济利益更能顺利实现。而如果对版权进行过度保护，不对版权的扩张行使进行限制，人们从内心就不倾向于服从这样的法律，当人们选择不遵守法律时，法律的目标就很难达到。维护版权公共利益的伦理收益还表现在要求版权法只鼓励有益于社会、符合社会发展方向和社会公共道德理念的作品，将与此相左的作品排除在版权保护范围之外，从而净化了文化市场。

三、建议和启示

从以上对维护版权公共利益的成本和收益进行的分析，我们可以为版权法的未来发展提出两点建议。

一是对版权做出限制和例外的收益要大于其成本。只有在限制版权所得收益大于其成本时，法律规定才是具有经济合理性的，才符合效率原则。正如笔者上述的分析，对版权进行无限保护是不经济的，必须对版权进行限制，才能达到保护效率。但对版权的限制也不能是任意和无限的，毕竟没有版权人的付出，人们就不可能享受作品带来的收益。对版权进行限制，所得收益必须明显大于版权限制要支付的成本，这样的限制才具有合理性。限制版权所得收益主要为社会收益，而社会收益是很难量化衡量的。卡尔多—希克斯标准是有用的，但这个标准也要求对总收益和总损失进行比较，并要求从长远的眼光衡量一个法律规则的有效性与否，所以也只是理论上的和假设的合理性。笔者认为，既然社会收益难以衡量，目前对各种类型的作品的创作成本和收回成本的时间等各方面的规律进行测算是有益的，在此基础上保证版权人和版权相关权人的成本可以得到收回，并能得到继续创作的激励，同时将版权的限制对版权人造成的损害降低到最小值。

二是对版权做出例外和限制的法律规则必须能够最大限度地减少版权的交易成本。当交易成本小时，人们普遍倾向于在彼此之间进行交易，而当交易成本过大，当事人的交易成本大于其收益时，就会选择不交易或不遵守法律。目前，我国数字图书馆在建设过程中就面临着这样的问题，数字图书馆是以文献信息建设和提供利用为主要内容的，在建设过程中要使用到许多有版权作品，按照我国现行《著作权法》，数字图书馆使用有版权作品必须获得版权人的授权，而对于数字图书馆来讲，这样做的成本无疑是巨大的，许多数字图书馆在巨大的成本面前选择了违反法律，引发了很多数字图书馆的侵权之诉。这种情况是必然的，因为当守法成本大于守法收益时，或者当交易成本过高时，法律主体都会选择违反法律。所以，维护版权公共利益的法律规则同样要致力于降低版权交易的成本。为降低版权交易成本，实现版权法的目标，有时还需要非法律手段的运用，如为了降低创作者的交易成本，更好地实现创作者的预期利益，应该建立健全版权集体管理组织。为了降低社会公众获取版权作品的成本，可以在限制版权之外为公众提供公共获取的途径。

法学和经济学是两门有着不同的研究对象和研究方法的学科，有学者这样总结道：从本质上说，法学是一门以规范研究为主的社会科学，通过价值判断的导向，以语言分析为主，来探讨人类社会的法律现象及其法制运行规律。而经济学本质上则是一门以实证方法为主的学科，实证经济学将经济学看做一种经验科学，它基于这样的方法论思想，即经济分析只被看做一种可以衍生出一系列能为经验证明和可测试的工具。鉴于两者的不同，该学者提出疑问：在我们引入经济效率标准时，如何才能守住公正的底线？并认为仅仅将成本—收益分析和价格理论应用于法律分析是没有前途的。[①] 而另一些学者则坚持相

① 李树. 经济学思维的泛化——法律经济学的发展现状与启示. 天津社会科学，2005（1）：85－89.

反的观点，认为法律经济学原理和实证研究已经告诉我们，法律方法和经济方法虽有差异，但常常会得出相同的结论。就同一个法律规则而言，法学家维护的是公正，经济学家维护的是效率，但在绝大多数情况下，经济方法和法律方法常常是殊途同归。[①] 就版权公共利益而言，它属于版权法中的一个问题，可以用法学的公正、公平的标准去研究它，但当我们运用经济学的交易成本理论、成本—收益分析方法去探讨它时，我们得出的结论是类似的。而且有些法律问题用经济学的方法解释使我们更加容易理解和接受，更有利于我们找出解决有些问题的新思路。但是，任何一种研究方法都有侧重的应用范围和优缺点，单纯用一种方法研究问题，有时会只见树木不见森林。比较可行的办法是结合这两种研究方法，从不同的角度去看问题，这样我们更能接近问题的本质，并能找到更好的解决问题的方案。

① 钱弘道. 从法律经济学看我国法律改革. 检察日报，2001－09－07.

结　束　语

本书基于维护我国的版权公共利益及探讨版权法未来发展方向的目标，研究了版权制度中的利益关系和版权公共利益内容，讨论了版权公共利益的理论基础、宪法基础和经济社会基础，以及目前国际版权制度变革和信息技术发展对版权公共利益带来的影响，最后就我国《著作权法》立法和司法实践对公共利益的维护途径提出了建议。

本书虽然以版权公共利益为主线研究了以上问题，然而，版权公共利益的研究并不是一个孤立的命题。利益平衡是版权制度的基石，也一直是版权研究中的重点。公共利益是利益平衡关注的问题的一端，公共利益的维护与发展与版权人及版权相关权人的利益维护是分不开的，版权公共利益的维护是在版权人与版权相关权人的权利行使和保护过程中实现的。所以，在界定清楚版权公共利益的基础上，需要深入研究作品创作者和传播者的具体利益需求和保障机制，在创作者和传播者利益实现的过程中实现版权公共利益。

另外，在版权公共利益的研究中，还要注意版权制度所调整的利益主体已经由《安娜法令》调节的出版商和作者的利益，拓展到了对创作者、出版者、传播者、网络服务提供者、网络设备提供者和用户等各方面利益关系的调和，版权制度已经从走钢丝时代（调整两方利益）进入了耍盘子时期（调整多方利益）。而且，每一利益团体的结构都比以往复杂，如 OA 已经将创作者与出版者、传播者和用户几体合一，而网络的特点也使创作者和传播者之间的界限愈发模糊，所有这些细节都应被重视和详细地考察，才能有利于对各方利益的协调。技术发展使各方利益需要和实现手段都发生了变化，如何运用好新的技术，使技术发展能够为利益各方所用，使各方利益更好地得以保证，以更好地实现公共利益，还需要版权制度的创新。

参考文献

1. 袁泉. WTO 知识产权法. 北京：中国商务出版社，2004

2. 万鄂湘. 国际知识产权法. 武汉：湖北人民出版社，2001

3. (加) 迈拉·J. 陶菲克. 国际版权法与作为“使用者权利”的合理使用. 版权公报：中文版，2005 (2)

4. 冯晓青，杨利华. 知识产权法热点问题研究. 北京：中国人民公安大学出版社，2004

5. 汪辉勇. 公共利益：公共管理研究的逻辑起点. 行政论坛，2003 (7)

6. 王伟光. 利益论. 北京：人民出版社，2001

7. (德) 霍尔巴赫. 自然的体系 (上卷). 北京：商务印书馆，1999

8. 马克思恩格斯全集. 北京：人民出版社，1995

9. 王景斌. 要从法理上确立公共利益的判定标准. 中国改革报，2005－04－21

10. 张玉堂. 利益论：关于利益冲突与协调问题的研究. 武汉：武汉大学出版社，2001

11. 陈新民. 德国公法学基础理论. 济南：山东人民出版社，2001

12. 赵丽. 浅论公共利益的属性. 中共山西省委党校学报，2005 (2)

13. 范进学. 定义“公共利益”的方法论及概念诠释. 法学论坛，2005 (1)

14. 陈锐雄. 民法总则新论. 台北：三民书局，1982

15. 龙卫球. 民法总论. 2 版. 北京：中国法制出版社，2002

16. 胡锦光，王锴. 论公共利益概念的界定. 法学论坛，2005 (1)

17. 孙笑侠. 论法律与社会利用——对市场经济中公平问题的另一种思考. 中国法学，1995 (1)

18. 徐银华. 论公共利益的概念范围和判定标准. 中国法学会行政法学研究会 2004 年年会会议论文

19. 贺大为. 公共利益绝不应成为侵犯私权的挡箭牌. 半月谈：内部版，2005 (8)

20. 张千帆. "公共利益"是什么？——社会功利主义的定义及其宪法上的局限性. 法学论坛，2005 (1)

21. (美) 亨廷顿. 变革社会中的政治秩序. 北京：华夏出版社，1988

22. 马德普. 公共利益、政治制度化与政治文明. 教学与研究，2004 (8)

23. 韩大元. 宪法文本中"公共利益"的规范分析. 法学论坛，2005 (1)

24. 张维. 公共利益和个人利益的平衡——司法的视角（硕士学位论文）. 苏州：苏州大学，2003

25. 任立民，纪高峰. 论我国现行法律中的公共利益条款. 南华大学学报：社会科学版，2005 (1)

26. 郎峰翘. 略论城市房屋拆迁中的公共利益. 中国经济时报，2005－06－30

27. 王景斌. 论公共利益之界定——一个公法学基石性范畴的法理学分析. 法制与社会发展，2005 (1)

28. 王利明. 征收、征用制度与公共利益的界定. 人民法院报，2005－10－26

29. (英) 亚当·斯密. 国富论（下卷）. 上海：商务印书馆，1997

30. 卫灵. "经济人"假设与马克思主义的利益观. 马克思主义研究，2005 (4)

31. 陈孝兵. 新"经济人"假定的意蕴与反思. 福建论坛：人文社会科学版，2004 (2)

32. 黄楠森，沈宗灵. 西方人权学说（上册）. 成都：四川人民出版社，1994

33. (法) 孟德斯鸠. 论法的精神（上册）. 北京：商务印书馆，1982

34. 刘天喜，周英. 论公共利益与个人利益协调发展的客观机制. 西北大学学报：哲学社会科学版，2004 (6)

35. 叶必丰. 论公共利益与个人利益的辩证关系. 上海社科院学术季刊，1997 (1)

36. 吴睿，王晴颖. 论征用之公共利益要件. 甘肃行政学院学报，2004 (1)

37. 张翔. 公共利益限制基本权利的逻辑. 法学论坛，2005 (1)

38. (德) 拉仑兹著. 法学方法论. 陈爱娥，译. 台北：五南图书出版公

司，1996

39．朱玲娣．论我国版权技术体系保护制度的完善．科技与法律，2004（4）

40．陈传夫．高新技术与知识产权法．武汉：武汉大学出版社，2000

41．徐翔．网络信息版权制度中的集团利益研究（硕士学位论文）．武汉：华中师范大学，2001

42．吴汉东．西方诸国著作权制度研究．北京：中国政法大学出版社，1998

43．孙丽梅．版权转让法律问题研究（硕士学位论文）．北京：中国社会科学院研究生院，2001

44．杨霞．版权转让制度研究（硕士学位论文）．苏州：苏州大学，2003

45．华纳音乐版权创意总监吴炜做客雅虎访谈实录．［2006－01－10］．http：//cn.ent.yahoo.com/060106/352/27ja8.html

46．收归百代音乐版权公司旗下，吴向飞向林夕看齐．［2006－02－02］．http：//news.xinhuanet.com/audio/2005－04/12/content_2816915.htm

47．计算机行业联盟关于网民的调查报告．［2006－03－11］．http：//www.c-i-a.com/pr0106.htm

48．肖希明．先进文化与公共图书馆的发展．图书馆，2004（4）

49．（美）罗伯特·考特，托马斯·尤伦．法和经济学．张军，等，译．上海：上海人民出版社，1994

50．杨磊．论公民基本权利的起源与依归．［2006－01－07］．http：//www.law-lib.com/lw/lw_view.asp?no＝3578

51．李步云．宪法比较研究．北京：法律出版社，1998

52．杜钢建．首要人权与言论自由．法学，1993（1）

53．（英）约翰·密尔．论自由．北京：商务印书馆，1959

54．（荷）露西·吉博．为公共利益传播知识任务方面版权和邻接权限制和例外的性质与范围：对其适应数字环境的展望（上）．版权公报，2003（4）

55．蒋永福，黄丽霞．信息自由、信息权利与公共图书馆制度．图书情报知识，2005（2）

56．李浩凌．知识．产权、信息权与信息活动的相互作用．情报杂志，1997（2）

57．唐锡彤．终身学习·全民学习·学习型社会．人民日报，2003－03－03

58．建设学习型社会的支持保障体系．科学时报，2003－03－11

59. 路德虎. 公序良俗原则研究（硕士学位论文）. 重庆：西南政法大学，2005

60. 赵万一，吴晓锋. 契约自由与公序良俗. 现代法学，2003（3）

61. 史尚宽. 民法总论. 北京：中国政法大学出版社，2000

62. 梁慧星. 民商法论丛（第1卷）. 北京：法律出版社，1994

63. 黄茂荣. 民法总则. 台北：三民书局，1982

64. 刘银良. 公序良俗原则的价值定位. 内蒙古社会科学：汉文版，2004（4）

65. 张敏杰. 中国弱势群体研究. 长春：长春出版社，2003

66. 郑杭生，李迎生. 全面建设小康社会与弱势群体的社会救助. 中国人民大学学报，2003（1）

67. 钱大军，王哲. 法学意义上的社会弱势群体概念. 当代法学，2004（3）

68. 王激. 弱势群体的司法救济（硕士学位论文）. 北京：对外经济贸易大学，2004

69. 何怀宏. 底线伦理. 沈阳：辽宁人民出版社，1998

70. 洛克. 政府论（下编）. 叶启芳，瞿菊农，译. 北京：商务印书馆，2004

71. 李扬. 再评洛克财产权劳动理论——兼与易继明博士商榷. 现代法学，2004（1）

72. 王先林. 知识产权滥用及其法律规制. 法学，2004（3）

73.（德）黑格尔. 法哲学原理. 北京：中国政法大学出版社，2003

74. 姚岷. 黑格尔法哲学中的知识产权思想. 电子知识产权，2003（6）

75. 林喆. 权利的法哲学：黑格尔法权哲学研究. 济南：山东人民出版社，1999

76. 郑胜利. 知识产权法定主义. 中国知识产权报，2004－03－09

77. 李扬. 略论知识产权法定原则. 电子知识产权，2004（8）

78. 吴经熊. 法律哲学研究. 北京：清华大学出版社，2005

79. 沈宗灵. 权利、义务、权力. 法学研究，1998（3）

80.（美）E. 博登海默著. 法理学、法律哲学与法律方法. 邓正来，译. 北京：中国政法大学出版社，2001

81. 喻中. 促进社会和谐：法的基本价值. 光明日报，2005－04－12

82. 王利明. 合同法的目标与鼓励交易. 法学研究，1996（3）

83．汤春来．试论我国反垄断法价值目标的定位．中国法学，2001（2）

84．梁慧星．法律的目的性．人民法院报，2004－02－27

85．陈金钊．目的解释方法及其意义．法律科学，2004（5）

86．梁治平．法律解释问题．北京：法律出版社，1998

87．朱谢群．正确认识知识产权制度，为知识产权辩护．中国知识产权报，2004－07－06

88．英国知识产权委员会《知识产权与发展政策的整合报告》前言．［2005－12－02］．http：//www.iprcommission.org/graphic/documents/final_ report.htm

89．庞凌．法律原则的识别和适用．法学，2004（10）

90．郑成思．民法与知识产权法．中国知识产权报，2001－05－23

91．吴汉东．知识产权立法体例与民法典编纂．中国法学，2003（1）

92．刘春茂．知识产权原理．北京：知识产权出版社，2002

93．任寰．论知识产权法的利益平衡原则．知识产权，2005（3）

94．徐瑄．知识产权的正当性——论知识产权法中的对价与衡平．中国社会科学，2003（4）

95．于晓艺．知识产权存在合理性的哲学分析（硕士学位论文）．长春：吉林大学，2004

96．金眉，张春莉，蔡体法．著作权法原理．南京：南京大学出版社，1994

97．陈颖洲，徐钝．基本人权：宪法之终极追求．安徽农业大学学报：社会科学版，2003（6）

98．王先林．合理与适度：知识产权保护的另一面．法制日报，2001－11－04

99．生存权和发展权是首要的基本人权——中国对人权的基本观点之四．人民日报，2005－06－27

100．林志春．知识经济本质探源．光明日报，2000－09－15

101．吴汉东，胡开忠．走向知识经济时代的知识产权法．北京：法律出版社，2002

102．路甬祥．面向知识经济培养创新人才——读《院士成才启示录》．人民日报，2003－05－08

103．杨福家院士在中国科协二OO一年学术年会上说知识经济就是教育经济．光明日报，2001－01－09

104．邓伟志．“和谐社会”浅说．上海大学学报：社会科学版，2005（2）

105．常修泽．和谐社会的价值、特征和构建思路．人民日报，2005－

03 - 18

106．严昭柱．先进文化：构建社会主义和谐社会的精神支撑．求是，2005（8）

107．陈明甫．为构建社会主义和谐社会提供法律保障与法律服务．中国司法，2005（6）

108．陈正良．略论社会主义和谐社会的构建．理论探讨，2005（1）

109．郭庆珠．建构和谐社会的法律理念．法制日报，2005 - 03 - 17

110．李响．美国版权法：原则、案例及材料．北京：中国政法大学出版社，2004

111．美国 GDP 日益概念化提问知识产权保护平衡点．21 世纪经济报道，2003 - 12 - 22

112．（美）保罗·戈尔斯坦．国际版权原则、法律与惯例．王文娟，译．北京：中国劳动社会保障出版社，2002

113．许国平．发展中国家提出改革世界知识产权组织的综合计划．[2005 - 12 - 10]．http：//www.twnchinese.org.my/wto/cureent/developing137.html

114．吴汉东．著作权合理使用制度研究．北京：中国政法大学出版社，2005

115．美国司法部欲设"企图盗版罪"．中国版权，2005（6）

116．胡坚．美国保护知识产权的新动向——评美国《司法部知识产权工作组报告》．电子知识产权，2005（5）

117．瑞典男子网上传播电影违反新版权法遭重罚．[2006 - 02 - 10]．http：//news.xinhuanet.com/ec/2005 - 10/27/content_ 3689266.htm

118．曹新明．知识产权法哲学理论反思———以重构知识产权制度为视角．法制与社会发展，2004（6）

119．韦之．欧盟著作权保护期指令评介．中外法学，1999（6）

120．郭国庆．科技文献的"利用率"与"半衰期"．编辑学刊，1997（2）

121．陈健，俞培果，李端明，等．数学文献老化历时半衰期的测定．情报杂志，1997（4）

122．刘红，俞培果，陈健．化学文献老化历时半衰期的测定．情报理论与实践，1997（6）

123．马治国．网络版权中技术措施的法律保护．科技与法律，2001（2）

124．唐广良．综论软件保护与相关立法．[2006 - 02 - 15]．网 http：//www.iolaw.org.cn/showarticle.asp?id = 1501

125. 甄树青．论表达自由．北京：社会科学文献出版社，2000

126. 温辉．言论自由：概念及边界．比较法研究，2005（3）

127. 韦之．著作权法原理．北京：北京大学出版社，1998

128. 高荣林．版权与言论自由．中国知识产权报，2004－10－26

129. 吴汉东．网络传播权与网络时代的合理使用．中国知识产权报，2004－10－26

130. 郑成思．知识产权法：新世纪初的若干问题研究重点．北京：法律出版社，2003

131. 明盛华．应确定网络作品“合理使用”的判断标准．检察日报，2004－03－30

132. 胡开忠．知识产权法比较研究．北京：中国公安大学出版社，2004

133. 胡开忠．著作权限制与反限制的法哲学基础研究//梁慧星．民商法论丛．北京：法律出版社，1997

134. 李祖明．互联网上的版权保护与限制（硕士学位论文）．北京：中国社会科学院研究生院，2002

135. 郭立颖．从“互文性”谈滑稽模仿在 20 世纪西方文坛的发展．解放军外国语学院学报，2003（5）

136. 张龙海．戏仿、语言游戏、神秘叙事者、拼贴——论汤亭亭《引路人孙行者》中的后现代派艺术技巧．外国文学，2005（5）

137. 耿胜先．著作权法中的滑稽模仿——《一个馒头引发的血案》是否侵权谈起．［2006－03－01］．http：//www. acla. org. cn/pages/2006－3－2/p43489. html

138. 吴汉东．论合理使用．法学研究，1995（4）

139. 我国少数民族的语言和文字．［2006－03－01］．http：//www. edu. cn/20011115/3010039. shtml

140. 李雨峰．枪口下的法律——近代中国版权法的产生//郑成思．知识产权研究（第 15 卷）．北京：中国方正出版社，2004

141. 李明山．中国近代版权史．开封：河南大学出版社，2003

142. 吴汉东．完善我国合理使用制度的立法建议．［2006－02－01］．http：//www. civillaw. com. cn/weizhang/default. asp?id＝7952

143. 齐菁．公共图书馆 我该怎么呵护你．《信息网络传播权保护条例》（草案）赋予公共图书馆“殊待遇”引发争议．中国知识产权报，2006－02－13

144. 未授权可传播？出版界说不. 中国图书商报，2005－10－28

145. 立法追求各方利益和谐——访江苏省人大常委会法工委副主任王腊生. 江苏法制报，2005－09－23

146. 邓玲. 论立法的利益整合功能（硕士学位论文）. 南京：南京师范大学，2004

147. 袁曙宏. 公共利益的界定者是立法机关. 中国国土资源报，2005－05－26

148. 许安标. 立法听证会制度概述. 中国人大，2005（19）

149. 中国进入利益博弈时代. ［2005－11－02］. http：//www. chinanewsweek. com. cn/

150. 刘河. 我国知识产权行政规章首次公开听证. 中国知识产权报，2004－11－06

151. 吴汉东. 后 TRIPS 时代知识产权的制度变革与中国的应对方略. 法商研究，2005（5）

152. 网络转载付费将有标准，传播权条例年内出台. 新京报. ［2006－02－26］. http：//economy. thebeijingnews. com/0392/2006/0216/012@ 160689. htm

153. 汤跃. 传统知识保护进程的促进力——基因资源、传统知识和民间文学保护学术研讨会纪实. 中国知识产权报，2005－07－27

154. 韩缨. 传统知识、生物资源获取和惠益分享——兼知识产权的角色分析（硕士学位论文）. 上海：华东政法大学，2004

155. 冯晓青，陈小奇. 著作权合理使用若干问题研究. 法律适用，2005（10）

156. 陶立峰. 网络时代著作权合理使用制度研究（硕士学位论文）. 上海：华东政法大学，2001

157. 朱和平. 论网络环境下的著作权合理使用制度（硕士学位论文）. 苏州：苏州大学，2004

158. 董炳和. 合理使用：著作权的例外还是使用者的权利. 法商研究，1998（3）

159. 沈仁干，钟颖科. 著作权法概论. 北京：商务印书馆，2003

160. 全国人大常委会确立明年立法计划，共 39 件草案. 新华网 http：//news. xinhuanet. com/legal/2005－12/28/content_ 3981391. htm，检索日期 2006－01－03

161. （美）梅里曼. 大陆法系. 北京：知识出版社，1984

162. 黄竹胜. 司法权新探. 桂林：广西师范大学出版社，2003

163. 吴汉东. 知识产权 vs. 人权：冲突、交叉与协调. 中国知识产权报，2004-01-06

164. 思科诉华为案的知识产权滥用. 商务周刊，2005（5）

165. 新东方上诉仍有一条生路. ［2006-03-10］. http：//bj. people. com. cn/GB/21615/2132843. html

166. 王先林. 知识产权与反垄断法——知识产权滥用的反垄断问题研究. 北京：法律出版社，2001

167. 慕明春. 新闻侵害隐私权的抗辩事由. 当代传播，2004（3）

168. 孟庆刚. 商业秘密与专利法律保护之比较. 上海市政法管理干部学院学报，2001（4）

169. 韩大元，刘志刚. 试论宪法诉讼的概念及其基本特征. 法学评论，1998（3）

170. 蒋南成. 宪法诉讼刍议. 法制日报，2004-06-17

171. 俞甲乙. 外国宪法诉讼之三种模式. 人民法院报，2002-02-02

172. 姚建宗. “宪法诉讼”还没到来. 检察日报，2003-03-04

173. 程乃胜. 关于“乙肝歧视第一案”是否属于宪法诉讼的探讨. 中共南京市委党校南京市行政学院学报，2005（2）

174. 魏建，黄立君，李振宇. 法经济学：基础与比较. 北京：人民出版社，2004

175. 汪全胜. 论立法成本. 理论与改革，2001（6）

176. 钱弘道. 法律的经济分析. 北京：清华大学出版社，2006

177. 黄少安. 科斯定理的表述、本质及人们的误解. 天府新论，1995（2）

178. （英）科斯. 企业的性质. 陈郁，译. ［2006-04-02］. http：//www. unirule. org. cn/Introduction/sheng-qiyexingzhi. htm

179. 张五常. 交易费用的范式. 社会科学战线，1999（1）

180. （美）Y. 巴泽尔. 产权的经济分析. 费方域，段毅才，译. 上海：上海人民出版社，1997

181. 罗君丽. 科斯经济思想研究（硕士学位论文）. 杭州：浙江大学，2003

182. 李凤芳. 论行政立法听证制度（硕士学位论文）. 苏州：苏州大

学，2004

183．罗莉．版权保护期限的是与非．法学，2005（11）

184．（美）威廉·M．兰德斯，理查德·A．波斯纳．知识产权法的经济结构．金海军，译．北京：北京大学出版社，2005

185．蒋志培．我国版权司法保护领域的现状和发展趋势．［2006－03－21］．http：//www.chinaiprlaw.com/fgrt/fgrt214.htm

186．刘茂林．知识产权法的经济分析．北京：法律出版社，1996

187．李树．经济学思维的泛化——法律经济学的发展现状与启示．天津社会科学，2005（1）

188．钱弘道．从法律经济学看我国法律改革．检察日报，2001－09－07

189．Abraham Drassinower. Taking User Rights Seriously.［2006－03－01］. http：//209.171.61.222/PublicInterest/Three_ 02_ Drassinower.pdf

190．Alison Brimelow. Does Intellectual Property Need a New Set of Wheels. *European Intellectual Property Review*，2001，23（1）

191．Audrey R. Chapman. The Human Rights Implications of Intellectual Property Protection. *Journal of International Economic Law*，2002，5（4）

192．Bart A. Lazar. Google Case Adds New Thoughts on "fair use". *Marketing News*，2006，40（5）

193．*Black's Law Dictionary*（5th Edition）. Saint Paul：West Publishing Co.，1979

194．Cheng Lim. Is There a Defence of Public Interest in the Law of Copyright in Singapore? *The Singapore Journal of Legal Studies*，2003（2）

195．Craig W. Dallon. The Problem with Congress and Copyright Law：Forgetting the Past and Ignoring the Public Interest. *Santa Clara Law Review*，2004，44（2）

196．David F. C. Thomas. Copyright and the 'Public Interest Defence'.［2005－11－02］. http：//staff.anu.edu.au/billboard/show_ event.asp?eid＝1823&date＝8/7/2004

197．Davis M. H. & Dana N. Legitimacy，Globally：The Incoherence of Free Trade Practice，Global Economics and Their Governing Principles of Political Economy. *University of Missouri-Kansas City Law Review*，2001（69）

198．Donald P. Harris. TRIPS' Rebound：An Historical Analysis of How the TRIPS Agreement Can Ricochet Back Against the United States. *Northwestern Journal of*

International Law & Business, 2004 (25)

199. Duncan Matthews. Globalising Intellectual Property Rights. *The TRIPs Agreement Journal of Economic Issues*, 2003, 37 (3)

200. Emma Pike. What you need to know about Creative Commons. *M*, 2005 (15)

201. Eric Schlachter. The Intellectual Property Renaissance in Cyberspace: Why Copyright Law Could Be Unimportant on the Internet. *Berkeley Technology Law Journal*, 1997, 12 (1)

202. Willem Grosheide F. Copyright Law from a User's Perspective: Access Rights for Users. *European Intellectual Property Review*, 2001, 23 (7)

203. George Mckenna. *The Drama of Democracy*: *American Gvernment and Political* (2nd edition). Guilford: the Dushkin Publishing Group, Inc., 1994

204. Gregory Shaffer. Recognizing Public Goods in WTO Dispute Settlement: Who Participates? Who Decides?: The Cash of TRIPS and Pharmaceutical Patent Protection. *Journal of International Economic Law*, 2004, 7 (2)

205. Hoorn E. & Maurits van der Graaf. Towards Good Practices of Copyright in Open Access Journals: A Study Among Authors of Articles in Open Access Journals. *D-Lib Magazine*, 2006, 12 (2)

206. H. M. Spector An Outline of a Theory Justifying Intellectual and Industrial Property Rights. *European Intellectual Property Review*, 1989, 11 (8)

207. Ian Lloyd. Intellectual Property in the Information Age. *European Intellectual Property Review*, 2001, 23 (6)

208. Walter I. ChoiceI. Intellectual property rights and global capitalism: the political economy of the TRIPS Agreement. *Middletown*, 2005, 42 (6)

209. John Feather. *Publishing*, *Piracy and Politics*: *An Historical Study of Copyright in Britain*. London: Mansell publishing. 1994

210. Kadriann Ikkonen. Public Interest as an Undeterminable Legal Concept. *Juridica Abstract*, 2005 (3)

211. Keith Aoki. Notes Toward a Cultural Geography of Authorship. *Stanford Law Review*, 1996, 48 (5)

212. Lee S. Strickland. Copyright's Digital Dilemma Today: Fair Use or Unfair Constraints? Part 2: The DMCA, the TEACH Act and Other E-Copying Considerations.

Bulletin of the American Society for Information Science and Technology, Dec. 2003/ Jan 2004, 30 (2)

213. Leslie A. P. & Judith Maxwell. Assessing the Public Interest in the 21st Century: A Framework. *Paper prepared for the External Advisory Group on Smart Regulation*, Dec. 2003

214. Let's Have Less of Lessig. [2006 - 02 - 22]. http://www.forbes.com/2004/04/02/cz_sm_0402manes_print.html

215. Lutzker A. P. & Susan J. L. Altering the Contours of Copyright-the DMCA and the Unanswered Questions of Paramount Pictures Corp. V. 321 Studios. *Santa Clara Computer and High-Technology Law Journal*, 2005, 21 (3)

216. Marc-André Gagnon. TRIPS and Pharmaceuticals: Inquiry into the Foundations of the International Political Economy of Intellectual Property Rights. http://www.er.uqam.ca/nobel/ceim/gricpdf/Pharmaceuticals.pdf, oct. 2002

217. Michael Geist. *In the Public Interest: The Future of Canadian Copyright Law*. Ottawa: Irwin Law Inc., 2005

218. Michael L. Doane. TRIPS and International Intellectual Property Protection in an Age of Advancing Technology. *the American University Journal International Law & Policy*, 1994, 9 (2)

219. Neil Turkewitz. Copyright, Fair Use and the Public Interest. *Managing IP*, 2003 (132)

220. New Economic Report by NBC Universal Shows Critical Importance of the Intellectual Property Industries to the U. S. Economy. [2006 - 02 - 12]. http://www.iipa.com/

221. Pamela Samuelson. Economic and Constitutional Influence on Copyright Law in the United States. *European Intellectual Property Review*, 2001 (23): 409 - 04 - 22

222. Pamela Samuelson. Toward a New Politics of Intellectual Property. [2005 - 10 - 10]. http://www.sims.berkeley.edu/~pam/papers/CACMNewPolitics3.pdf

223. Patrick J. Gorman. Blowing Out the Candles on the Copyright Cake. [2006 - 03 - 03]. http://www.piercegorman.com/blowing_out_the_candles.html#_edn1

224. Paul Lambert. Copyleft, Copyright and Software IPRS: is Contract still King?. *European Intellectual Property Review*. 2001, 23 (4)

225. Peter Drahos. BITS and BIPS: Bilateralism in Intellectual Property. *Journal of World Intellectual Property Law*, 2001, 4 (6)

226. Peter Drahos. Power and Ideas: North-South Politics of Intellectual Property and Antitrust. *Australian Journal of Political Science*, 1998, 33 (3)

227. Peter Drahos. *A Philosophy of Intellectual Property*. Dartmouth: Dartmouth Publishing Co., 1996

228. Peter M. Gerhart. Why Lawmaking for Global Intellectual Property is Unbalanced. *European Intellectual Property Review*, 2000, 22 (7)

229. Raymond T. Nimmer. Breaking Barriers: The Relation Between Contract And Intellectual Property. *Berkley Technology Law Journal*, 1998, 13 (3)

230. Richard A. Posner. *Economic Analysis of the Law*. Boston: Little Brown and Company, 1986

231. Richard A. Posner. *Economics of Justice*. Cambridge: Harvard University, 1983

232. Richard V. Adkisson. Globalising Intellectual Property Rights: The TRIPs Agreement. *Journal of Economic Issues*, 2003, 37 (3)

233. Robert Burrell & Allison Coleman. *Copyright Exceptions: The Digital Impact*. London: Cambridge University Press, 2005

234. Robert Nozick. *Anarchy, State, and Utopia*. Oxford: Basil Blackwell, 1977

235. Suzanne Scotchmer. The Political Economy of Intellectual Property Treaties. *The Journal of Law, Economics, & Organization*, 2004, 20 (2)

236. Tang Guanhong. A Comparative Study of Copyright and the public interest in the United Kingdom and China. [2006 - 03 - 01]. http://www.law.ed.ac.uk/ahrb/script-ed/issue2

237. The Fine Print behind the Creative Commons License. [2006 - 02 - 03]. http://www.cisac.org/web/content.nsf/Builder?ReadForm&Page = QuickFind&Lang = EN&Query = cc&Archived = false

238. OECD. The Knowledge-based Economy. OCDE/GD (96) 102. [2006 - 02 - 02]. http://www.oecd.org/document/14/0,2340,en_2649_201185_1894478_1_1_1_1,00.html

239. Vaver David. *Copyright Law*. Toronto: Irwin Law Inc., 2000

240. William C. Welburn. Information Feudalism: Who Owns the Knowledge Economy? *College & Research Libraries*, 2004, 65 (3)

后　记

本书在写作过程中得到了很多专家的指点和帮助。首先，非常感谢我在硕士和博士期间的导师陈传夫教授！陈教授是图书馆学、版权、信息资源知识产权领域的著名学者，在治学方面，他一直秉持着务实严谨的治学态度，具有敏锐深邃的学术洞察力，他的很多观点给了我启发。陈教授性情平和、宽厚，我在本书写作中遇到困难或者感到困惑时，总是愿意向他谈起，也总能得到他及时的指导。本书能够顺利完成，与陈教授师倾注的大量时间和精力是分不开的。

本书的写作还得到了武汉大学彭斐章教授、曹之教授、詹德优教授、罗紫初教授、刘家真教授、吴平教授、方卿教授、王新才教授、肖希明教授、黄凯卿教授以及北京大学王子舟教授的指导，他们对本书提出了具体的、建设性的建议，对以上各位教授师表示衷心的感谢！

自我在中山大学工作以来，程焕文教授和曹树金教授给了我不少关心和帮助，也对本书的出版给予了推荐，在此对他们表示深深的谢意！

在本书的前期研究阶段，我到武汉市中级人民法院知识产权庭进行了为期数月的调研实习，李艺虹、尹为、万晓霞等知识产权法官们无私地与我分享他们的工作感悟，以及与本书有关的许多观点。与他们相处的时光是快乐的，同时也让我更加深入地从司法角度理解本书的研究命题。

本书得到了中山大学出版社学术出版基金的资助，该社王辉先生、王俊辉先生、赵婷女士为本书的出版给予了大力支持，付出了诸多辛勤劳动。

在本书的写作过程中，我参考了国内外许多学者的著作，这些著作中的观点、材料是本书得以完成的有力支撑，一些著作反映出的作者对版权领域的执著和热爱，折射出的学术理性和智慧，都给我莫大的鼓舞。

感谢父母和家人一直以来对我的关爱。父亲母亲给了我巨大的人格财富和力量；丈夫冷静善思，与我的研究领域相近，对本书提出了很多有益的意见；小女儿在我写作的过程中偶尔的“骚扰”，令我的研究充满了乐趣。

本书完成之际，正是我国“著作权法”酝酿第二次修订之时，希望本研究能为我国著作权制度的完善提供些微的借鉴，也希望能为本领域更深入的理论研究提供一些思路。

很多时候人都不愿意将自己的不完美之处展示给他人，但当一本研究专著呈现给大家时，却必须拿出勇气去面对书中的不完美。由于学识所限，书中定有许多不足甚至错漏之处，恳请读者批评指正。

韦景竹

2010 年于中山大学蒲园